복음의 요약
예수님의 산상수훈

복음의 요약, 예수님의 산상수훈

초판 1쇄 발행 2025년 6월 13일

지은이 전흥수
펴낸이 장길수
펴낸곳 지식과감성#
출판등록 제2012-000081호

교정 이주희
디자인 김희영
편집 김희영
검수 정은솔, 정윤솔
마케팅 김윤길

주소 서울시 금천구 벚꽃로298 대륭포스트타워6차 1212호
전화 070-4651-3730~4
팩스 070-4325-7006
이메일 ksbookup@naver.com
홈페이지 www.knsbookup.com

ISBN 979-11-392-2644-7(03230)
값 17,000원

- 이 책의 판권은 지은이에게 있습니다.
- 이 책 내용의 전부 또는 일부를 재사용하려면 반드시 지은이의 서면 동의를 받아야 합니다.
- 잘못된 책은 구입하신 곳에서 바꾸어 드립니다.
- 여기에 사용한 성경전서 개역개정판의 저작권은 (재)대한성서공회에 있습니다.

지식과감성#
홈페이지 바로가기

천국 시민의 대헌장에 관한 설교문

복음의 요약
예수님의 산상수훈

전홍수(全烘秀) 지음

프롤로그

오직 성령으로 말미암아
거듭난 자들만이 행할 수 있는 천국 시민의 대헌장!

최근 어느 통계 자료를 보니, "2050년 한국 기독교 인구, 11.9%가 될 것"이라고 나왔습니다. 기독교 인구는 2012년에 22.1%로 최고점을 찍은 뒤 계속 감소하여 2023년에는 15%로 떨어졌습니다. 2050년에 11.9%가 된다면, 대략 국민 10명 중 1명만이 기독교인이라는 의미입니다.

한국 기독교 인구의 감소 원인이 무엇이며, 극복 방안은 무엇일까요? 예수님을 믿는다고 하면서도 사랑하지 않았습니다. 복음을 제대로 알지 못했습니다. 지극히 개인의 구원, 기복주의 신앙에만 관심을 가졌습니다. 십자가를 잊었고, 공의와 사랑의 실천에 무관심했습니다. 이제, 한국 교회와 그리스도인들은 하나님 사랑을 회복하고, 복음의 본질을 회복하며, 공의와 사랑의 하나님 나라를 이루는 데 믿음과 순종으로 나아가야 할 것입니다.

복음은 하나님 나라에 대한 기쁜 소식, 혹은 예수 그리스도께서 가르치신 말씀과 그 행하신 구속 역사의 완성을 가리킵니다. 그리스도인들은 하나님 나라에 동참하기 위해서, 오직 이 복음을 받아들여야 하고, 복음에 순종해야 하며, 복음을 전파해야 합니다.

그렇다면 그리스도인들은 '하나님 나라와 복음'에 관하여 어느 정도 읽고, 듣고, 지키고 계십니까? 특히 예수님의 가르침과 관련하여 그리스도인들의 삶의 지표로 제시된 마태복음 5장에서 7장까지의 '산상수훈', '산상설교(The Sermon on the Mount)'를 깊이 있게 묵상하면서 삶에 적용하고 계십니까?

산상수훈은 예수님을 주(主)로 고백하는 사람들, 오직 성령으로 말미암아 거듭난 자들만이 행할 수 있는 '천국 시민의 대헌장'입니다. 이러한 산상수훈은 마태복음 5장 20절 말씀, '그리스도인의 의'를 중심으로 구성되어 있습니다.

5장 1절에서 20절까지는 서문으로서, 서언(5:1-2)에 이어 '팔복'이 나오고(5:3-12), '소금이요, 빛이라'는 그리스도인의 신분과 사명에 대한 언급(5:13-16) 및 율법에 대한 예수님의 성취가 나옵니다(5:17-20).

5장 21절에서 48절까지는 5장 20절의 첫 번째 주제, "그리스도인의 의는 서기관의 의보다 나아야 한다"라는 말씀에 대한 설명이 나옵니다. 여기서는 주로 당시 서기관의 관심인 율법 문제(살인, 간음, 이혼, 맹세, 복수, 원수의 증오)가 반대 명제의 형식("…하였다는 것을 너희가 들었으나 나는 너희에게 이르노니")으로 기술되어 있습니다.

6장 1절에서 18절까지는 5장 20절의 두 번째 주제, 즉 "그리스도인의 의는 바리새인보다 나아야 한다"라는 말씀에 대한 설명이 나옵니다. 여기서는 당시 바리새인들의 관심사인 구제, 기도, 금식의 문제가 일정한 패턴에 의해 취급되어 있습니다.

그리고 6장 19절에서 7장 27절까지는 산상수훈의 마지막 부분으로서 그리스도인의 의에 관한 여러 가지 교훈들이 나옵니다. '먼저 하나님의 나라와 의를 구하라(6:19-34), 형제들을 정죄하지 말라(7:1-6), 기도에 힘쓸 것(7:7-11), 황금률(7:12), 좁은 문을 택할 것(7:13-14), 거짓 선지자들을 삼갈 것(7:15-23), 말씀을 듣고 행할 것(7:24-27)'이라는 주제들은 앞의 주제들과 어느 정도의 연관성을 갖고 있으면서 그 자체들끼리는 크게 연관성이 없는 형식으로 서로 연결되어 있습니다.

저는 수요 및 금요 예배에서의 마태복음 5장에서 7장까지 산상수훈 설교문을 『복음의 요약, 예수님의 산상수훈』이라는 제목으로 정리하였습니다. 산상수훈은 기독교인의 생활 목표가 되어야 하며, 우리는 이 목표를 지키면서 그리스도 예수 안에서 하나님이 위에서 부르신 부름의 상(賞), 즉 생명의 면류관을 위하여 달려가야 합니다. 하나님 나라의 구성 요소는 은혜와 평강입니다. 먼저 우리 안에 하나님 나라가 이루어져야 하며, 이 세상에 소금과 빛으로 공의와 사랑의 하나님 나라를 이루는 데 순종하시기를 소망합니다.

전홍수(全烘秀)

차례

프롤로그 • 4

산상수훈에서 팔복(八福) • 8
너희는 세상의 소금이요 빛이라 • 37
율법의 완성 • 52
산상수훈에서 여섯 가지 반대 명제 • 73
은밀한 의의 길(구제, 기도, 금식) • 104
주님께서 가르쳐 주신 기도 • 124
염려와 재물 • 153
비판하지 말라 • 184
기도 응답의 확신과 황금률 • 205
참과 거짓, 두 길 사이의 선택 • 221

참고 문헌 • 247

복음의 요약, 예수님의 산상수훈

산상수훈에서 팔복(八福)

마태복음 5:1-12

"1 예수께서 무리를 보시고 산에 올라가 앉으시니 제자들이 나아온지라

2 입을 열어 가르쳐 이르시되

3 심령이 가난한 자는 복이 있나니 천국이 그들의 것임이요

4 애통하는 자는 복이 있나니 그들이 위로를 받을 것임이요

5 온유한 자는 복이 있나니 그들이 땅을 기업으로 받을 것임이요

6 의에 주리고 목마른 자는 복이 있나니 그들이 배부를 것임이요

7 긍휼히 여기는 자는 복이 있나니 그들이 긍휼히 여김을 받을 것임이요

8 마음이 청결한 자는 복이 있나니 그들이 하나님을 볼 것임이요

9 화평하게 하는 자는 복이 있나니 그들이 하나님의 아들이라 일컬음을 받을 것임이요

10 의를 위하여 박해를 받은 자는 복이 있나니 천국이 그들의 것임이라

11 나로 말미암아 너희를 욕하고 박해하고 거짓으로 너희를 거슬러 모든 악한 말을 할 때에는 너희에게 복이 있나니

12 기뻐하고 즐거워하라 하늘에서 너희의 상이 큼이라 너희 전에 있던 선지자들도 이같이 박해하였느니라" 아멘!

마태는 마가와 누가에 비해 산을 좋아했던 것 같습니다. 마태의 주요 메시지는 상당 부분 '산'이라는 무대(마 4:8; 5:1; 14:23; 15:29; 17:1; 21:1; 24:3; 26:30; 28:16)를 통해서 제시되고 있습니다.

마태복음에서 만나는 예수님은 산에서 많은 일을 행하셨습니다. 예수님께서는 높은 산에서 마귀에게 시험을 받으셨지만(마 4:8) 물리치셨으며, 산에서 제자들에게 산상수훈의 가르침을 주셨습니다(마 5:1). 산은 예수님께서 군중을 피해 홀로 계시는 곳이며, 기도를 하거나 사람들을 가르치기 위해 찾는 곳이었습니다. 예수님은 산에서 주님의 기도를 가르쳐 주셨고, 예루살렘의 멸망을 예언하기도 하셨습니다.

산에서 당신의 몸이 놀랍도록 변화되는 역사를 행하셨습니다(마 17:1-9). 예수님께서는 감람산에서 세상 끝날 이루어질 징조들에 대해 예언하셨고(마 24:3), 또한 십자가에 못 박히시기 전날 겟세마네 동산으로 나아가 기도하시고자 할 때 제자들과 함께 찬미하며 나아가셨습니다(마 26:30-31). 예수님께서는 산에서 부활하신 후 제자들을 만나셨으며(마 28:16-17), 십자가의 처절한 죽음을 이기시고 부활하신 우리 주 예수님은 감람산에서 하나님 나라로 승천하셨습니다(행 1:9-12).

사랑하는 성도 여러분!

예수님께서는 산에서 제자들에게 무슨 말씀을 하셨을까요? 마태복음 5장에서 7장까지는 일반적으로 '산상수훈(山上垂訓)', '산상설교'라고 불리고 있습니다. 누가복음은 예수님이 산에서 내려와 '평지'에서 가르치신 것으로 말하고 있지만(눅 6:17), 마태복음은 예수님의 가르침이 '산' 위에서 전해진 것으로 묘사하고 있습니다. 산에 오르시고(마 5:1), 내려오신다는(마 8:1), 이동에 관한 구체적인 묘사는 예수님의 사역 장소로서 산을 강조하기 위한 마태의 관심을 보여 줍니다.

오늘 예배에서는 산상수훈을 간단히 살펴보고, 팔복의 의미를 중심으로 말씀을 드리고자 합니다. 성도님들께서는 팔복의 내용을 잘 알고 계시겠지만, 다시 한번 깊게 묵상하시면서 주님의 말씀을 좇아 가는 진정한 제자가 되시기를 소망합니다.

1. 산상수훈 개관

마태복음 5장에서 7장까지는 예수님의 공생애 초기에 갈릴리 호수 주위의 어느 산에서 열두 제자들과 유대인 무리에게 행한 설교입니다. 산상수훈은 예수님 말씀의 내용이 후세에도 길이 전수되어 뭇 사람들에게 지켜져야 할 주옥과 같은 말씀이기에 불린 이름입니다.

산상수훈은 예수님을 주(主)로 고백하는 사람들, 오직 성령으로 말미암아 거듭난 자들만이 행할 수 있는 '천국 시민의 대헌장'입니다. 즉 그리스도인들이 어떻게 살아야 하는지에 대한 삶의 지표들, 행해야 할 일들에 관한 말씀입니다.

따라서 산상수훈은 우리 기독교인의 생활 목표가 되어야 하며, 우리는 이 목표를 향하여 그리스도 예수 안에서 하나님이 위에서 부르신 부름의 상(賞), 생명의 면류관을 위하여 달려가야 합니다(빌 3:14).

'산상수훈'은 아마도 여러 날 동안 하셨을 것입니다. 예수님은 의식적인 종교가 아니라 충성되고 신실한 순종을 원한다고 설명하시면서, 모세의 율법에 대한 자신의 입장을 밝히십니다. 산상수훈은 당시의 교만하고 율법주의적인 종교 지도자들의 가르침에 도전하고 있습니다. 예수님께서는 사람들에게 율법과 의식의 단순한 형식적 준수가 아니라, '하나님은 진정에서 우러나오는 순종을 원하신다고 가르쳤던 구약 선지자들의 메시지'에로 돌이키라고 요청하고 있습니다.

마태복음은 예수님이 어떤 분인가를 자세히 소개하는 것으로 시작하고 있습니다(1, 2장). 예수님은 구약에서 고대해 왔던 바로 그 '메시아(그리스도)'라는 것을 강조하면서 예수님을 '왕'으로 소개하고 있습니다(마 1:21). 그의 나라는 하늘나라요, 하나님의 나라(마 3:2; 4:17, 28)이므로, 산상수훈은 왕이 천국을 선포하는 것입니다.

마태복음 4장 17절을 함께 읽겠습니다.
"이 때부터 예수께서 비로소 전파하여 이르시되 회개하라 천국이 가까이 왔느니라 하시더라"(마 4:17) 아멘!

예수님의 활동은 '천국이 가까이 왔다'는 외침으로 시작됩니다(마 4:17). 네 제자가 부름을 받은 기사 다음에, 마태는 "예수님이 갈릴리 지역을 두루 다니시며 가르치시며 천국 복음을 전파하시며 사람들을 고치셨다"라고 기록하고 있습니다(마 4:23). 이 첫 활동의 결과, 많은 사람들이 예수님을 쫓았으며(마 4:25), 이 무리를 보시고 예수님은 산으로 오르셨습니다. 사람들을 더 잘 가르치실 적당한 장소로 향하신 것입니다. 앞서 오르시던 예수님이 위쪽에 자리를 골라 아래를 향해 앉으시자 무리 중에서 제자들이 가까이 왔고(마 5:1-2), 사람들은 아래쪽에 서 있는 상황에서 예수님의 산상수훈이 시작되었습니다.

설교가 끝났을 때 이 설교를 서서 듣던 사람들이 놀랐다고 마태는 적어 놓았는데(마 7:28), 그 이유는 예수님의 가르침이 서기관들과는 달리 권위가 있었기 때문입니다. 예수님은 산에서 내려오시고 무리도 곧 뒤따릅니다. 마태는 이어 예수님의 이적 사건 몇 가지를 기록하고, 다시 "예수님이 모든 도시와 마을에 두루 다니시며 천국 복음을 전파하시고 사람들을 고치셨다"(마 9:35)라고 적어 놓았습니다.

사랑하는 성도 여러분!

산상수훈은 천국 복음, 즉 하나님 나라의 복된 소식이며, 어떤 사람이 하나님 나라의 백성인지, 그들이 어떻게 살아야 하는지에 관한 내용입니다.

성도님들께서는 하나님의 아들로서 하나님 나라의 왕으로 오신 예수님을 믿고, 그 믿음 위에서 산상수훈의 내용을 이해하시기를 바랍니다.

그렇다면 산상수훈은 어떻게 구성되어 있을까요?

마태복음 5장 20절을 함께 읽겠습니다.

"내가 너희에게 이르노니 너희 의가 서기관과 바리새인보다 더 낫지 못하면 결코 천국에 들어가지 못하리라"(마 5:20) 아멘!

산상수훈은 마태복음 5장 20절 말씀, '그리스도인의 의'를 중심으로 구성되어 있습니다.

5장 1절에서 20절까지는 서문으로서, 서언(5:1-2)에 이어 '팔복'이 나오고(5:3-12), '소금이요, 빛이라'는 그리스도인의 신분과 사명에 대한 언급(5:13-16) 및 율법에 대한 예수님의 성취가 나옵니다(5:17-20).

5장 21절에서 48절까지는 5장 20절의 첫 번째 주제, "그리스도인의 의는 서기관의 의보다 나아야 한다"라는 말씀에 대한 설명이 나옵니다. 여기서는 주로 당시 서기관의 관심인 율법 문제(살인, 간음, 이혼, 맹세, 복수, 원수의 증오)가 반대 명제의 형식("…하였다는 것을 너희가 들었으나 나는 너희에게 이르노니")으로 기술되어 있습니다.

6장 1절에서 18절까지는 5장 20절의 두 번째 주제, 즉 "그리스도인의 의는 바리새인보다 나아야 한다"라는 말씀에 대한 설명이 나옵니다. 여기서는 당시 바리새인들의 관심사인 구제, 기도, 금식의 문제가 일정한 패턴에 의해 취급되어 있습니다.

그리고 6장 19절에서 7장 27절까지는 산상수훈의 마지막 부분으로서 그리스도인의 의에 관한 여러 가지 교훈들이 나옵니다. '먼저 하나님의 나라와 의를 구하라(6:19-34), 형제들을 정죄하지 말라(7:1-6), 기도에 힘쓸 것(7:7-11), 황금률(7:12), 좁은 문을 택할 것(7:13-14), 거짓 선지자들을 삼갈 것(7:15-23), 말씀을 듣고 행할 것(7:24-27)'이라는 주제들은 앞의 주제들과 어느 정도의 연관성을 갖고 있으면서 그 자체들

끼리는 크게 연관성이 없는 형식으로 서로 연결되어 있습니다.

사랑하는 성도 여러분!

산상수훈은 '이렇게 살면 하나님 나라 제자가 된다'는 자격을 가르치기보다는 '하나님 나라의 제자로서 이렇게 살아야 한다'는 원칙을 제시하고 있습니다.

성도님들께서는 산상수훈에서 구체적 문제에 대한 정답을 얻으려고 하기보다는 '하나님의 뜻'이라는 큰 그림 안에서 그리스도인으로서 무엇을 위하여 살 것인지, 또 어떻게 살 것인지를 깊게 묵상하며 순종하는 삶을 살아가시기를 바랍니다.

2. 팔복(八福)의 내용과 그 의미

산상수훈 가운데 가장 유명하고 호기심을 일으키는 부분은 '팔복'(마 5:3-10)입니다. 팔복은 하나님 나라의 속성들을 드러내는 자들에게 약속된 일련의 복들입니다.

마태복음의 여덟 가지 복은 3인칭을 사용하여 보다 일반적인 진술 방법으로 언급되어 있습니다. 구약의 복과 연관시켜 볼 때 예수님의 가르침은 하나님께서 의에 대해 특별히 관심을 가지고 계시다는 사실을 깨닫게 해 줍니다.

여기에서 '의(義)'는 하나님 나라의 참여라는 의미입니다. 의는 외식적이고 형식적인 행동만을 중시하였던 서기관들과 바리새인들의 의라기보다는 하나님을 향한 내면적 열정과 이웃에 대한 사랑에서 비롯된 본질적이고 풍성한 의를 말합니다. 이러한 의는 기계적으로 어떤 율법 조항을 지킨다거나 사람들의 칭송을 받는 행동을 하는 데서 이루어지는 것이 아니라 마음속 깊이 하나님을 진실로 사랑하고 이웃을 내 몸과 같이 사랑하는 데서 이루어질 수 있는 것입니다.

마태복음은 예수님의 지상 사역에 의해 시작된 하나님 나라의 윤리적인 도전이 강조되었습니다. 또한 팔복 말씀 뒤에 계속되는 '제자도'에 대한 가르침을 이해할 수 있도록 미리 준비시켰으며, 고난에 직면했을 때 계속해서 충성을 다하도록 권면하고 있습니다.

우리는 미래의 복에 대한 약속 때문에 예수님께서 제시한 제자도에 대한 철저한 요구들을 단념해서는 안 됩니다. 우리는 예수님께서 유대인들에게 팔복을 전하셨을 때, 그들의 환경 속에서 팔복의 의미가 무엇이었는지 물어야 합니다. 또한 팔복의 역사적, 문화적, 논리적인 정황에서 그 구절들을 이해해야 합니다.

따라서 팔복은 다음과 같이 정리할 수 있습니다.
첫째, 제자들을 위한 윤리 규범과 모든 신자들을 위한 행동 규칙입니다.
둘째, 하나님 나라 가치관과 세상적인 가치관을 대조합니다.
셋째, 그리스도께서 원하시는 진정한 믿음과 바리새인들의 피상적인 믿음을 대조합니다.
넷째, 하나님 나라가 어떻게 구약의 기대들을 성취시키는지 보여 줍니다.

예수님의 말씀은 제자들을 위한 교훈으로 윤리적이고, 하나님 나라의 도래를 지향하는 종말론적입니다. 팔복에서 놀라운 점은 현재 경험과 하나님 나라 실재 간의 불일치입니다. 예수님께서는 타락한 세상에서 살아가는 사람의 현재 상태를 이미 임한 하나님 나라의 관점에서 이해하는 방법을 제시하고 계십니다.

그렇다면 팔복의 구체적인 내용과 그 의미가 무엇입니까?

1) 첫 번째 복은 "심령이 가난한 자는 복이 있나니 천국이 그들의 것임이요"(마 5:3)입니다.

'심령'에 해당하는 헬라어 '프뉴마'는 영(spirit), 마음(heart)을 의미하는데, 이 단어는 인간의 보다 내면적이고 본질적인 부분을 가리키며, 전인적인 인간을 나타내기에 적합한 용어입니다.

'가난한 자'는 궁핍함 이상의 훨씬 정도가 심한 절대 빈곤의 상태를 나타내는 용어입니다. 이 단어는 의지할 사람이나 재산이 전혀 없는 거지 나사로(눅 16:20, 21), 마지막 재산인 두 렙돈을 바쳐 완전히 빈털터리가 된 과부(막 12:42, 43) 등을 나타낼 때 사용되었습니다.

이로 볼 때 본문의 '심령이 가난한 자'는 이 세상의 소망을 모두 끊어 버리고 오직 하나님으로부터 은혜와 자비가 채워지기를 바라는, 자기의 모든 것을 포기한 겸손한 자를 가리킵니다. 심령이 가난한 자는 자기 자신의 힘으로 하나님을 기쁘시게 할 수 없다는 것을 깨닫습니다. 그들은 하나님께 그 어떤 것을 드릴 능력이 없으며, 그분의 긍휼만을 의지해야 합니다. 모든 것을 포기하고 하나님께 겸허히 나아가는 자만이 풍성한 복으로 채워 주시는 하나님의 은혜를 경험하게 될 것입니다.

'복이 있나니'에서 복이 무엇입니까?

성경은 모범적인 경건한 사람에게 축복을 선포할 때 "복 있는 자" 또는 "복이 있을지어다"라고 표현합니다. 여기에서 복은 히브리어 '에쉐르', 헬라어 '마카리오스'라고 합니다.

'에쉐르'는 하나님과의 깊은 관계 속에서 하나님을 경배하며, 그 하나님으로 인해 누리는 행복입니다. 이러한 영적인 관계 속에서 오는 복은 삶을 초월하여 나타나는 것뿐만 아니라 현실의 삶과도 깊게 관련되어 있습니다. 이는 곧 영적인 복이 현세적 복과 분리될 수 없는 것임을 보여 주고 있습니다. '마카리오스'는 대체로 예수 그리스도를 믿고 구원받은 자들이 하나님으로부터 받을 하늘의 신령한 복, 즉 사죄의 은총을 덧입고, 의롭게 되며, 하나님과 교제하고, 심령의 평안을 누리며, 영생을 얻는 복 등 영적인 복입니다(마 11:6; 13:16; 요 20:29).

그래서 우리는 '심령이 가난한 것'을 단지 천국 시민이 되는 조건으로만 인식해서는 안 됩니다. '심령이 가난한 것'은 천국 시민이 되는 조건인 동시에 그리스도에게로 나아옴으로써 천국 시민이 된 자들의 현재 모습입니다.

"천국이 그들의 것임이요"(마 5:3)에서 "…이다"라는 현재형 동사가 사용된 것은 하늘나라가 미래의 나라가 아닌 현재에 이미 임한 나라임을 보여 줍니다. 또한 이 세상의 나라가 아니라 하늘나라의 복을 선언했다는 점에서 팔복은 세상적 가치에 대한 철저한 부정이며, 보다 고상한 가치를 지향하는 것임이 분명합니다.

사랑하는 성도 여러분!

"심령이 가난하다"라는 말은 하나님이 구원해 주시기를 바라면서 하나님을 신뢰하는 가난한 자, 혹은 온유한 자, 억압받는 하나님의 백성이라는 구약의 주제를 암시합니다.

이사야 61장 1절과 2절을 함께 읽겠습니다.
"1 주 여호와의 영이 내게 내리셨으니 이는 여호와께서 내게 기름을 부으사 가난한 자에게 아름다운 소식을 전하게 하심이라 나를 보내사 마음이 상한 자를 고치며 포로된 자에게 자유를, 갇힌 자에게 놓임을 선포하며
2 여호와의 은혜의 해와 우리 하나님의 보복의 날을 선포하여 모든 슬픈 자를 위로하되"(사 61:1-2) 아멘!

그리스도께서는 자신의 백성들에게 그들의 하늘나라에 들어갈 수 있는 길이 바로 이것이라는 의미에서 그들로 하여금 참을성 있게 영생을 바라보도록 격려하고 계십니다. 어느 누구든 자신의 생각을 버리고 하나님의 자비에 기대지 않는 한, 심령이 가난한 자가 아니라는 점을 주목할 필요가 있습니다.

성도님들께서는 겸손하게 하나님을 의지하는 자들만이 천국에 들어가도록 허락된다는 것을 깨달으셔서 하나님의 긍휼만을 의지하며, 예수님을 좇아 가시기를 바랍니다.

2) 두 번째 복은 "애통하는 자는 복이 있나니 그들이 위로를 받을 것임이요"(마 5:4)입니다.

'애통하는'은 심히 근심하며(고후 12:21) 고통스럽게 슬퍼하는 것을 (마 9:15) 의미합니다. 이 단어는 속으로 삭일 수 없으며 스스로를 주체하지 못하는 극심한 슬픔을 나타냅니다.

그렇다면 애통은 무엇으로 인한 애통입니까?

애통은 무엇보다도 자신이 지은 죄로 인한 슬픔입니다. 실로 자신에 대하여 성실하게 성찰하는 자는 자신이 씻을 수 없는 흉악한 죄인임을 깨닫고 애통해하는 마음을 금할 수 없습니다. 자신의 죄에 대한 애절한 슬픔은 철저한 회개에 대한 하나님의 용서를 확신하게 되므로 위로를 받게 될 것입니다.

방금 봉독하신 이사야 61장 1절과 2절을 보니, 장차 임할 메시아 그리스도는 슬픔에 잠긴 자에게 희락을 주시는 분으로 나타나 있습니다. 이처럼 그리스도께서 죽음과 죄악의 질고가 가득 찬 이 세상에서 견디지 못하고 애통하는 자에게 친히 찾아오셔서 위로해 주시는 자비로운 주님이시라는 사실은 우리에게 고난 가운데서도 좌절하지 않고 이를 능히 이길 힘을 줍니다.

한편, 애통하다는 것은 자신이 가지고 있는 도덕적이고 윤리적인 죄 때문에 마음이 아프고 슬프고 괴로워하며 적극적으로 하나님의 의를 세워 나가고 하나님의 나라를 세워 나가고자 하는 정서적인 변화의 상태입니다. 진짜 심령이 가난한 자는 애통해하는 자가 될 수밖에 없습니다. 그 이유는 자신에게 있는 죄와 하나님의 뜻대로 살지 못하는 모습 때문입니다. 주님의 뜻대로 살아가려고 애쓰는 자일수록 애통하게 됩니다. 누구보다도 더 경건한 삶을 살았던 바울의 고백을 통해 애통해하는 자의 진정한 모습을 보게 됩니다.

로마서 7장 24절과 요한계시록 7장 17절을 함께 읽겠습니다.
"오호라 나는 곤고한 사람이로다 이 사망의 몸에서 누가 나를 건져내랴"(롬 7:24)
"이는 보좌 가운데에 계신 어린 양이 그들의 목자가 되사 생명수 샘으로 인도하시고 하나님께서 그들의 눈에서 모든 눈물을 씻어 주실 것임이라"(계 7:17)
아멘!

바울처럼 하나님의 뜻대로 살고 싶은데 그렇게 살지 못할 때 애통해하는 자를 예수님은 복이 있다고 하셨습니다. 그것은 그들을 위로해 주시기 때문입니다. '위로'는 그 아픔의 자리에 같이 동참하는 것으로 그 슬픔의 자리에 함께하는 것에서부터 애통은 시작하게 됩니다.

하나님만이 죄에 대한 슬픔을 제거하실 수 있습니다. 하나님만이 죄를 용서하고 도말하실 수 있습니다. 슬픈 자를 위로하시는 하나님은 구원(사 61:2), 치유(사 57:18), 구속(렘 31:13), 용서(사 40:1-2), 자유(사 49:13; 51:12), 돌봄(사 66:13)으로 위로하십니다.

사랑하는 성도 여러분!

예수님을 따르는 자들이 죄에 대해 혹은 고난 중에 애통하다 하더라도, 하나님의 약속은 확실합니다. 그들이 위로를 받을 것입니다. 하나님만이 죄에 대한 슬픔을 제거하실 수 있습니다. 그들의 상급이 천국에 있다는 것을 알기에, 그분을 위해 고난당하는 자들에게 하나님만이 위로를 주실 수 있습니다. 요한계시록 7장 17절 말씀처럼, "예수님께서 생명수 샘으로 인도하시고 그들의 눈에서 모든 눈물을 씻어 주실 것"입니다.

성도님들께서는 예수님을 따르는 것이 명성과 인기, 부를 얻는 것보다는 슬픔과 애통, 고난을 가져올 수 있지만 하나님께서 위로를 해 주신다는 것을 믿으시기를 바랍니다.

3) 세 번째 복은 "온유한 자는 복이 있나니 그들이 땅을 기업으로 받을 것임이요"(마 5:5)입니다.

'온유한 자'는 외부로부터 닥치는 억압과 고난에 대하여 거칠게 반발하거나 인간의 힘으로 해결하기 위하여 결사적으로 대항하는 것이 아니라, 상대방에 대한 미움과 복수심에서 벗어나서 모든 것을 하나님께 맡기고 영적 평정을 유지하는 자입니다.

'온유한 자'를 마음이 약하거나 부드러운 사람이라고 오해합니다. 그러나 온유는 유순하고 온유한 성품의 사람이 아니라 하나님에 대하여 겸손하고 낮은 자세를 가진 사람입니다. 힘이 있지만, 그 힘을 절제함으로써 다른 사람을 대할 때 위협적이거나 공격적인 사람이 되지 않는 것을 말합니다. 자신을 절제하여 다른 사람을 받아 줄 수 있는 마음이 온유인 것입니다.

온유한 자는 외형적으로는 소극적이며 무기력하게 보일 수도 있으나 내면적으로는 만왕의 왕이신 하나님에 대한 굳은 신뢰가 있기 때문에 결코 요동하지 않고 심지가 굳으며 일관성이 있는 외유내강(外柔內剛)의 사람입니다. 바로 이러한 인물의 최고 모형은 다름 아닌 예수 그리스도이십니다(마 11:29; 21:5).

이사야 53장 7절에서 12절까지 말씀처럼, 예수님께서는 곤욕을 당하여 괴로울 때도 그 입을 열지 아니하였음이여 마치 도수장으로 끌려가는 어린양과 털 깎는 자 앞에 잠잠한 양같이 그 입을 열지 아니하였지만, 그러나 실상은 그가 많은 사람의 죄를 지며 범죄자를 위하여 기도하셨습니다.

시편 37편 9절에서 11절까지 함께 읽겠습니다.
"9 진실로 악을 행하는 자들은 끊어질 것이나 여호와를 소망하는 자들은 땅을 차지하리로다
10 잠시 후에는 악인이 없어지리니 네가 그 곳을 자세히 살필지라도 없으리로다
11 그러나 온유한 자들은 땅을 차지하며 풍성한 화평으로 즐거워하리로다"(시 37:9-11) 아멘!

마태복음 5장 5절은 시편 37장 11절에서 나온 것인데, 이 시편 구절에서 '온유한 자'를 '악인'과 대조하고 있습니다. 온유한 자가 받는 복은 땅을 기업으로 받습니다. 이 표현은 과거 출애굽 한 이스라엘이 가나안 땅을 점령하였던 역사적 경험과 무관하다고 할 수 없습니다. 과거 이스라엘이 하나님의 은혜로우신 배려로 기업을 주심으로 인하여 가나안 땅을 분배받을 수 있었듯이, 온유한 자 역시 만왕의 왕이신 하나님의 은혜

로 땅을 기업으로 받는 축복을 누리게 됨을 보여 줍니다.

땅을 기업으로 받는다는 의미는 두 가지 측면으로 해석할 수 있습니다. 현재적으로는 지금 이 세상을 살면서 땅을 기업으로 받을 수 있는 현세의 축복을 말합니다. 미래적으로 해석하면 나중에 완성될 하나님 나라가 그들의 것이라는 의미이고, 땅의 의미는 부동산이 아니라 이 세상을 살아가는 동안에 마음 깊은 만족과 평화를 주신다는 의미입니다.

본 절에서 보다 궁극적인 성취는 종말론적으로 이루어지는데, 신실한 하나님의 백성이 장차 하나님 나라를 상속받아 영원히 살게 된다는 것입니다(사 57:13; 60:21; 벧후 3:13; 계 21:1).

사랑하는 성도 여러분!

온유한 사람은 하나님 앞에서 낮아지고, 가난하고(불쌍하고) 무력한 사람을 가리킵니다. 이런 사람은 하나님 앞에서 겸손하게 하나님의 뜻과 응답을 기다립니다. 자신이 원하는 때에 원하는 방식으로 결과가 나오지 않더라도, 주변 여건이 자신의 기대와 다르다고 해도, 하나님 앞에서 겸손히 인내하며 하나님의 간섭과 섭리에 인생을 맡깁니다. 하나님의 뜻에 순종합니다.

세 번째 복을 팔복과 산상수훈 전체의 구도에서 보면, 하늘나라는 특정 지역(혹은 땅)이 아니라 세상의 어디서든지 구현될 수 있는 나라이므로, 땅을 얻고 풍성히 소산을 누리는 것은 하늘나라에 들어가서 누리는 감격과 같습니다. 이들은 새 창조에서 영원한 땅(새 하늘과 새 땅)을 상속받게 될 것입니다.

성도님들께서는 이 땅에서 그리스도를 본받아 하나님과 사람 앞에서 온유한 삶을 살되 이 세상에서 주어지는 작은 보상이 아니라 장차 주어질 하나님 나라를 기업으로 얻는 큰 보상을 바라보시기를 소망합니다.

4) 네 번째 복은 "의에 주리고 목마른 자는 복이 있나니 그들이 배부를 것임이요"(마 5:6)입니다.

본 절에 나오는 '의'가 의미하는 바는 무엇일까요? 먼저 '의'는 윤리적인 의미의 의(righteousness)를 가리킨다고 볼 수 있습니다. 이 입장에 따르면 본문의 복받을 자에 해당하는 사람은 이 세상에서 윤리가 땅에 떨어지고 불의가 득세하는 것에 대하여 깊은 회의를 느끼며 의를 갈망하는 자가 됩니다. 다음으로 '의'는 종교적인 의미의 의(justice)를 가리킨다고 볼 수 있습니다. 즉 죄인을 심판하고 멸하시며 의인을 보호하시는 하나님의 심판과 구원의 기준인 공의(公義)로 이해하는 것입니다.

"주리고 목마르다"라는 말은 만족하기 원하는 간절한 갈망을 묘사합니다. 즉 그것이 없이는 살아갈 수 없는 필수 불가결성을 나타냅니다.

시편 42편 1절과 2절을 함께 읽겠습니다.
"1 하나님이여 사슴이 시냇물을 찾기에 갈급함 같이 내 영혼이 주를 찾기에 갈급하니이다
2 내 영혼이 하나님 곧 살아 계시는 하나님을 갈망하나니 내가 어느 때에 나아가서 하나님의 얼굴을 뵈올까"(시 42:1-2) 아멘!

'의에 주리고 목마른 자'는 이 세상의 불의한 현상에 대하여 깊이 탄식할 뿐 아니라 하나님의 뜻에 따라 이 세상을 정의롭게 만들기 위하여 노력합니다. 동시에 자신의 마음 가운데 내재한 죄성에 대해서도 깊이 회개하며 오직 하나님의 의만을 사모함으로써 하나님의 구원을 바라는 자라고 볼 수 있습니다. 의에 대해 간절한 갈망을 가진 자들은 복이 있습니다.

하나님의 의에 대한 갈망이 크면 클수록 영적 생명력은 더욱 왕성해질 것입니다. 천국 백성 된 자들이 영적으로 그 갈급한 생명에의 욕구를 따라 더 많이 채워지도록 노력할 때 영적인 회복을 이루어 더 큰 축복을 받게 되는 것입니다. 따라서 의에 주리고 목말라하는 자야말로 하나님께서 예비해 놓으신 축복을 넘치도록 받을 수 있습니다.

이는 완전한 배부름은 한순간에 이루어지는 것이 아니라 계속해서 이루어질 것이며, 그 완전한 성취의 날이 미래에 도래할 것임을 보여 줍니다. 이는 우리로 하여금 장차 우리가 거하게 될 곳이며, 모든 것이 충만하며 부족한 것이 전혀 없는 곳인 천국에 대한 소망을 갖게 합니다.

사랑하는 성도 여러분!

하나님 나라에서 먼저 추구해야 할 것은 무엇보다도 '의'에 대한 간절한 갈급함입니다. 그것은 하나님 나라가 의에 대해서 충만함을 느끼는 것에서부터 시작되기 때문입니다.

예수님께 점점 더 가까이 나아가는 그리스도인들은 그분이 원하시는 것을 자기도 원합니다. 악이 발생하면, 그들은 희생자를 위해 아파하며, 악의 영향력과 힘이 종식되기를 갈망합니다. 그들은 악에 대한 하나님의 승리가 곧 이루어지기를 원합니다. 그들은 고통이 종식되고 하나님의 평화와 의가 충만한 사랑에 이르기를 갈망합니다.

성도님들께서는 하나님의 뜻이 이루어지기를 기도할 때마다, 의에 대한 갈망을 갖게 될 것입니다. 의에 주리고 목마른 자는 하나님께서 그들의 영적인 굶주림과 갈증을 완전히 만족시켜 주실 것입니다. 작은 아픔들이 열정이 되고 우리의 마음 중심이 하나님께서 가장 원하시는 바에 맞추어질 때까지 끊임없이 기도하시기를 바랍니다.

5) 다섯 번째 복은 "긍휼히 여기는 자는 복이 있나니 그들이 긍휼히 여김을 받을 것임이요"(마 5:7)입니다.

앞의 네 번째 복까지는 하나님 중심의 관심사라 한다면, 뒤의 네 가지 복은 이웃 중심, 사람들에 대한 태도와 관련이 있습니다. 제 사복과 제 팔복이 '의(義)'라는 말로 서로 관련이 있고, 제 일복이 제 오복과 연결이 됩니다. 심령이 가난한 것과 긍휼히 여기는 것은 서로 연결이 되는 것입니다.

긍휼은 마태복음에서 예수께서 전달하신 교훈의 핵심입니다. "긍휼히 여기다"라는 뜻이 있는 구약 히브리어는 '라함'과 '헤세드'가 있습니다. 이 가운데 '슬픔', '애통'이란 뜻이 있는 '라함'은 상대방의 처지를 깊이 이해하고 그들의 입장에서 슬픔을 느낀다는 의미입니다. 그러나 '자비'란 뜻이 있는 '헤세드'는 여기서 한 걸음 더 나아가 상대방의 감정에 공감할 뿐 아니라, 상대방의 어려움을 타개하기 위하여 실제적으로 행동하여 구체적인 도움을 주는 것까지 포괄하는 개념을 지니고 있습니다. 이러한 헤세드는 하나님께 속한 신적 속성입니다(시 62:12). 즉 하나님은 당신의 백성에게 헤세드를 베푸셔서 죄를 용서하시며(민 14:18-19) 구원으로 이끄셨습니다(시 106:7). 우리 인간은 이러한 하나님의 무한하신 헤세드에 감사하여 다른 사람에게 헤세드를 베풀어야 하는데 이것이 바로 '긍휼'입니다.

이처럼 긍휼은 이론이나 감정에 머무는 것이 아니라 실천에까지 나아가는 것입니다. 그리고 본 절에서 긍휼을 베풀어야 하는 대상이 구체적으로 언급되어 있지 않은 것은 모든 대상에게 어떠한 상황에서도 긍휼을 베풀어야 함을 보여 줍니다. 이와 같은 실천적 긍휼은 일만 달란트의 채무를 탕감받은 자가 백 데나리온밖에 되지 않는 채무를 진 자에게 인색하고 모질게 구는 것에 대해 꾸짖으시는 예수님의 비유에서 역설적으로 잘 나타나 있습니다(마 18:21-25).

한편, 인간에게 긍휼을 베푸는 자는 다른 인간으로부터 긍휼히 여김을 받는다는 의미가 아니라 긍휼의 근원이신 하나님으로부터 긍휼히 여김을 받는다는 의미입니다. 그렇다고 하여 인간의 긍휼이 하나님의 긍휼을 불러일으키는 근거가 된다는 의미는 아닙니다. 하나님은 인간의 선행을 보고 기계적으로 긍휼을 베푸시는 분은 아니시기 때문입니다. 그러나 인간이 베푼 긍휼이 하나님으로 하여금 긍휼을 베푸시게 하는 계기가 된다는 사실을 부인할 수는 없습니다. 하나님께서는 이 세상의 삶에 있어서는 물론 마지막 날의 심판에 있어서도 긍휼을 베푼 자를 기억하시고 그들에게 긍휼로 갚아 구원으로 이끌어 주실 것입니다(마 6:14, 15; 약 2:13).

사랑하는 성도 여러분!

긍휼은 심각한 상황에 놓인 사람들을 향해 친절을 베풀고 그들의 아픔과 동질감을 느끼며 관용과 동정의 마음으로 대하는 것입니다. 긍휼은 비참한 상태에 놓인 사람을 엄격한 잣대로 계산하며 대하지 않고 희생하는 것입니다. 긍휼은 그리스도께서 우리의 죄를 속량하신 속죄의 공로를 입어 새로운 인생을 살아가게 된 그리스도인이라면 마땅히 형제의 잘못에 대해 용서하고 불쌍히 여기는 마음을 가지게 됩니다. 이미 하나님의 긍휼을 받은 자이기 때문에 긍휼을 베풀 수 있습니다.

성도님들께서는 하나님의 긍휼로 구원받았으며, 최후의 심판 시에 그 긍휼로 심판에서 면제된다는 것을 믿으시고, 곤경에 처한 사람이 있다면 희생과 손해가 따를지라도 그들을 불쌍히 여기시고 긍휼을 베푸시기를 바랍니다.

6) 여섯 번째 복은 "마음이 청결한 자는 복이 있나니 그들이 하나님을 볼 것임이요"(마 5:8)입니다.

'청결하다'는 것은 더러움이 없이 깨끗한 상태를 가리키는 말입니다. 이것은 마음을 항상 깨끗하게 한다는 의미로서 그 마음에 부끄럼이 없는 사람을 가리킵니다. 유대적 배경을 두고 볼 때는 의미심장한 개념입니다. 이것은 하나님의 거룩하심 앞에서 유지돼야 하는 정결함 또는 순수함입니다.

본 절에서 '마음'은 인간의 알고 느끼고 결정하는 지정의(知情意) 기능과 더불어 외적 경건함이나 의식적 정결함에 대조되는 내적 정결을 보다 강조하기 위하여 사용했습니다. 인간의 외적 정결과 의식적 정결도 중요하지만 마음의 내적 정결이 수반되지 않는다면 외식과 위선에 지나지 않습니다.

신명기 6장 5절을 함께 읽겠습니다.
"너는 마음을 다하고 뜻을 다하고 힘을 다하여 네 하나님 여호와를 사랑하라"(신 6:5) 아멘!

'청결한 마음'은 "너는 마음을 다하고 뜻을 다하고 힘을 다하여 네 하나님 여호와를 사랑하라"라는 말씀에 완전히 일치하는 마음입니다. 마음이 청결한 사람은 하나님을 볼 수 있으며, 하나님과 깊은 관계를 맺을 수 있을 것입니다.

마음의 청결은 이중적인 마음을 품지 말고 오로지 하나님만을 향하는 순수함(purity)을 뜻한다고 볼 수 있습니다. 현실적 측면에서도 마음이 순수하지 못하며 하나님만을 향하는 한마음이 아니라 분열된 자아를 갖고 있다면 참 하나님의 모습이 보이지 않습니다. 부정한 자의 눈에는 왜곡된 하나님, 즉 자신이 원하는 하나님만이 보일 뿐 참 하나님은 절대로 보이지 않습니다. 우리의 부정한 마음을 그리스도의 보혈로 깨끗이 씻고 하나님만을 향한 순전한 마음을 가져야만이 지금 하나님을 볼 수 있을 뿐 아니라, 장차 도래할 하나님 나라에서 하나님과 동거하는 기쁨을 맛보게 될 것입니다.

이 세상에서 하나님을 피상적으로 알고 있는 자들은 많으나 하나님의 본질을 깊이 알며 체험적으로 알고 있는 자가 드문 것은 곧 그 마음이 청결하여 하나님을 볼 수 있는 눈을 상실하였기 때문으로 이해할 수 있습니다. 마음이 청결한 자는 하나님을 눈으로 직접 목격할 뿐 아니라, 하나님의 본질에 대하여 깊이 알게 되며 하나님의 역사하심을 친히 경험하여 하나님을 체험적으로 알게 될 것입니다.

사랑하는 성도 여러분!

마음이 청결한 자로 묘사된 사람들은 도덕적으로 정결하고 정직하며 신실합니다. 그들은 하나님께 대해 성실하고 한결같이 헌신하는 사람들입니다. 그리스도인의 최고 소원은 하나님을 보는 것입니다. 이것만큼 우리에게 기쁨을 주는 것은 없습니다. 예수님에 대한 그들의 신실한 헌신으로 인해, 지금 여기서는 믿음의 눈을 통해(히 11:27) 그리고 마침내는 얼굴과 얼굴을 맞대고(요일 3:2), 그들이 하나님을 볼 것입니다.

성도님들께서는 마음이 청결한 자의 복은 '하나님을 보는 것'임을 깨달으셔서 하나님을 가까이서 뵙고 전 우주의 왕이신 하나님의 권세를 누리시기를 소망합니다.

7) 일곱 번째 복은 "화평하게 하는 자는 복이 있나니 그들이 하나님의 아들이라 일컬음을 받을 것임이요"(마 5:9)입니다.

'화평'은 신약 성경에서 여기 한 번 나옵니다. '화평하게 하는 자'를 직역하면, 평화를 만드는 자들로서 인간과의 화합을 증진하는 사람들을 가리킵니다. 많은 사람이 인류의 평화를 위해 노력했지만, 결과를 만들어 내지 못하는 것은 인간의 마음에 문제가 있기 때문입니다. 성령으로 거듭나지 않으면 참된 평화를 만들어 낼 수 없습니다. 화평한 사람이 되기 위해서는 먼저 하나님과 화평하게 된 자여야만 합니다.

화평을 유지하기 위해서는 욕심을 버려야 합니다. 화평을 원한다면 자기희생이 있어야 합니다. 하나님과 죄인인 우리와의 화평은 예수 그리스도의 희생을 통해 누리게 된 것처럼 화평을 유지하려면 희생이 전제되어야 합니다.

또한 본 절에서 이 세상은 이미 평화가 깨어진 세상이며 평화가 복원되어야 하는 세상임을 전제합니다. 물론 이는 인간과 인간 사이의 분쟁이나 국가 간의 전쟁 혹은 생태계의 파괴 등으로 인해 깨어지고 혼란해진 세상을 가리키지만, 그 이면에는 보다 근본적인 문제인 죄로 인해 하나님과의 관계가 깨어진 세상을 가리킵니다. 즉 죄가 세상에 들어옴으로써 인류는 사탄에게 속한 자가 되어 하나님과 원수가 됨으로써 하나님과의 관계가 산산이 깨어지게 된 것입니다.

따라서 본문에서 말하는바 '화평하게 하는 자'는 그리스도 십자가의 피 공로에 힘입어 하나님과 화해하여 자신의 죄의 문제를 해결하고, 더 나아가 형제의 잘못을 용서하고 그들을 그리스도께 인도하여 죄의 문제를 해결하게 함으로써 이 세상의 죄와 갈등을 해결하고 진정한 의미에서의 평화를 회복시키기 위하여 노력하는 자입니다. 이런 의미에서 본문에서의 평화는 단순히 현상적, 윤리적 차원을 넘어서 그리스도의 보혈에 의한 구원이라는 신학적 의미를 지니고 있습니다.

'평강의 하나님'(롬 15:33)의 뜻에 따라 평화가 사라진 이 세상에서 평화를 만드는 자와 하나님과의 관계가 '하나님의 아들'이란 매우 친밀한 용어로 표현되고 있습니다. 아들들은 아버지와 같은 집에 살며 아버지의 재산을 상속받는 특권을 누립니다. 그리고 본 절에서 동사가 미래형으로 나오는 것은 그리스도인들이 지금도 물론 하나님께 속한 하나님의 아들이나, 궁극적으로는 장차 하나님 나라에서 하나님을 친히 뵙고 교제하며 하나님 나라의 기업을 상속받는, 종말에 이르러 실질적으로 진정한 하나님 아들로서의 지위와 영광을 누리게 될 것을 보여 줍니다.

천국 백성은 이 세상에서 많은 환난과 어려움을 당합니다. 하나님을 믿는 믿음 때문에 당하는 환난입니다. 그런데도 화평하게 하는 자는 대항하거나 보복하지 않고 도리어 화평을 애쓰고 사랑을 베푸는 자입니다. 타인을 비난하기보다는 사랑하는 마음이 있는 사람입니다. 이것은 인간의 본성의 힘으로는 불가능하고 오직 하나님의 힘을 공급받을 때만 가능한 삶입니다. 즉 하나님의 은혜를 입은 자들만이 살아가는 삶입니다. 하나님은 화평을 만드는 자들이 자기를 닮았기 때문에 하나님의 자녀라 부릅니다.

사랑하는 성도 여러분!

예수님께서는 '평강의 왕'으로 오셨으며(사 9:6-7), 하나님과 인간 사이에 평화를 이루기 위해 궁극적인 제사를 드리셨습니다(엡 2:14-18; 골 1:20). 하나님께서는 자기 자녀들에게 화평하게 하는 자가 되라고 요청하십니다. 이것은 단지 수동적인 응낙이 아니라 행동을 포함합니다. 화평하게 하는 자는 적극적으로 화평하게 하고, 화해시키며, 슬픔과 다툼을 종식시키기를 힘써야 합니다. 반면에 오만하고 이기적인 사람들은 화평하게 하는 일에는 아예 관심이 없습니다.

　성도님들께서는 화평을 거부하여 사탄의 자식이라 일컬음을 받지 마시고, 화평하게 하여 하나님의 아들이라 일컬음을 받으며 메시아 왕국의 영광에 동참하시기를 바랍니다.

8) 여덟 번째 복은 "의를 위하여 박해를 받은 자는 복이 있나니 천국이 그들의 것임이라"(마 5:10)입니다.

　'의를 위하여'는 의의 결과를 얻으려는 목적으로 핍박의 자리에도 능동적으로 들어간다는 매우 적극적인 의미를 지니고 있습니다. 본 절에서 '의'는 인간으로 하여금 구원에 이르게 하는 '하나님의 의'란 성격이 강하나 궁극적으로는 예수 그리스도 자신을 의미한다고 볼 수 있습니다. 그렇다면 본 절은 그리스도를 위하여 수난받는 자가 받는 복에 대한 언급이라 할 수 있습니다.

　박해를 받는 이유는 '의'를 위함입니다. 천국에 마음을 둔 사람은 이 세상에서 평화롭게 살 수 없습니다. 천국 백성이 이 세상에서 핍박을 받는 이유는 이 세상의 구조가 하나님 나라의 구조와 다르기 때문입니다. 그래서 예수님도 이 세상에서 핍박을 받으셨습니다. 예수님을 닮은 제자로 이 세상을 살아간다면 거기에는 핍박이 온다는 것은 지극히 당연합니다. 핍박은 하나님에 대한 충성심이 가져오는 결과로서 하나님 나라의 자녀로 사는 자들에게 땅의 세력이 주는 핍박이 뒤따르게 되는 것입니다.

　성경에서 의를 행하며 산다는 것은 하나님께서 주신 인생의 존재 가치와 의미를 알고 사는 것을 뜻합니다. 이렇게 의를 행하며 살아갈 때는 필연적으로 이 세상에서 핍박을 받게 됩니다. 핍박은 의를 추구하고 있다는 증거입니다.

사랑하는 성도 여러분!

예수님은 세상에서 의를 위하여 핍박을 받을 때 기뻐하고, 즐거워하라고 말씀하십니다. 왜냐하면 하늘에서의 상이 크기 때문입니다. 이전의 선지자들도 동일한 박해를 받았습니다. 그러므로 '의'를 위하여 핍박을 받는 것은 하나님 나라 백성의 분명한 정체성을 드러내는 것입니다. 한 사람이 거듭남으로 하나님 나라의 소속이 되었으며, 하나님 자녀가 됨을 증거하는 특권입니다.

따라서 우리는 기뻐하고 즐거워해야 합니다. 하나님과 그분의 뜻을 중심으로 움직이는 삶을 살면서 세상의 눈에 두드러지고 박해를 받게 될지라도 놀라지 않고 이겨 내야 합니다. 우리에게 대한 상급은 천국이 될 것이기 때문입니다. 하나님께서는 자녀들이 충성으로 인해 당하는 고난을 보상해 주실 것입니다.

성도님들께서는 하나님을 왕으로 인정하며 확신에 찬 삶 가운데 하나님의 목적이 성취되는 것을 보시기 바랍니다.

이제 말씀을 마치고자 합니다.

팔복을 요약하면 '하나님 나라 백성들의 정체성'이라 할 수 있습니다.

심령의 변화는 가치관의 변화이고 여기로부터 시작된 삶은 결국 이 세상에서 의를 위하여 박해를 받으면서도 기뻐하고 즐거워해야 합니다. 그것이 하나님 나라 백성들의 삶이고, 그렇게 살아야 하는 이유는 천국에서 상이 있기 때문입니다.

팔복은 예수님을 통해 하나님 나라를 바라보는 자들이 삶의 현장에서 지켜야 하는 하나님 나라의 윤리입니다. 우리는 팔복을 통해 '팔복의 현재성과 미래성'이라는 특징들을 발견할 수 있습니다.

팔복의 현재성은 첫 번째 복과 여덟 번째 복에서 "천국이 그들의 것이다"라는 현재형으로 축복이 선언되고 있다는 점입니다. 이 두 축복은 예수님이 이 땅에 오심으로써 '이미' 하나님 나라의 도래를 의미하는 것으로 하나님 나라의 현재성과 연관된 것입니다.

팔복의 미래성은 종말론적인 축복 선언을 말하는 것으로 첫 번째 복과 여덟 번째 축복 사이에 위치하는 여섯 가지 축복에 나타나는 미래적 실현에 대한 축복을 말합니다. 슬퍼하고, 정의에 배고파하고 목말라하며, 평화를 이룩하려는 활동과 온유하고, 자비와 긍휼을 베풀며, 마음이 청결한 태도에 관한 내용입니다. 이것은 예수님으로 인해 이미 하나님 나라가 도래했지만, 또한 장차 오실 하나님 나라의 완성을 기대하면서 추구해야 할 행동이나 태도들을 나타낸 것입니다.

그러므로 팔복은 예수님으로 인해 '이미' 임한 하나님의 나라 속에서 구원과 은혜를 누린 자로 살아야 하며, '아직'이라는 하나님 나라의 완성을 바라보는 자들로서 삶의 태도와 활동이 이어져야 한다는 것을 말하고 있는 것입니다.

사랑하는 성도 여러분!

우리는 여전히 하나님 나라의 '이미' 그러나 '아직' 사이에서 살고 있습니다. 이러한 상황 속에서 그리스도인들은 어떠한 마음과 태도로 살아야 할까요?

팔복은 먼저 자기 자신의 심령이 가난하고, 애통하고, 온유한 마음에서 출발하여 이웃 사랑을 위한 적극적이고 윤리적인 삶인 의와 화평하게 하는 삶의 실천을 요구하고 있습니다. 그래서 팔복은 개인적이기보다는 나누고자 하는 데 그 목적을 둔 공동체적인 성격을 지닌 복이라 할 수 있습니다. 화평하게 하는 자는 평화를 위하여 하는 행동에 윤리적인 의미가 강하게 내포되어 있듯이, 공동체는 사회의 공적인 일에 관심을 가져 사회적 책임을 이행해야 함을 내포하고 있는 것입니다. 이런 의미에서 팔복은 사회를 향해 긍휼과 온유한 마음을 가지고, 사회와 화평을 이루며, 더 나아가 사회에서 핍박을 받는 자의 위치에 서서 그들과 복을 나누기를 원하고 있습니다. 즉 사회 공동체성의 회복을 위해 책임을 가지고 더 적극적으로 참여하는 것을 요구하는 복인 것입니다.

성도님들께서는 심령이 가난한 자, 애통하는 자, 온유한 자, 의에 주리고 목마른 자, 긍휼히 여기는 자, 마음이 청결한 자, 화평하게 하는 자, 의를 위하여 박해를 받은 자의 복을 누리시며 하나님 나라의 백성으로서 그 은혜 앞에 부끄럽지 않게 살아가시기를 주님의 이름으로 축원합니다. 아멘!

복음의 요약, 예수님의 산상수훈

너희는 세상의 소금이요 빛이라

마태복음 5:13-16

"13 너희는 세상의 소금이니 소금이 만일 그 맛을 잃으면 무엇으로 짜게 하리요 후에는 아무 쓸 데 없어 다만 밖에 버려져 사람에게 밟힐 뿐이니라
14 너희는 세상의 빛이라 산 위에 있는 동네가 숨겨지지 못할 것이요
15 사람이 등불을 켜서 말 아래에 두지 아니하고 등경 위에 두나니 이러므로 집 안 모든 사람에게 비치느니라
16 이같이 너희 빛이 사람 앞에 비치게 하여 그들로 너희 착한 행실을 보고 하늘에 계신 너희 아버지께 영광을 돌리게 하라" 아멘!

요즈음 '무슨 무슨 트렌드'라고 하면서 말과 책들이 쏟아지고 있습니다. 어느 인터넷 서점에서 '트렌드(trend, 경향, 추세)'를 검색해 보니 약 15,000개의 검색 결과가 나왔습니다. 그중에 정확한 수치와 통계로 보는 한국 교회 전망과 전략에 관한 책이 있었는데, 바로 『한국교회트렌드

2025』입니다.

  이 책에서 처음 마주하는 키워드는 '유반젤리즘(Youtube-evangelism)'이라는 신조어입니다. 혼자 유튜브로 성경 말씀 낭독을 듣고 목회자들의 설교를 들으며 은혜를 받습니다. 다양한 단체와 개인이 부르는 찬양을 들으며 눈물을 흘립니다. 궁금한 것이 생기면 유튜브로 바로 검색하고 성경공부도 한다는 유튜브 신앙생활에 관한 내용입니다.

  또한 '솔트리스 처치(Saltless Church)'를 말하면서 기독교 교세 하락과 신뢰도 추락을 마주한 한국 교회의 현실과 그 원인을 세속화에서 찾고 있습니다. "교회가 세상을 걱정하는 것이 아니라, 세상이 교회를 걱정한다"라는 이야기가 자주 들리고 있습니다. 하루가 멀다고 언론에 오르내리는 목회자를 비롯해 그리스도인들을 둘러싼 불미스러운 일들을 마주할 때, 교회 공동체가 거룩성을 지녀야 할 대안 공동체로서 기능하지 못하고, 세상과 구별되지 못한 채 세상이 제시하는 기준을 중심으로 살아가고 있음을 부정할 수 없습니다. 소금과 빛의 역할을 감당하기는커녕 세상의 걱정거리로 전락한 교회를 두고, 맛을 잃은 교회라고 꼬집고 있습니다.

  '세속화'란 사회와 문화의 여러 영역에서 종교의 영향력이 감소하는 현상입니다. 세속화는 성도와 교회가 세상의 영향을 받아 그 본연의 비전을 상실해 가는 현상인 동시에 세상이 더 이상 그리스도인의 삶과 교회의 가르침에 귀 기울이지 않는 것을 말합니다. 세속화된 이유는 성경적 가르침보다 물질주의, 세상적 성공 등 세상 가치관을 더 중요시하고, 신앙이 개인의 평안과 성공을 위한 수단으로 되었기 때문입니다.

사랑하는 성도 여러분!

이제 그리스도인의 믿음이 약화되고 선한 삶의 열매가 사라지고 있으며, 교회가 세상에 목소리를 내고 있지만 세상이 듣지 않으며, 사회에 미치는 긍정적 영향력이 감소하고 교회가 교회 됨을 상실하여 세상과 같아지고 있습니다.

이와 같이 교회 본연의 가치를 상실하고 사회와의 구별이 점점 사라지는 현상 속에 교회 공동체가 회복해야 할 거룩성을 향한 방향은 무엇이겠습니까? 바로 소금과 빛의 역할을 충실히 이행하는 것으로 말할 수 있지 않을까요?

오늘 예배에서는 "너희는 세상의 소금이요 빛이다"의 의미와 기독교인의 지고한 삶의 목적인 하나님께 영광을 돌리는 수단으로서 아주 중요하게 언급된 '착한 행실'을 중심으로 말씀을 드리고자 합니다. 성도님들께서는 하나님 나라의 제자답게 소금과 빛으로 살겠다는 결의와 실천을 보여 주시기를 바랍니다.

1. 너희는 세상의 소금이다

13절에서 '너희'라 불리는 사람들은 예수님을 따라 올라와 설교를 들은 청중 모두라고 말할 수 있습니다. 이 경우 그들이 인간으로 오신 영광의 왕 예수님을 보고 들었다는 것이 축복이요, 빛과 소금으로 비유된 근거일 것입니다. 더 나아가 '너희'는 예수님을 믿는 성도이며, 제자들이라고 할 수 있습니다.

예수님께서 "너희는 세상의 소금이다"라고 선언하십니다. 소금이 짠맛을 잃으면 어떤 것에도 쓸데없는 무용지물이 되어 버릴 뿐임을 말씀하심으로써 세상의 악과 부패를 방지하고 하나님 나라를 이루어 가는 제자의 본분을 다하도록 촉구하십니다.

우리는 예수님께서 "소금이 돼라, 빛이 돼라"라고 명령하지 않으시고 "소금이다, 빛이다"라고 말씀하신 것을 주목해야 합니다. 예수님을 믿는 사람들은 이미 세상의 소금이나 빛이 되어 있는 사람들입니다. 그리고 그렇게 살아가야 할 사람들입니다.

따라서 '너희는 세상의 소금이니'는 그리스도를 따르는 제자들로 하여금 이 말씀을 들은 이후로부터 세상의 소금이라는 사실에 대한 인식과 더불어 소금의 역할을 하며 살라는 명령을 내린 것이 아니라, 이미 하나님의 통치권 아래 속한 하나님 나라 백성이 된 사람이라면 누구든지 이미 세상의 소금이며 소금으로서의 삶을 사는 것이 마땅하다는 사실을 드러내기 위함입니다.

소금은 맛으로나 방부제로나 둘 다 이미지에 어울립니다. 제자들을 소금에 비유한 것은 제자들이 가진 복음의 능력과 도덕적 성질을 강조한 것으로 죄로 오염된 이 세상을 제자들이 복음의 능력과 거룩한 삶을 통해 정화해 나가야 할 것을 가리킵니다. 소금에 대한 가르침은 인간의 일상생활에서 필수적이듯이 예수님의 제자들이 하나님과 그분의 나라를 증거한다는 면에서 세상에 없어서는 안 될 중요한 존재들이라는 뜻으로 해석될 수 있을 것입니다.

"소금이 만일 그 맛을 잃으면"(마 5:13)에서 '맛을 잃다'는 "어리석게 되다" 또는 "어리석게 만들다"라는 의미로도 나타나는데, 세상의 소금인 제자들이 그 맛을 잃는 것은 우리가 살고 있는 세상에서 불신자들을 불결한 자들로 취급하고 무시하여 그들과 격리된 삶을 사는 것입니다. 제자들은 세상 속에서 하나의 대안적이며 도전하는 공동체로서 제 역할을 해야 합니다. 바로 눈에 보이는 제자들의 착한 행실 때문에 그들을 그렇게 하도록 만드신 하나님이 영광을 받으실 것입니다.

"사람에게 밟힐 뿐이니라"(마 5:13)에서 '밟힐'은 자신의 의지와 관계없이 밟히게 됨을 보여 주고, 항상 밟힌다는 의미입니다. 짠맛을 잃어버린 소금은 단 한 번의 예외도 없이 항상 사람으로부터 밟힐 정도로 무가치하고 비참해지게 된다는 것입니다.

마태복음 5장 11절과 12절을 함께 읽겠습니다.
"11 나로 말미암아 너희를 욕하고 박해하고 거짓으로 너희를 거슬러 모든 악한 말을 할 때에는 너희에게 복이 있나니
12 기뻐하고 즐거워하라 하늘에서 너희의 상이 큼이라 너희 전에 있던 선지자들도 이같이 박해하였느니라"(마 5:11-12) 아멘!

팔복 말씀은 복 선언의 형태로, 천국에 합당한 삶을 유지하며 그 삶으로 인한 박해를 잘 참고 견디라는 권고입니다. 하지만 현실 속에서 제자들의 삶이 항상 이렇게 '복된' 것은 아닙니다. 마태복음 전체에서 잘 드러나는 것처럼, 우리의 삶은 실족하게 하는 일이 많이 일어나고 있습니다. 하지만 그렇다고 해서 그것이 면책의 근거가 될 수는 없습니다. 그렇기에 천국 복음 선포의 많은 부분, 천국에 어울리는 삶에 대한 긍정적인 격려와 더불어 이런 실패의 가능성을 염두에 둔 경고, 특별히 종말론적 심

판에 대한 섬뜩한 경고가 뒤섞인 모습으로 제시됩니다.

산상수훈의 문맥 속에서 박해에 관한 말씀과 이어지는 13절의 소금 이야기는 바로 이런 종말론적 경고의 기능을 수행합니다. 현실의 박해를 견뎌 내며 제자다운 삶을 유지하는 이에게는 하나님 나라의 삶이 약속되듯(마 5:2-12), 제자로서의 모습을 지키지 못한 이들에게는 버림과 심판이 기다리고 있을 것입니다(마 5:13). 그런 점에서 제자들은 소금과 같습니다. 그 본연의 맛을 상실하면 이를 다시 회복할 도리가 없고, 따라서 맛을 잃은 소금에게 남겨진 유일한 미래는 비극적입니다. 다만 밖에 버려져 사람에게 밟힐 뿐입니다.

사랑하는 성도 여러분!

"너희는 세상의 소금이다"라는 선언은 제자들의 정체성을 분명히 합니다. 세상은 제자들로 인하여 살아가는 맛이 나고, 정결해지고, 부패하지 않게 유지될 수 있습니다. 세상은 소금으로서의 제자들이 존재하고 있다는 사실 그 자체로도 생명력을 갖습니다.

제자들은 하나님의 뜻을 이 땅 위에 실현함에 있어서 소금으로서의 짠맛을 내야 하는데, 그러지 못할 경우 버려지는 것은 당연합니다. 제자들이 마땅히 지녀야 할 복음의 능력과 양심과 경건하고 정직한 생활을 상실한다면 세상을 변화시킬 수 없을 뿐만 아니라 오히려 세상 사람들의 멸시와 조롱거리가 되고 말 것입니다.

성도님들께서는 예수님을 따르는 제자로서 주님의 말씀을 잘 읽고 듣고 지키는 자가 되어 의(義)에 이르며, 하나님께 영광을 돌리는 삶을 살아가시기를 바랍니다.

2. 너희는 세상의 빛이다

예수님은 "너희는 세상의 빛이니 그 빛을 만방에 비춰야 한다"라고 선언하십니다. 일반적 빛에 비유하며 이 세상에서 제자의 역할을 말씀하시면서 빛이 있으면 산 위의 마을조차도 쉽게 드러나듯이 제자는 빛으로서 세상의 모든 것을 비추고 드러내야 함을 가르치십니다. 그리고 등불의 위치와 역할에 비유하여 특별히 하나님의 사람으로서 이 세상에서 제자의 역할을 말씀하십니다. 등불을 켠 후에 말로 덮어 두지 않고 등경 위에 두어 집 안 모든 사람에게 비추라고 하십니다. 이러한 등불의 기능처럼 성도들의 삶도 착한 행실로써 주위를 밝게 비추어 사람들이 이를 통해 하나님께 영광을 돌리게 해야 할 것을 말씀하고 계시는 것입니다.

예수님께서는 '사람들의 빛'(요 1:4)으로 오셨습니다.

요한복음 1장 4절과 8장 12절을 함께 읽겠습니다.
"그 안에 생명이 있었으니 이 생명은 사람들의 빛이라"(요 1:4)
"예수께서 또 말씀하여 이르시되 나는 세상의 빛이니 나를 따르는 자는 어둠에 다니지 아니하고 생명의 빛을 얻으리라"(요 8:12) 아멘!

소금이 사람들의 음식을 달라지게 하듯이 빛은 사람들의 환경을 달라지게 합니다. 14절의 이미지는 산꼭대기에 불이 환하게 밝혀진 마을에 대한 것입니다. 이것은 제자들 개인이 연합한 빛의 집단적 효과를 표현한 것입니다. 모든 제자와 성도들은 주 안에서 빛이며(엡 5:8), 빛들로 나타내어야 합니다(빌 2:15). 제자들은 어두운 세상 속의 빛처럼 빛을 비추고 그리스도의 모습을 나타내 보이면서, 그리스도를 위해 살아야 합니다.

산꼭대기에 자리 잡은 마을을 누가 감출 수 있겠습니까? 그 성벽 뒤에서 타오른 등불들은 밤에 멀리서도 볼 수 있는 빛을 발산합니다. 예수님께서 세상의 빛이시므로 그분을 좇는 자들은 그분의 빛을 반사해야 합니다. 우리가 만일 그리스도를 위해 산다면, 우리는 다른 사람들에게 그리스도의 모습을 보여 주면서 빛처럼 타오를 것입니다.

하나님 나라 시민 된 성도의 삶은 숨겨진 삶이 아니라 밝히 드러나는 삶이며, 많은 사람들에게 주목받는 삶입니다. 성도의 빛 된 삶이 모든 세상 사람들의 표상이 되어야 합니다. 그리스도의 참다운 제자가 되면 자신을 숨기려 해도 두드러질 수밖에 없으며, 어둠 가운데 발하는 빛처럼 자연스럽게 하나님의 영광을 드러내는 삶을 살 수밖에 없음을 잘 보여 줍니다.

15절의 "사람이 등불을 켜서 말 아래에 두지 아니하고 등경 위에 두나니"에서 당시 이스라엘에서는 흙으로 만든 작은 접시에 기름을 담고 심지에 불을 붙인 '등불', 즉 등잔(lamp)을 벽에 돌출된 등경, 촛불이나 등불을 얹어 놓는 대(臺) 위에 두어 온 방 안을 밝게 했습니다.

누가복음 8장 16절을 함께 읽겠습니다.
"누구든지 등불을 켜서 그릇으로 덮거나 평상 아래에 두지 아니하고 등경 위에 두나니 이는 들어가는 자들로 그 빛을 보게 하려 함이라"(눅 8:16) 아멘!

'말'은 흙으로 만들어져 약 8.75ℓ 정도까지의 곡식의 양을 측량할 수 있는 용기인데, 누가복음에서는 '그릇'이라고 번역하였습니다(눅 8:16).

당시 유대인들에게는 성냥이 없어 불을 쉽게 피울 수가 없었기 때문에 잠깐 자리를 비울 경우 등잔을 등경에서 내려 말로 덮어 두는 습관이 있었습니다. 이는 동물들이 등잔을 잘못 건드려 화재가 나는 것을 막기 위해서입니다. 사람이 등불을 켜서 말 아래 숨겨 두지 않는 것처럼, 제자들은 그들의 빛을 감추려고 해서는 안 됩니다. 그리스도의 제자 됨은 집 안 모든 사람에게, 즉 그들이 접촉하는 모든 사람들에게 빛을 퍼뜨리는 것을 의미합니다.

사랑하는 성도 여러분!

예수님께서 '세상의 빛'이시기 때문에 그를 따르는 제자들 역시 세상의 빛이니 우리들은 이 세상에서 예수님 빛의 반사체 역할을 해야만 합니다. 세상 사람들은 세상의 빛인 기독교인들을 주목하고 주시하고 있습니다. 제자들은 자기의 신앙을 행동으로 증명해야 합니다.

또한 제자들은 자기가 빛으로 가득 차 있는지 아닌지를(마 6:23), 자기의 마음과 섬김이 전적으로 하나님을 지향하는지 아니면 세상을 지향하는지 자기 점검을 해야 합니다. 세상을 빛으로 환하게 하거나 어둡게 만드는 것은 인간의 행위입니다. 믿음은 결코 행위 없이 홀로 존재하지 않습니다.

성도님들께서는 어두운 밤에 항로를 밝히는 등대와 같이 세상 사람들을 예수님께 인도하시고, 세상 사람들에게 옳고 그름과 마땅히 나아가야 할 빛을 비추시기를 바랍니다.

3. 착한 행실로 하나님께 영광을 돌린다

그렇다면 세상 사람 앞에 빛을 구체적으로 어떻게 비치게 할까요?

마태복음 5장 16절을 함께 읽겠습니다.
"이같이 너희 빛이 사람 앞에 비치게 하여 그들로 너희 착한 행실을 보고 하늘에 계신 너희 아버지께 영광을 돌리게 하라"(마 5:16) 아멘!

앞선 것을 다시 지시하는 '이같이'는 이제 나오는 16절의 적용을, 13절에서 15절까지를 연결시킵니다. 그래서 16절은 소금과 빛에 관한 구절, 특히 빛에 관한 말씀의 해석과 적용으로서 이 단락을 요약하는 열쇠가 됩니다.

또한 이 구절은 13절 앞에 있는 팔복 선언(마 5:3-12)을 절정으로 이끌고, 산상수훈의 전체 서막이 교훈적인 절정을 갖고 있음을 보여 줍니다. 내용적으로 16절은 협의의 문맥에서는 뒤따르는 율법과 선지자의 성취와 반대 명제들과 관련을 맺고, 광의의 문맥에서는 산상수훈의 후반부의 말씀들과 관계를 맺습니다. 이처럼 16절은 산상수훈의 주제가 될 정도로 특별한 무게를 갖고 있습니다.

빛은 떴다 하면 비춥니다. 사람들은 예수님의 제자가 되자마자 세상의 빛으로서 곧장 빛을 비추어야 합니다. 빛을 비추라는 이 명령을 준행하면 세상의 빛이 되어 사람들이 하나님께 영광을 돌리게 되고, 이 명령을 준행하지 않으면, 세상의 빛이 아닌, 세상의 어둠이 되어 맛을 잃은 소금과 같은 운명에 처해지게 됩니다.

너희의 빛은 다름이 아닌 너희의 '착한 행실'입니다. 여기서 빛과 착한 행실이 동일시되었습니다. 빛이 보이는 것처럼 착한 행실도 사람들에게 보입니다. 사람들 앞에서 그 빛을 비춰야만 한다는 것은 구체적으로 사람들이 착한 행실을 보게 해야만 한다는 것을 의미합니다.

짜게 하는 것이 소금의 존재 이유에 속하고, 산 위에 있는 마을이 감춰질 수 없는 것이 그 마을의 존재 이유에 속하고, 사람들에게 빛을 비추는 것이 등불의 존재 이유에 속하는 것과 같이, 착한 행실은 예수님 제자들의 존재 이유에 속합니다.

빛으로 은유되는 이 착한 행실은 '소금'(13절)과 '빛'(14절)으로서의 삶이라고 할 수 있습니다. 착한 행실인 도덕적인 선은 사리에 맞고 다른 사람들로부터 칭찬받을 만한 행동을 가리킵니다. 예수님의 장애인 치유가 착한 행실의 모범이 되고, 예수님께 향유를 부은 여인의 행위가 착한 행실의 사례도 됩니다.

마태복음 22장 37절에서 40절까지 함께 읽겠습니다.
"37 예수께서 이르시되 네 마음을 다하고 목숨을 다하고 뜻을 다하여 주의 하나님을 사랑하라 하셨으니
38 이것이 크고 첫째 되는 계명이요
39 둘째도 그와 같으니 네 이웃을 네 자신 같이 사랑하라 하셨으니
40 이 두 계명이 온 율법과 선지자의 강령이니라"(마 22:37-40) 아멘!

더 나아가 세상에 빛을 비춘다는 것은 하나님 나라의 임재를 드러냄으로써 올바른 의미로 해석된 율법의 의를 실현시키는 것이며, 계명들을 신실하게 지켜 나가는 삶입니다. 그리고 이 착한 행실은 하나님 사랑과

이웃 사랑에서 우러나온 것이어야만 합니다(마 22:37-40).

제자들이 착한 행실을 해야만 하는 목적이 무엇일까요?
착한 행실의 목적은 제자들의 그 착한 행실을 보는 사람들이 하늘에 계신 아버지를 찬양하고 그에게 영광을 돌리게 하는 것입니다. 하나님께 영광을 돌리는 것은 기독교인 삶의 최상 목적입니다. 그것은 착한 행실을 통해서 달성됩니다. 분명히 세상 사람들이 하늘에 계신 아버지께 영광을 돌리는 것은 공의와 사랑을 실천하는 제자들의 착한 행실을 봄으로써, 그리고 그들이 점점 더 공의와 평화와 사랑을 느끼도록 함으로써 가능합니다. 세상 사람들이 하나님께 영광을 돌림은 이미 그들의 회심을 내포합니다.

이와 같이 기독교인의 삶과 행실은 선교적 기능을 갖습니다. 선포하는 말씀에 따르는 순종이, 삶을 통한 증거가 선교의 기능을 갖고 하나님께 영광을 돌리는 데 기여합니다. 그래서 착한 행실이 교회와 성도들의 중요 과제가 됩니다.

주님이 말씀하신 구원의 상태, '소금이요, 빛이니'는 동시에 맛을 내고 빛을 발하라는 행동의 요구입니다. 마태는 이렇게 선교적인 기능과 더불어 하나님 말씀의 순종을 통해 얻는 의로서의 구원론적인 기능을 갖는 착한 행실에 관해서 말하고 있는 것입니다. 하나님의 영광을 위하여 착한 행실을 하는 것이 진정으로 의로운 것입니다. 이러한 착한 행실은 우리 자신의 능력으로는 실천 불가능하나, 부활하신 예수 그리스도께서 약속하신 대로 성령으로 임마누엘로 함께 하셔서 힘과 능력을 주실 때에는 가능합니다.

사랑하는 성도 여러분!

착한 행실은 하나님의 계명, 그의 뜻에 순종하는 행위이고, 예수님처럼 율법과 선지자를 통해 하신 하나님의 말씀을 따르는 행위입니다. 예수님께서 하나님의 율법과 선지자의 말씀을 새롭게 해석하여 하나님 사랑과 이웃 사랑으로 제시한 것들을 지키는 행위이고, 예수님의 모든 명령을 실현함으로써 전 세계가 빛으로 만나는 바로 그것입니다.

착한 행실만이 세상 사람들에게 선한 영향을 주어 회심하게 하고 하나님께 찬양과 영광을 돌리게 합니다. 이것은 교회와 성도들이 입술로만이 아니라 전 존재로 하나님께 영광을 돌리는 유일한 길이고, 비기독교 세계와 소통 가능한 가장 중요한 성경적 가치가 될 것입니다.

성도님들께서는 성령으로 함께하시는 임마누엘의 능력과 도움으로 착한 행실을 보여 주셔서 세상의 빛으로, 하나님께만 영광을 돌려 드릴 수 있게 되기를 소망합니다.

이제 말씀을 마치고자 합니다.

교회와 성도는 세상 속에서 하나님의 뜻을 드러내고 이 땅 위에 하나님 나라를 구현하기 위해 부름받은 존재입니다. 모든 교인들은 교회 안에서만 살아갈 수 없으며 세상 속에서 살아가면서 그 안에서 수많은 관계를 형성하고 영향을 주고받으며 살아갑니다.

예수님께서 제자들에게 세상 속에서 "소금이 돼라, 빛이 돼라"라고 명령하지 않으시고 "너희는 세상의 빛이요 소금이다"라고 말씀하신 것을 주목해야 합니다. 예수님을 믿는 사람들은 이미 세상의 빛이나 소금이 되어 있는 사람들입니다. 그리고 그렇게 살아가야 할 존재들입니다. 그리하여 세상의 악을 방지하고 세상을 보존하며 세상에 맛을 내는 역할, 세상의 어둠을 밝히고 세상의 빛으로 오신 예수님에게로 인도하는 역할을 해야 합니다.

구체적으로 예수님께서는 '착한 행실'을 언급하셨습니다. 예수님을 믿는 사람들에게 선한 행동이란 필수적으로 나타나야 할 특성이자 본질입니다. 만약 착한 행실을 하지 못한다면 그리고 하나님의 영광을 드러내지 못한다면 제자들은 아무짝에도 쓸모없고 세상 사람들에게도 짓밟힐 수밖에 없는 맛을 잃은 소금, 빛을 빼앗긴 빛이 되고 말 것입니다.

사랑하는 성도 여러분!

세상 속에서 살면서 세속의 가치에 함몰되지 않으며 겸손한 태도로 소통하고, 기독교 신앙에 대한 굳은 의지, 견고한 믿음과 순종으로 하나님 나라를 이루며 살아가는 여정이야말로 오늘날의 그리스도인이 실현해야 할 과제입니다.

세상 사람들은 세상의 소금이요, 빛인 기독교인들을 주목하고 주시하고 있습니다. 기독교인들은 자기의 신앙을 행동으로 증명해야 합니다. 그뿐만 아니라 자기가 소금의 맛을 유지하고 있는지, 빛으로 가득 차 있는지, 자기의 마음과 섬김이 전적으로 하나님을 지향하는지, 아니면 세상을 지향하는지를 점검해야 합니다.

하나님에 의해 창조된 교회는 세상 속에서 "너희는 세상의 소금이요 빛이다"라는 그 본질적 정체성을 상실하지 않으면서 세속화되고 있는 교회를 개혁해야 할 것입니다. 개혁은 본래 혹은 근원으로 돌아간다는 신앙과 신학적인 의미를 뜻합니다. 개혁된 교회는 항상 자신을 개혁하는 교회이어야 합니다. 예수 그리스도의 역사를 추종하여 성경으로 돌아가야 합니다.

교회와 성도는 물질 중심주의, 성공과 번영의 신앙을 넘어서야 합니다. 세상 사람들에게 성경적 가치와 영성, 위로를 제공해야 합니다. 개인적 차원의 영혼 구혼에만 매몰되지 않아야 하며, 소외된 이들, 사회적 약자들의 목소리가 되어 주고 지역과 사회를 위해 헌신하고 선을 실천함으로써 이기적 공동체가 아닌 이타적 공동체로서 자리매김해야 합니다.

성도님들께서는 세상의 소금이요, 빛입니다. 세상 사람들이 하늘에 계신 하나님 아버지께 영광을 돌리도록 착한 행실, 즉 공의와 사랑을 실천하시기를 주님의 이름으로 축원합니다. 아멘!

복음의 요약, 예수님의 산상수훈

율법의 완성

마태복음 5:17-20

"17 내가 율법이나 선지자를 폐하러 온 줄로 생각하지 말라 폐하러 온 것이 아니요 완전하게 하려 함이라

18 진실로 너희에게 이르노니 천지가 없어지기 전에는 율법의 일점 일획도 결코 없어지지 아니하고 다 이루리라

19 그러므로 누구든지 이 계명 중의 지극히 작은 것 하나라도 버리고 또 그같이 사람을 가르치는 자는 천국에서 지극히 작다 일컬음을 받을 것이요 누구든지 이를 행하며 가르치는 자는 천국에서 크다 일컬음을 받으리라

20 내가 너희에게 이르노니 너희 의가 서기관과 바리새인보다 더 낫지 못하면 결코 천국에 들어가지 못하리라" 아멘!

우리는 사람들과의 원만한 삶을 유지하기 위해 여러 가지 약속을 하면서 살고 있습니다. 약속은 문자적으로는 피차간에 어떤 일을 정해 놓고 어기지 않기로 다짐하는 일을 가리킵니다.

구약 성경에서 "약속(언약)하다"라는 말은 '말하다'의 히브리어 동사 '아마르'가 번역된 것임을 보게 됩니다(출 12:25; 왕하 8:19; 시 105:42; 119:38). 이는 발언하는 말, 그것이 곧 '진실의 보증'이라는 의미로 이해할 수 있습니다. 하나님께서 "나는 말한다"라고 하셨을 때 그것은 하나님이 친히 '약속하신다'는 의미로 말씀하신 것입니다. 하나님의 약속은 하나님 자신의 이름(명예, 권위)을 담보하여 하신 것이며, 하나님의 거룩한 성품(신실하시고 자애로우시며, 말을 바꾸지 않으시는)을 기초로 하여 주어지는 것입니다.

쌍방 간의 합의에 의해 이루어지는 약속, 계약이나 맹세를 언약(言約, covenant)이라고 합니다. 하나님과 사람, 사람과 사람, 민족과 민족 간의 약속이 주류를 이룹니다. 성경은 특별히 하나님께서 인간과 인격적으로 맺으신 '구원 언약(testament)'이 중심 주제입니다. 하나님과 인간 사이의 언약에는 아담, 노아, 모세, 다윗과 맺은 언약과 새 언약이 포함됩니다. 언약은 전형적으로 맹세로 비준되는 선택된 관계로 여기에는 순종에 대한 복과 불순종에 대한 저주가 들어 있습니다.

예레미야 7장 23절을 함께 읽겠습니다.

"오직 내가 이것을 그들에게 명령하여 이르기를 너희는 내 목소리를 들으라 그리하면 나는 너희 하나님이 되겠고 너희는 내 백성이 되리라 너희는 내가 명령한 모든 길로 걸어가라 그리하면 복을 받으리라 하였으나"(렘 7:23) 아멘!

언약적인 복은 특별히 하나님 현존의 복인데, 우리가 하나님의 현존

안에서 행하는 길은 하나님의 계명에 대한 순종을 통해서입니다. 하나님 백성은 하나님의 길로 행해야 할 의무가 있을 뿐 아니라, 하나님도 자기 백성에게 복을 주기 위해 친히 의무를 지십니다.

하나님께서는 백성들로 하여금 세상에서 거룩히 구별하여 살게 하려고 친히 명령, 교훈, 규례, 계명, 법령, 즉 율법(律法)을 세우셨습니다(요 7:19; 롬 10:4). 이 율법은 이스라엘 백성의 정치, 문화, 종교 등 생활 전반을 지배하는 거룩한 하나님의 명령입니다. 율법은 일차적으로는 십계명(출 20:3-17; 신 5:6-21)을 포함하여 하나님께서 시내산에서 모세에게 주신 법, 또는 구약 성경(요 10:34; 12:34), 혹은 좀 더 포괄적으로 신·구약에 나타난 하나님 백성의 생활과 행위에 관한 하나님의 명령 전체를 가리킵니다. 복음서에서는 주로 창세기, 출애굽기, 레위기, 민수기, 신명기 등 모세가 기록한 오경을 가리켜 묘사하고 있습니다(마 5:17; 8:12; 눅 16:16; 요 7:19).

오늘 봉독하신 마태복음 5장 17절을 보니, 예수님께서 "내가 율법이나 선지자를 폐하러 온 줄로 생각하지 말라 폐하러 온 것이 아니요 완전하게 하려 함이라"라고 하십니다. 여기서 '완전하게 하려'는 "가득 채우다" 또는 "완성하다"라는 의미를 갖습니다.

그렇다면 "율법을 완성하다"라는 의미는 무엇일까요? 오늘 예배에서는 마태복음에서의 '예수님과 율법'을 중심으로 말씀을 드리고자 합니다. 성도님들께서는 신실한 그리스도인으로서 율법에 대한 이해를 높이고 율법의 완성에 맞게 살아가겠다고 의지를 다지는 시간이 되시기를 바랍니다.

1. 율법의 연속성과 불연속성

1) 율법의 연속성

그리스도 안에서 하나님의 약속들이 성취되었다는 사실이 신약의 신자들로 하여금 구약 율법에 담긴 모든 것을 단순하게 인정하고 유지하지 않도록 만들었습니다. 신약의 율법에 대한 관점은 구약 성경과의 연속성과 불연속성이 모두 나타나고 있습니다. 그리스도가 오신 것이 구약의 구원 약속들과 하나님이 요구하신 의가 성취되도록 하였다는 점에서 연속성이 있습니다. 유대 신자들이 지키며 살던 언약은 더 이상 효력이 없으며 신자들은 혈통적 이스라엘의 일원이 아니라는 점에서 불연속성이 있습니다.

예수 그리스도는 약속된 메시아, 주님, 인자 그리고 하나님의 아들이십니다. 하나님의 나라가 예수 그리스도 안에서 시작되었습니다. 구약 성경이 약속한 것이 예수 그리스도 안에서 성취됩니다. 그러므로 율법은 그리스도의 사역, 죽음, 부활의 이야기에 비추어 이해해야 합니다.

마태복음 8장 1절에서 4절까지 함께 읽겠습니다.
"1 예수께서 산에서 내려 오시니 수많은 무리가 따르니라
2 한 나병환자가 나아와 절하며 이르되 주여 원하시면 저를 깨끗하게 하실 수 있나이다 하거늘
3 예수께서 손을 내밀어 그에게 대시며 이르시되 내가 원하노니 깨끗함을 받으라 하시니 즉시 그의 나병이 깨끗하여진지라
4 예수께서 이르시되 삼가 아무에게도 이르지 말고 다만 가서 제사장에게 네

몸을 보이고 모세가 명한 예물을 드려 그들에게 입증하라 하시니라"(마 8:1-4) 아멘!

구약 율법은 나병환자를 만지는 사람은 부정하게 된다고 가르칩니다(레 13:45-46, 22:4-6; 민 5:2). 그러나 예수님이 나병환자를 만지셨을 때 부정하게 되지 않았습니다. 예수님의 만지심에는 변화시키고 정결하게 하는 능력이 있었기 때문에 예수님이 부정하게 되지 않고, 도리어 나병환자를 깨끗하게 하고 나병에서 낫게 하였습니다. 구약 성경에서는 부정한 것이 정한 것을 더럽히지만, 정한 분이신 예수님은 변화시키는 만지심으로 부정한 것을 정결하게 하십니다. 예수님의 행동은 구약 율법을 무효화하는 것이 아니며, 또한 여기서 예수님은 나병에 대한 율법이 시대에 뒤떨어진 것이라고 가르치신 것도 아닙니다. 그럼에도 불구하고 예수님이 만지심으로 나병환자를 변화시키신 것은 구약 율법에 대한 새로운 입장을 시사합니다. 나병에 대한 요구 사항들에 따라 예수님을 이해하는 것이 아니라 예수님의 오심에 비추어 나병에 대한 율법을 이해해야 합니다.

예수님이 세리와 죄인들과 함께 식사하신 것 역시 율법에 대한 예수님의 입장을 시사합니다(마 9:9-13). 여기에 예수님이 음식에 대한 구약의 규정을 무시하셨음을 보여 주는 표지는 전혀 없습니다. 종교 지도자들은 예수님이 잡수신 음식에 대해서가 아니라 식사를 함께 한 사람들에 대해 불평했습니다. 예수님은 자신을 부정한 자들을 고치고 정결하게 하는 의사로 보셨습니다. 죄인들은 예수님을 더럽히지 않습니다. 반대로 예수님이 죄인들을 깨끗하게 하시고 변화시키십니다.

마태복음 9장 13절을 함께 읽겠습니다.

"너희는 가서 내가 긍휼을 원하고 제사를 원하지 아니하노라 하신 뜻이 무엇인지 배우라 나는 의인을 부르러 온 것이 아니요 죄인을 부르러 왔노라 하시니라"(마 9:13) 아멘!

바리새인들이 세리와 죄인들을 멀리한 것은 긍휼과 자비를 요구하는 구약 성경을 사실상 위반한 것입니다.

한편, 우리는 예수님의 복음에 있는 새로움을 과소평가하지 말아야 합니다. 예수님은 신랑이시며, 예수님이 가져오시는 새로운 질서에 유대교의 종교적 관습들을 부과할 수는 없습니다(마 9:14-17). 복음이라는 새 포도주는 새 부대에 담아야 합니다.

마태복음은 유대인 그리스도인들을 향해 기록된 것이기 때문에 구약 성경과 예수님의 가르침 및 행함 사이의 연속성을 더 강조하고 있습니다.

마태복음 11장 27절부터 30절까지 함께 읽겠습니다.

"27 내 아버지께서 모든 것을 내게 주셨으니 아버지 외에는 아들을 아는 자가 없고 아들과 또 아들의 소원대로 계시를 받는 자 외에는 아버지를 아는 자가 없느니라
28 수고하고 무거운 짐 진 자들아 다 내게로 오라 내가 너희를 쉬게 하리라
29 나는 마음이 온유하고 겸손하니 나의 멍에를 메고 내게 배우라 그리하면 너희 마음이 쉼을 얻으리니
30 이는 내 멍에는 쉽고 내 짐은 가벼움이라 하시니라"(마 11:27-30) 아멘!

이런 강조는 놀라운 것이 아닙니다. 바리새인의 가르침은 사람들에게 자유가 아니라 짐을 주었지만, 예수님은 쉼을 주십니다(마 11:28-30).

예수님의 멍에가 가볍다는 선언에 이어 안식일에 대한 기사 두 개가 이어집니다(마 12:1-14). 첫 번째 논쟁은 제자들이 밀밭을 통과하면서 이삭을 자른 것과 관련이 있습니다. 이 행동들이 안식일에 일어났기 때문에 바리새인들이 이의를 제기했습니다. 예수님은 다윗이 진설병을 먹고 동료들에게도 준 이야기를 인용하셨습니다(삼상 21:1-6). 다윗이 한 일은 합법적인 것이 아니었음에도 불구하고 다윗이 하나님의 기름부음 받은 자였기 때문에 정당화되었습니다. 예수님은 율법이 사람을 위하여 만들어진 것이지 그 반대가 아니라고 인간의 필요를 말씀하셨습니다. 그러나 요점은 인자이신 예수님이 '안식일의 주인'이시라는 사실입니다(마 12:8). 초점은 안식일 규정이 아니라 인자이신 예수님께 맞춰져야 합니다. 이는 율법이 주님이신 예수님을 가리켜 보이고 있으며, 율법은 예수님의 오심에 비추어 해석해야 한다는 것을 시사합니다.

손 마른 사람을 고치신 사건도 기독론적으로 해석해야 합니다(마 12:9-21). 만일 바리새인이 안식일에 구덩이에서 양을 건져 낸다면 안식일에 사람을 고치는 것도 가능한 일입니다(마 12:11-12). 예수님은 안식일에 선을 행하는 것이 언제나 옳은 일이라는 원칙을 선언하셨습니다. 예수님의 치유는 구약 율법과 일치하는 것입니다.

27절에서 아버지께서는 아들에게 모든 것을 넘겨주셨고, 아들과 아버지는 서로에 대해 독점적이고 상호적인 지식을 가지고 있습니다(마 11:27). 쉼을 갈망하는 사람들은 예수님께 와야 합니다(마 11:28). 예수님은 하나님이 택하신 종이며, 예수님은 자신의 구원 계획에 이방인들을 포함하실 것입니다. 바리새인들과 달리 예수님은 상한 갈대를 꺾거나 꺼져 가는 심지를 끄지 않으실 것입니다(마 12:20). 예수님은 새로운 다윗이시며 안식일의 주님인 인자이십니다(마 12:1-8). 예수님은 성전보다 크신 분이시며 따라서 안식일에 하고자 하는 바를 행할 특권이 있습니다(마 12:5-6).

'재물이 많은 청년의 이야기'(마 19:16-22)에서 부자가 영생을 위해 필요한 것이 무엇인지 묻자, 예수님은 십계명의 명령들에 초점을 맞추면서 구약 율법의 계명들을 상기시키셨습니다. 안식일과 달리 이 계명들로 인해 그리스도가 오신 후에도 하나님의 백성에게 권위가 있는 것으로 여겨졌습니다. 그럼에도 불구하고, 구약의 율법은 이제 예수 그리스도의 오심에 비추어 해석해야 합니다. 부자가 영생을 얻기 위해서는 예수님을 따르고 모든 것을 버려야 합니다. 이 부자는 모든 것을 포기하고 제자로 예수님을 따르지 않는 한 구원받을 수 없었습니다.

따라서 모든 율법은 하나님과 이웃을 사랑하라는 명령으로 요약합니다(마 22:34-40). 율법은 또한 다른 사람이 너에게 해 주기를 원하는 대로 다른 사람에게 행하라는 황금률(마 7:12)로 요약됩니다.

사랑하는 성도 여러분!

구약의 율법은 홀로 떨어져 있는 것이 아니라 성경의 줄거리 흐름에 비추어 읽어야 하며, 성경 이야기의 절정은 예수 그리스도이십니다. 하나님과 이웃을 사랑하라는 계명조차도 예수 그리스도의 오심이라는 견지에서 해석해야 합니다. 예수님은 구약 성경의 약속을 성취하시는 분이기 때문입니다.

성도님들께서는 참으로 하나님을 사랑하는 제자로 예수님을 따르며

"하나님을 사랑하고 이웃을 사랑하라"라는 계명과 "무엇이든지 남에게 대접을 받고자 하는 대로 너희도 남을 대접하라"라는 율법을 지키시기를 바랍니다.

2) 율법의 불연속성

마태복음에서는 예수님의 가르침과 구약 율법 사이에 연속성뿐만 아니라 불연속성도 있습니다.

마태복음 24장 20절, 5장 24절, 23장 23절을 함께 읽겠습니다.
"너희가 도망하는 일이 겨울에나 안식일에 되지 않도록 기도하라"(마 24:20)
"예물을 제단 앞에 두고 먼저 가서 형제와 화목하고 그 후에 와서 예물을 드리라"(마 5:24)
"화 있을진저 외식하는 서기관들과 바리새인들이여 너희가 박하와 회향과 근채의 십일조는 드리되 율법의 더 중한 바 정의와 긍휼과 믿음은 버렸도다 그러나 이것도 행하고 저것도 버리지 말아야 할지니라"(마 23:23) 아멘!

예루살렘이 포위되어 고통을 당하는 사람들이 도망가는 날이 안식일이 되지 않도록 기도해야 한다는 것과 성전에서 제사를 드리는 것에 대한 언급은 바리새인들에 대한 날카로운 비판을 생각할 때 대단히 놀라운 일입니다. 정의와 긍휼과 믿음을 십일조보다 높이면서도 십일조를 여전히 권하고 있고 폐지한 것 같지 않습니다.

이 성경 구절들은 마태복음이 구약 율법에 대해 오로지 연속성이라는 관점만 주장하는 것처럼 보일 수도 있습니다. 분명 마태복음은 그리스도 안에서 율법이 완성된 것에 초점을 맞추고 있습니다(마 5:17-20).

그러나 이 완성은 몇 가지 불연속성 역시 포함합니다.

마태복음 13장 52절을 함께 읽겠습니다.
"예수께서 이르시되 그러므로 천국의 제자된 서기관마다 마치 새것과 옛것을 그 곳간에서 내오는 집주인과 같으니라"(마 13:52) 아멘!

천국의 지혜로운 서기관은 새것과 옛것을 바르게 정리하고, 옛것이 천국과 관련 있는 경우 새것에 연관시키는 집주인과 같습니다. 다시 말해 지혜로운 서기관은 단순히 옛것을 반복하는 것이 아니라, 옛것이 어떻게 새것과 연관되는지를 설명하고 옛것이 새것 안에서 완성된다는 것을 설명합니다. 그리하여 새것이 도래한 지금 옛것은 전과 똑같은 지위를 유지하게 됩니다.

마태복음 17장 24절에서 27절까지 함께 읽겠습니다.
"24 가버나움에 이르니 반 세겔 받는 자들이 베드로에게 나아와 이르되 너의 선생은 반 세겔을 내지 아니하느냐
25 이르되 내신다 하고 집에 들어가니 예수께서 먼저 이르시되 시몬아 네 생각은 어떠하냐 세상 임금들이 누구에게 관세와 국세를 받느냐 자기 아들에게냐 타인에게냐
26 베드로가 이르되 타인에게니이다 예수께서 이르시되 그렇다면 아들들은 세를 면하리라
27 그러나 우리가 그들이 실족하지 않게 하기 위하여 네가 바다에 가서 낚시

율법의 완성 61

를 던져 먼저 오르는 고기를 가져 입을 열면 돈 한 세겔을 얻을 것이니 가져다가 나와 너를 위하여 주라 하시니라"(마 17:24-27) 아멘!

마태복음에서 불연속성을 보여 주는 명백한 표지는 모든 이스라엘인에게 부과된 성전세(출 30:11-16)와 관련 있습니다. 예수님은 베드로에게 아들들은 세금 납부로부터 면제된다고 주권적으로 선언하셨습니다(마 17:24-27). 베드로가 세금을 낸 것은 세금이 의무이기 때문이 아니라 단지 사람들을 화나게 하지 않기 위함이었습니다. 마태는 이 규정이 더 이상 효력 없는 이유를 설명해 주지 않지만, 마태복음의 윤곽을 고려해 보면 실마리를 얻을 수 있습니다. 성전세는 이스라엘인 각 사람의 속전으로 부과되는 것입니다. 그러나 마태복음에서 예수님의 죽음은 각 사람의 속전을 제공합니다(마 20:28). 더 나아가 예수님은 성전의 파괴를 예견하시는데, 이는 하나님이 옛 질서를 심판하신다는 것을 의미합니다. 예수님 안에서 새것이 도래했고 예수님이 오신 것은, 옛것을 천국의 도래와 예수님 안에 있는 구원에 비추어 해석해야 합니다.

사랑하는 성도 여러분!

이제 그리스도가 오셨기 때문에 율법에 대해서는 연속성과 불연속성이 모두 존재합니다. 어떤 율법의 규범들은 천국의 도래와 예수님의 오심과 함께 여전히 구속력이 있습니다. 다른 율법의 규정들은 더 이상 구속력이 없습니다.

성도님들께서는 율법에 대한 견해에서 연속성과 불연속성의 요소 사이에 주의 깊게 균형을 잡아야 합니다. 율법 전체는 그리스도 안에서 성취되지만, 성취의 때는 그리스도인들이 이전과 같은 방법으로 율법의 규정 아래 있지 않다는 것을 의미합니다. 율법은 그리스도이신 예수님의 오심에 비추어 이해하시기를 바랍니다.

2. 율법을 완성하신 예수님

마태복음에서 율법에 대한 가장 심도 있는 고찰은 오늘 봉독하신 마태복음 5장 17절에서 20절까지에 등장합니다. 본문은 마태복음에 나타난 율법에 대한 본격적인 최초의 논의입니다.

17절, "내가 율법이나 선지자를 폐하러 온 줄로 생각하지 말라 폐하러 온 것이 아니요 완전하게 하려 함이라"에서 예수님은 자신이 온 목적을 율법과 선지자를 폐하러 온 것이 아니라 완전하게 하기 위하여 온 것임을 밝히십니다. '율법과 선지자'는 타나크(Tanakh)를 구성하는 토라(Torah: 모세오경)와 네비임(Nebiim: 선지서)을 뜻하며 여기서는 하나님 말씀으로서의 구약성서 전체를 지칭한다고 볼 수 있습니다.

'폐하다'는 "해체하다", "무효화하다"라는 뜻으로(마 24:2; 고후 5:1), 이는 완전히 없애 버리는 것을 의미합니다. 예수님께서 율법이나 선지자를 무효화하신다면 구약을 완전히 단절시키는 것이 됩니다. 그러나 예수님께서는 이를 분명히 부정하시고, 오히려 자신은 율법을 완전하게 하려고 왔다고 주장하십니다. 예수님은 자신 안에서 성취되는 것으로 '선지자'와 나란히 '율법'을 놓고 있습니다.

"완전하게 하다(fulfill)"라는 말의 의미는 세 가지 측면에서 이해할 수 있습니다.

첫째, 구약 율법을 성취하거나 순종함.

둘째, 그리스도께서 율법과 예언이 가리키는 모든 것의 성취임을 보여줌으로써 온전한 의미를 밝힘.

셋째, 구약 율법들과 약속들을 예정된 목적이나 의도된 완성에 이르게 함.

"완전하게 하다"라는 말은 둘째와 셋째의 취지를 담고 있을 가능성이 높습니다. 예수님께서는 율법을 폐지하러 오신 것이 아니라 그 율법을 적극적으로 지지하시며 완성하러 오신 분으로서 구약의 율법과 연속선상에 계시다는 것입니다. 그리고 그 완성은 종결의 의미를 내포하는데 그것은 폐기로서의 종결이 아니라 완성으로서의 종결이며, 동시에 완성된 율법으로서의 새로운 시작을 의미하는 것입니다. 구약 율법은 폐기되지 않고, 이제 예수님의 빛 속에서 재해석되고 재적용되어야 합니다.

18절, "진실로 너희에게 이르노니 천지가 없어지기 전에는 율법의 일점 일획도 결코 없어지지 아니하고 다 이루리라"에서 예수님께서는 율법이나 선지자를 완전하게 하신 이유가 무엇인지 밝히십니다. '진실로'는 일반적으로 진리를 확고하게 받아야 할 말이 시작되고 있다는 것과 어떤 엄숙하고도 진실의 말을 확증하는 말로 받아야 함을 의미합니다. 이는 구약 성경에서 선지자들이 하나님 말씀을 선포할 때 흔히 사용한 "주

여호와께서 이렇게 말씀하신다"와 대응되는 "내가 진실로 너희에게 말한다"라는 표현입니다. 마치 "주 여호와가 말하노라"와 같이 신적인 권위와 권세를 가지고 말하는 매우 중요한 진의를 담고 있는 내용이 시작된다는 것을 짐작할 수 있습니다. 그것들은 예수님이 이어서 하실 말씀이 절대적으로 중요하다는 것을 나타냅니다.

천지가 없어지는 때는 그리스도의 재림의 날입니다. 즉 그리스도의 재림이 이루어지는 종말의 날이 이르기까지 율법은 무슨 일이 있어도 절대 폐하지 않는다는 것입니다. 왜냐하면 그날이 이르기까지 사람들로 하여금 죄인임을 깨닫게 하여 회개하게 만드는 율법의 효용성은 여전히 가치를 지니기 때문입니다(롬 7:14-24). 이 표현은 일차적으로 율법의 유효성에 대한 제약으로 보기보다는 오히려 예수님의 가르침이 율법의 폐기라는 오해의 소지를 불식시켜 주기 위한 것으로 이해해야 하며, 이차적으로는 마태공동체 안에서 율법에 대한 폐지를 조장하는 분위기에 대해서 매우 강한 경고성 메시지로 받아들일 수 있습니다.

예수님께서는 '일점 일획'이라는 용어를 통해서 율법에 대한 적극적인 지지를 표명하십니다. 여기서 '일점'은 히브리어 알파벳의 가장 작은 글자이고, '일획'은 헬라어 알파벳의 가장 작은 글자입니다. 이 글자들은 다른 글자와 구별하는 데 있어서 중요하기 때문에 예수님께서 율법의 작은 것, 또는 세부적인 것까지도 그 중요성을 인정하고 계신다는 것을 보여 주는 것입니다.

17절의 '완전하게 하다'가 예수님의 사역, 즉 율법과 예언서가 원래 무엇을 말하려는지가 예수님 안에서 이루어지고, 예수님이 그것을 보여 주는 것이라면, 18절의 '이루리라'는 종말론적인 맥락에서 이해하는 것이 옳습니다. 또한 '다 이루리라'는 어떤 시간적인 제한을 두고자 하는 의미가 아니라, 절대적으로 폐기될 수 없다는 사실을 강조하고 있다고 보아야 합니다.

19절, "그러므로 누구든지 이 계명 중의 지극히 작은 것 하나라도 버리고 또 그같이 사람을 가르치는 자는 천국에서 지극히 작다 일컬음을 받을 것이요 누구든지 이를 행하며 가르치는 자는 천국에서 크다 일컬음을 받으리라"에서도 예수님께서는 율법에 대한 세부적인 측면에서의 계명에 대해서도 옹호적인 입장을 드러내십니다. 심지어 20절에서는 율법에 있어서 철저하다고 일반적으로 인정되고 있는 서기관과 바리새인보다 더 의로워야 할 것을 말씀하심으로써 율법에 대한 적극적인 지지를 표명하십니다.

예수님께서는 이런 율법의 계명 중 가장 작은 것 하나라도 버리고 또 그같이 사람을 가르치는 자는 천국에서 역시 작다 일컬음을 받게 될 것이며, 반대로 이 계명을 행하며 가르치는 자는 천국에서 크다 일컬음을 받을 것이라고 역설하십니다. 여기서 예수님이 잘못 가르치는 자들을 비판하려는 것인지 아니면 단순히 율법 교육의 중요성을 강조하는 것인지는 명확하지는 않습니다. 만약 비판이 목적이라면 그 대상이 누구일까요? 아마도 그것은 20절의 서기관과 바리새인일 것입니다. 이들의 '의'는 천국에 들어가기 위한 최저 경계입니다. 여기서 말하는 '의'는 구약적인 입장에서 율법을 다 지키고 행하는 것을 일컫는 말입니다.

그러나 당시 바리새인과 서기관들은 '표면적으로' 율법의 계명을 누구보다 잘 준수하고 있었지만, 예수님의 눈에 비친 서기관과 바리새인은 계명 중에 작은 것을 버리거나 또는 그같이 사람을 가르치는 자들입니다.

그렇다면 이 '지극히 작은 계명'은 무엇일까요?

마태복음 5장 21절과 22절을 함께 읽겠습니다.
> "21 옛 사람에게 말한 바 살인하지 말라 누구든지 살인하면 심판을 받게 되리라 하였다는 것을 너희가 들었으나
> 22 나는 너희에게 이르노니 형제에게 노하는 자마다 심판을 받게 되고 형제를 대하여 라가 라 하는 자는 공회에 잡혀가게 되고 미련한 놈이라 하는 자는 지옥 불에 들어가게 되리라"(마 5:21-22) 아멘!

그것은 아마도 5장 21절 이하에 등장하는 문맥 속에서 찾아볼 수 있을 것입니다. 즉 "살인하지 말라"라는 계명은 지키지만, 그것에 숨겨져서 잘 보이지 않는 '형제에게 노하는 자', 형제에게 '라가', 즉 멍청이, 사악한 놈이라 하는 자가 될 것입니다. 이들은 보이는 율법의 계명들은 준수하였지만, 그 이면의 '지극히 작은 계명'은 버린 것입니다.

다만, 19절에서 말하고 있는 내용을 문자적으로 이해한다면 예수님의 율법 이해와는 상충됩니다. 그러므로 19절에서의 '가장 작은 것'이라는 의미는 율법의 최종적이고도 충만한 의미로 보아야 적절할 것입니다.

20절, "내가 너희에게 이르노니 너희 의가 서기관과 바리새인보다 더 낫지 못하면 결코 천국에 들어가지 못하리라"에서는 19절에서의 '천국에서 작은 자, 큰 자'에 대한 내용과 20절에서의 '천국에 들어가는 문제'와의 관계를 살펴볼 필요가 있습니다. 왜냐하면 19절에서의 '천국에서

의 작은 자와 큰 자'는 모두 천국에 들어가 있는 상태로 보이는데, 이것은 20절에서의 천국에 들어가고 못 들어가는 문제와 서로 연결점을 찾기가 어렵기 때문입니다.

이제 이 문제에 대한 해결점은, '천국'의 실체를 단순히 미래적인 것으로만 보는 것이 아니라 현재적 실체로도 볼 수 있다는 것에서 찾을 수 있습니다. 그래서 리델보스(Ridderbos)는 구약 약속의 성취와 천국의 도래에 대해서 언급하면서, 세례 요한에 의해서 예언적으로 선포된 예수 그리스도를 통해서 천국이 이미 현재적 실체로서 임한 것으로 설명하고 있습니다.

또한 킹스베리(Kingsbury)도, "공간적으로 하나님은 그의 아들을 통해서 지금 그의 종말론적인 통치의 영역에 함께하신다"라고 설명함으로써 천국의 현재적 실체에 있어서 리델보스와 같은 견해를 보입니다. 이와 같이 천국을 현재적 실체로 본다면, 19절에서의 '천국에서 큰 자' 나 '천국에서 작은 자'는 모두 현재적 상태에서의 사람들로 볼 수 있기 때문에 '천국에 들어가는 문제'를 언급하고 있는 20절과 조화를 이룰 수 있는 것입니다. 또한 20절에서의 '천국에 들어간다'는 의미도 예수 그리스도를 통해서 현재적 의미로서 하나님의 통치 가운데로 들어간다는 의미로도 해석할 수도 있는 것입니다.

이제 20절에서 '의'라는 단어가 무엇을 의미하는지에 대해서 생각해 봐야 합니다. 본문에 나오는 '의'는 5장 6절에 나오는 '의'와 동일한 단어입니다.

'의'는 일차적으로 윤리적인 의로 볼 수 있습니다. 즉 5장 13절에서 16절까지에 언급된 바와 같은 소금과 빛으로서의 착한 행실을 가리키는 것입니다. 그러나 윤리적인 의라고 하여 종교적인 의와 별개의 것으로 간주할 수는 없습니다. 즉 여기서 '의'는 외식적이고 형식적인 행동만을 중시하였던 서기관들과 바리새인들의 의라기보다는, 하나님을 향한 내면적 열정과 이웃에 대한 사랑에서 비롯된 본질적이고 풍성한 의를 말하는 것입니다. 이처럼 예수님의 제자들에게 요구되는 '의'는 율법의 근본정신이 망각된 외형적인 의가 아니라, 내면적인 것에서부터 우러나와 겉으로 표현되는 진정한 의였던 것입니다.

이러한 의는 기계적으로 어떤 율법 조항을 지킨다거나 사람들의 칭송을 받는 행동을 하는 데서 이루어지는 것이 아니라, 마음속 깊이 하나님을 진실로 사랑하고 이웃을 내 몸과 같이 사랑하는 데서 이루어질 수 있습니다.

사랑하는 성도 여러분!

마태복음 5장 17절에서 20절까지를 통해 나타난 율법에 대한 예수님의 태도는 한마디로 매우 친율법적이라고 말할 수 있습니다. 이것은 예수님이 율법과 예언서들을 무시하거나 폐한다는 주장에 반대하는 것입니다. 오히려 예수님을 구약의 전통, 즉 '율법과 예언자'의 전통을 잇고 있으면서 그 내용을 완성시키는 율법의 계승자요, 완성자로 이해할 수 있습니다.

마태는 '구속사적인' 맥락에서 예수님과 옛 시대(율법 선지자)를 단절하는 것이 아닙니다. 율법과 예언서가 일찍이 말한 것이 있지만 아직 이루어지지 않은 것들이 예수님 안에서, 예수님을 통하여 이제 이루어지고 있습니다. 마태가 말하고자 하는 것은 서기관과 바리새인들 또한 율법을 가르

율법의 완성 **69**

치기는 하지만, 그들은 자신들의 가르침대로 행동하지 않았다는 것입니다.

'율법과 선지자'의 모든 가르침이 예수 안에서 '성취'되고 이루어지는 반면, 종교 지도자들은 그것을 오해하여 가르쳤든지 아니면 율법의 가르침은 알고 있지만 전하기만 할 뿐 겉과 속이 다른 위선적인 삶을 살았든지 했던 것입니다.

성도님들께서는 율법 안에 소중히 간직된 하나님의 참된 뜻이 마음 깊이 하나님을 진실로 사랑하고 이웃을 내 몸과 같이 사랑하는 데 있음을 아시고, 삶 속에서 실행하시기를 바랍니다.

이제 말씀을 마치고자 합니다.

구약의 율법은 홀로 떨어져 있는 것이 아니라 성경의 줄거리 흐름에 비추어 읽어야 하며, 성경 이야기의 절정은 예수 그리스도이십니다. 예수님이 구약 성경의 약속을 성취하시는 분이기 때문입니다.

마태복음 5장 17절에서 20절까지를 통해 나타난 율법에 대한 예수님의 태도는 율법을 폐기하거나 무시하는 것이 아니라 율법에 충실하며 율법을 존중하고 있음을 알 수 있습니다. 바리새인과 예수님의 적대자들이 겉으로는 율법을 전하고는 있지만 그들의 삶 속에서는 부정되고 있는 이중적 형태의 모습을 보입니다. 예수님은 구약의 전통, 즉 '율법과 예언자'의 전통을 잇고 있으며 그 내용을 완성시키는 율법의 계승자요, 완성자이십니다.

따라서 오늘날 그리스도인들은 계명과 율법을 지켜야 합니다. 그리스도인들이 율법을 지켜야 하는 이유는 무엇일까요?

첫째, 참된 의미에 있어서 율법은 하나님의 의의 계시요, 기준이기 때문입니다(롬 7:6-13; 딤후 3:16).

둘째, 하나님이 우리를 구원하신 목적은 우리가 하나님 앞에 바로 서서 하나님의 영광을 나타내기를 원하시기 때문입니다(마 5:13-16; 엡 2:10; 딛 2:14; 벧전 2:9).

셋째, 그리스도인들이 참된 의미의 율법을 행함으로써 하나님의 더 큰 뜻을 이루기 때문입니다. 곧 그리스도인들의 구원이 완성되고, 하나님의 나라가 이루어지는 것입니다(빌 2:12-18; 3장; 마 6:9-10, 33).

종교개혁가 칼빈(John Calvin)은 "오직 믿음에 의해서 의롭게 되지만 선행이 없는 믿음은 거짓 믿음"이라고 하였습니다. 오직 믿음은 결코 홀로 믿음이 아니며 믿음은 결코 행위 없이 홀로 존재하지 않습니다. 그러기에 우리에게 구원을 가져다주는 믿음은 '선행을 수반하는 믿음', 즉 사랑으로 역사하는 믿음입니다.

마태복음 22장 36절에서 40절까지 함께 읽겠습니다.
"36 선생님 율법 중에서 어느 계명이 크니이까
37 예수께서 이르시되 네 마음을 다하고 목숨을 다하고 뜻을 다하여 주 너의 하나님을 사랑하라 하셨으니
38 이것이 크고 첫째 되는 계명이요
39 둘째도 그와 같으니 네 이웃을 네 자신 같이 사랑하라 하셨으니
40 이 두 계명이 온 율법과 선지자의 강령이니라"(마 22:36-40) 아멘!

성도님들께서는 율법을 완성하신 예수님의 제자로서 율법의 성취는 바로 진정한 사랑의 완성임을 깨달으셔서 하나님을 사랑하고 이웃을 사랑하며, 남에게 대접을 받고자 하는 대로 먼저 남을 대접하는 삶을 영위하시기를 주님의 이름으로 축원합니다. 아멘!

복음의 요약, 예수님의 산상수훈

산상수훈에서 여섯 가지 반대 명제

마태복음 5:21-48

"21 옛 사람에게 말한 바 살인하지 말라 누구든지 살인하면 심판을 받게 되리라 하였다는 것을 너희가 들었으나

22 나는 너희에게 이르노니 형제에게 노하는 자마다 심판을 받게 되고 형제를 대하여 라가라 하는 자는 공회에 잡혀가게 되고 미련한 놈이라 하는 자는 지옥 불에 들어가게 되리라

23 그러므로 예물을 제단에 드리려다가 거기서 네 형제에게 원망들을 만한 일이 있는 것이 생각나거든

24 예물을 제단 앞에 두고 먼저 가서 형제와 화목하고 그 후에 와서 예물을 드리라

25 너를 고발하는 자와 함께 길에 있을 때에 급히 사화하라 그 고발하는 자가 너를 재판관에게 내어 주고 재판관이 옥리에게 내어 주어 옥에 가둘까 염려하라

26 진실로 네게 이르노니 네가 한 푼이라도 남김이 없이 다 갚기 전에는 결코

거기서 나오지 못하리라

27 또 간음하지 말라 하였다는 것을 너희가 들었으나

28 나는 너희에게 이르노니 음욕을 품고 여자를 보는 자마다 마음에 이미 간음하였느니라

29 만일 네 오른 눈이 너로 실족하게 하거든 빼어 내버리라 네 백체 중 하나가 없어지고 온 몸이 지옥에 던져지지 않는 것이 유익하며

30 또한 만일 네 오른손이 너로 실족하게 하거든 찍어 내버리라 네 백체 중 하나가 없어지고 온 몸이 지옥에 던져지지 않는 것이 유익하니라

31 또 일렀으되 누구든지 아내를 버리려거든 이혼 증서를 줄 것이라 하였으나

32 나는 너희에게 이르노니 누구든지 음행한 이유 없이 아내를 버리면 이는 그로 간음하게 함이요 또 누구든지 버림받은 여자에게 장가드는 자도 간음함이니라

33 또 옛 사람에게 말한 바 헛 맹세를 하지 말고 네 맹세한 것을 주께 지키라 하였다는 것을 너희가 들었으나

34 나는 너희에게 이르노니 도무지 맹세하지 말지니 하늘로도 하지 말라 이는 하나님의 보좌임이요

35 땅으로도 하지 말라 이는 하나님의 발등상임이요 예루살렘으로도 하지 말라 이는 큰 임금의 성임이요

36 네 머리로도 하지 말라 이는 네가 한 터럭도 희고 검게 할 수 없음이라

37 오직 너희 말은 옳다 옳다, 아니라 아니라 하라 이에서 지나는 것은 악으로부터 나느니라

38 또 눈은 눈으로, 이는 이로 갚으라 하였다는 것을 너희가 들었으나

39 나는 너희에게 이르노니 악한 자를 대적하지 말라 누구든지 네 오른편 뺨을 치거든 왼편도 돌려 대며

40 또 너를 고발하여 속옷을 가지고자 하는 자에게 겉옷까지도 가지게 하며

41 또 누구든지 너로 억지로 오 리를 가게 하거든 그 사람과 십 리를 동행하고

42 네게 구하는 자에게 주며 네게 꾸고자 하는 자에게 거절하지 말라

43 또 네 이웃을 사랑하고 네 원수를 미워하라 하였다는 것을 너희가 들었으나

44 나는 너희에게 이르노니 너희 원수를 사랑하며 너희를 박해하는 자를 위하여 기도하라

45 이같이 한즉 하늘에 계신 너희 아버지의 아들이 되리니 이는 하나님이 그 해를 악인과 선인에게 비추시며 비를 의로운 자와 불의한 자에게 내려주심이라

46 너희가 너희를 사랑하는 자를 사랑하면 무슨 상이 있으리요 세리도 이같이 아니하느냐

47 또 너희가 너희 형제에게만 문안하면 남보다 더하는 것이 무엇이냐 이방인들도 이같이 아니하느냐

48 그러므로 하늘에 계신 너희 아버지의 온전하심과 같이 너희도 온전하라" 아멘!

'참' 혹은 '거짓'임을 검증할 수 있는 객관적 사태가 포함된 문장을 '명제(命題, thesis)'라고 합니다. 논리학적으로 뜻이 분명한 문장입니다. 반대 명제(反對命題, antithesis)는 어떤 생각·사상·주의·이론에 대한 반대의 것으로 최초의 명제를 부정하는 것을 말합니다.

오늘 봉독하신 마태복음 5장 21절에서 48절까지 여섯 가지 반대 명제가 나옵니다. 반대 명제라고 하는 이유는 "…하였다는 것을 너희가 들었으나, 나는 너희에게 …라고 이르노니"라는 표현에서 '그러나'가 반복되어 나타나고, 내용상 대립적인 주장을 하기 때문입니다. 여기에서 '반대'라는 표현은 율법 자체에 대한 반대라기보다는 바리새인과 율법학자들의 율법 해석에 대한 반대로 이해해야 합니다.

마태복음 5장 17절에서 20절까지를 보니, 예수님은 율법을 완성하신 분이십니다. 그래서 신학자 존 머리(John Murray)는 "하나님 나라에서 우리의 지위, 상급의 기준은 다름 아닌 하나님의 율법을 세부 항목까지 꼼꼼히 지키고 다른 사람에게 그렇게 지키도록 열심히 가르치는 것이다"라고 하였습니다. 하나님 나라에서 크다는 것은 하나님의 율법을 중시하는 것과 연관성이 있습니다.

또한 그리스도를 따르는 사람은 서기관과 바리새인보다 더 큰 의를 나타내야 합니다. 바리새인은 표면적으로 지키는 데 능했으나 하나님의 율법이 진정으로 요구하는 사랑과 긍휼은 간과했습니다(마 7:12; 9:13; 12:7; 15:7-9; 22:28-37; 23:23; 사 29:13; 호 6:6).

그래서 예수님께서는 하나님의 율법을 폐기하러 온 것이 아님을 분명히 지적하시면서 여섯 가지 말씀을 주십니다. 이 말씀에서 예수님은 사람들이 들었던 것과 율법에 기록된 것을 대조하십니다. 예수님은 기록된 하나님의 율법에 동의하시지 않는 것이 아니라 하나님의 율법에 대한 해석에 동의하지 않습니다. 사람들이 들었을 수도 있는 것과 대조적으로 예수님은 하나님의 율법이 진정으로 요구하는 바를 설명하십니다.

마태복음 5장 20절을 함께 읽겠습니다.

"내가 너희에게 이르노니 너희 의가 서기관과 바리새인보다 더 낫지 못하면 결코 천국에 들어가지 못하리라"(마 5:20) 아멘!

예수님께서 말씀하신 율법의 완성은 문자적으로 율법의 일점일획까지 실천한다는 것보다는 율법의 본래적 의미와 목적을 찾아내고, 율법학자들보다 더 철저하게 그것을 삶 속에서 실천함으로써 율법이 추구하는 의를 성취한다는 의미입니다. 그래서 칼빈(John Calvin)은 예수님이야말로 율법의 참된 의미를 밝히고, 법의 순수성을 회복시켰다는 점에서 '최고의 율법 해석자(best interpreter)'라고 하였습니다.

사랑하는 성도 여러분!

우리가 율법을 어떻게 지켜야 바리새인들보다 더 의로울 수 있을까요? 우리는 율법을 지키는 방식에서 더 의로워야 합니다. 그렇지 못할 때 누구도 하나님 나라에 들어가지 못할 것입니다. 그것은 맛을 잃은 소금일 뿐입니다.

예수님께서는 살인, 간음, 이혼, 맹세, 복수, 사랑에 관하여 먼저 각 율법을 "옛 사람에게 …하였다는 것을 너희가 들었다"라고 예시하면서 율법주의자나 바리새인의 전통적 해석을 소개합니다. 그런 다음에 예수님은 전통적 해석을 비판하면서, 그 율법이 지닌 본래적인 의미와 목적이 무엇인지 "나는 너희에게 이르노니"라고 재해석하십니다. 마지막으로 예수님은 새롭게 해석된 율법을 실천할 수 있는 구체적인 방법을 제시하십니다.

예수님의 가르침은 사람들의 동기와 태도, 율법의 적용에까지 이르렀고, 율법을 만드신 하나님과의 관계를 떠나서는 율법을 준수할 능력이 사람들에게 전혀 없음을 보여 주셨습니다. 하나님께서 의도하신 대로 참되게 율법을 준수하려면, 말뿐인 신앙과 율법의 문자만을 순종하는 것으로 대충 넘어갈 수 없습니다.

오늘 예배에서는 살인, 간음, 이혼, 맹세, 복수, 사랑, 여섯 가지 반대 명제에 나타난 예수님의 율법 해석과 실천 방법을 살펴보고자 합니다. 성도님들께서는 예수님의 요구가 구약 율법에 바탕을 둔 당시의 윤리적 가르침의 요구를 훨씬 능가하고 있다는 것을 깨달으시고, 율법 안에 소중히 간직된 하나님의 참된 뜻을 꿰뚫어 알고 행하는 윤리적 삶을 살아가시기를 소망합니다.

1. 산상수훈 반대 명제 이해

예수님은 율법의 완성자이십니다. "완전하게 하다(fulfil)"라는 말은 성경이 가리키는 바를 실현한다는 것입니다. 율법을 완전하게 한다는 것은 폐기를 의미하는 것이 아닙니다. 율법은 여전히 전적으로 권위 있는 것으로 남아 있으며, 제자에게 가장 완전한 면모를 요구합니다.

산상수훈의 전체 구조상으로도 이 여섯 가지의 반대 명제는 의미가 있습니다. 페트(Daniel Patte)는 산상수훈의 전체 구조 안에서 여섯 가지의 반대 명제에 해당하는 내용이 가장 중심적인 위치에 놓여 있다고 봅니다. 특히 이 여섯 가지의 반대 명제들의 위치는 예수님이 오신 목적이 율법의 완성을 위해 온 것이라고 선언한 구절(마 5:17-20)의 다음에 위치하기 때문에 율법의 완성에 대한 구체적인 예문으로 볼 수 있습니다. 이러한 관점에서 볼 때 살인, 간음, 사랑에 관한 반대 명제는 구약 율법의 불완전함을 보충하고 있으며, 이혼, 맹세, 복수는 구약 율법을 완전히 폐기함을 알 수 있습니다.

또한 이 반대 명제들은 모두 서기관들과 관련된 당시의 상황을 전제하는 것으로 살인, 맹세에 관한 반대 명제는 회당에서 서기관들이 율법을 해석하는 것을 들었던 것을 전제하고, 간음, 복수, 사랑에 관한 반대 명제는 회당에서 서기관들이 율법을 낭독함을 들었음을 전제하며, 이혼에 관한 반대 명제는 율법 자체를 전제하고 있습니다.

사랑하는 성도 여러분!

예수님의 말씀이 구약 율법과 모순되는 듯이 보이는 경우는 신중하게 관찰해야 합니다. 하나님께서는 구약 율법 안에 풍성한 긍휼을 기록해 놓으셨습니다(레 19:18; 잠 24:28-29, 25:21-22; 애 3:27-31). 하나님께서는 긍휼이 있는 공의의 체제로서 의도하셨던 율법이 세월이 흐르면서 보복의 허가로서 왜곡되어 버렸습니다. 그것이 바로 예수님께서 공격하셨던 율법의 오용입니다.

성도님들께서는 이 여섯 가지 반대 명제를 통해서 율법에 대한 무지함이 있었다면 회개하시고, 율법의 본래적 의미를 잘 깨달으셔서 지키시기를 바랍니다.

2. 여섯 가지 반대 명제와 그 의미

이제 예수님께서는 바리새인과 서기관의 잘못이 무엇인지를 구체적으로 지적하십니다. 오늘 봉독하신 성경 구절은 크게 6가지 주제로 분류할 수 있는데, 살인, 간음, 이혼, 맹세, 복수, 사랑입니다.

1) 첫 번째 반대 명제: 살인(마 5:21-26)

모세는 이스라엘의 옛 사람에게 십계명을 전했습니다. 바리새인들은 출애굽기 20장 13절의 "살인하지 말라"에서 발견되는 살인에 대한 명령은 단지 다른 사람의 생명을 빼앗는 것을 가리킨다고 가르치고 있었습니다. 살인자들은 정해진 법적 절차와 율법에 설명된 대로 심판, 사형(출 21:12; 레 24:17)을 받게 되어 있었습니다.

예수님은 "그러나 나는 너희에게 이르노니"라고 하시면서 하나님께서 애초에 그 율법을 만드신 이유에 대한 보다 온전한 이해를 제시합니다. 예를 들면, 모세는 "살인하지 말라"라고 말했습니다. 바리새인들은 이 율법을 읽고는, 문자적으로 어떤 사람을 살해하지 않았으므로 자기들은 의롭다고 여깁니다. 그러나 비록 그들이 직접 그 비열한 일을 행하지는 않겠지만 머지않아 예수님의 살해를 모의할 정도로 예수님에 대해 분노하고 있었습니다.

예수님께서는 자신을 좇는 자들은 살인을 할 만큼 노해서는 안 된다고 가르치십니다. 왜냐하면 그럴 경우 그들은 이미 마음에 살인을 하게 될 것이기 때문입니다. 살인은 끔찍한 죄입니다. 그러나 분노 역시 커다란 죄인 것은 사랑하라는 하나님의 명령을 어긴 것이기 때문입니다. 여기서 '분노'는 동료 신자인 형제에 대해 신랄한 격분을 품는 것을 가리킵니다. 분노는 항상 절제를 벗어나 날뛸 우려가 있고, 폭력과 감정적인 상처, 정신적인 스트레스의 증가, 영적인 손상 그리고 살인에까지 이를 수 있는 위험한 감정입니다. 분노는 우리가 하나님을 기쁘시게 하는 마음을 발달시키지 못하도록 막습니다. 우리가 분노 때문에 법정에 가는 일은 없을지 모르지만, 분노는 하나님의 심판을 받게 합니다.

요한일서 3장 15절을 함께 읽겠습니다.
"그 형제를 미워하는 자마다 살인하는 자니 살인하는 자마다 영생이 그 속에 거하지 아니하는 것을 너희가 아는 바라"(요일 3:15) 아멘!

분노뿐만 아니라 욕설도 마찬가지입니다. 22절의 '라가(Raca)'는 비었다는 의미로 '어리석은 사람', '바보'라는 아람어 욕설의 한 형태입니다. 또한 형제를 '미련한 놈'이라고 경멸스러운 호칭으로 부르거나 모욕하는 것은 지옥 불(Gehenna)의 심판을 받게 됩니다.

요한계시록 20장 10절을 함께 읽겠습니다.
"또 그들을 미혹하는 마귀가 불과 유황 못에 던져지니 거기는 그 짐승과 거짓 선지자도 있어 세세토록 밤낮 괴로움을 받으리라"(계 20:10) 아멘!

지옥은 부활과 마지막 심판 후에 있을 악인의 최종적이고 영원한 상태를 말합니다. 지옥으로 번역된 게헨나는 예루살렘 남쪽에 있는 힌 놈 골짜기에서 유래된 것으로, 본래 그곳은 이방신 몰렉에게 아들을 불에 태워서 제물로 바치던 곳입니다(왕하 23:10;, 대하 28:3; 렘 7:31; 32:25). 후에 요시야의 통치기에 그 골짜기는 예루살렘의 쓰레기 처리장이 되었는데, 그곳에서는 쓰레기와 거기에 만연하는 벌레들을 박멸하기 위해 끊임없이 불이 타올랐습니다. 게헨나는 마귀와 그의 천사들 그리고 그리스도를 모르는 모든 사람들을 위해 예비된(마 25:41; 계 20:9-10), 꺼지지 않는 불이 있는 장소입니다.

마태복음 5장 23절에서 26절까지 연결되지 않는 이 두 인상적인 구절은 관계가 잘못된 경우 예방 처치를 긴급히 할 필요가 있음을 예시합니다. 마태는 형제 화목에 대한 관심 때문에 이 구절을 첨가하였다고 볼 수 있습니다.

(1) 23-24절: "형제와 화목하라"

유대인들은 한 해의 특정 시기, 특히 유월절 기간 동안에 예루살렘에 있는 성전 제단으로 예물을 가져왔습니다. 유대인들은 하나님의 율법을 지키는 과정의 하나로 예물을 가지고 나왔습니다. 그러나 예수님께서는 예배하기 위해 하나님의 존전에 나오는 자들은 정결한 마음으로 나와야 하며, 그들 자신이 관계를 정상화할 힘을 갖고 있는데도, 깨어진 관계에 의해 방해를 받아서는 안 된다고 설명하셨습니다. 흥미롭게도 23절과 24절은 예배자의 분노가 아니라 예배자에 대해 다른 사람이 느끼는 분노에 초점을 맞추고 있습니다. 예수님께서는 만일 자신에 대한 어떤 사람의 분노가 생각나거든, 예배자는 예물을 놔두고 즉시 가서 상처를 입힌 형제와 화목해야 한다고 설명하신 것입니다. 그런 후에 그는 예배하며 예물을 드리기 위해 돌아와야 합니다.

호세아 6장 6절과 미가 6장 8절을 함께 읽겠습니다.
"나는 인애를 원하고 제사를 원하지 아니하며 번제보다 하나님을 아는 것을 원하노라"(호 6:6)
"사람아 주께서 선한 것이 무엇임을 네게 보이셨나니 여호와께서 네게 구하시는 것은 오직 정의를 행하며 인자를 사랑하며 겸손하게 네 하나님과 함께 행하는 것이 아니냐"(미 6:8) 아멘!

하나님과 동료 신자들에 대한 사랑이 제단에 가져오는 예물보다도 더 중요합니다(사 1:11; 호 6:6; 미 6:8). 예수님께서는 성전 안뜰에서 드리는 예배같이 중대한 의식도 신자 형제들 가운데 화목을 이루기 위해서는 중단되어야 한다고 말씀하셨습니다.

(2) 25-26절: "급히 사화(私和)하라(settle matters quickly)"

25절과 26절은 고발을 다룸에 초점을 맞추고 있습니다. 당시 빚을 갚을 수 없는 사람은 한 푼이라도 남김없이 다(마지막 한 푼까지) 갚기까지 옥에 갇혔습니다. 여기서 '한 푼이라도 남김이 없이 다'의 표현은 당시 화폐 단위인 고드란트(kodrantes)를 의미합니다. 이는 가장 작은 단위의 로마 동전으로 25센트에 해당합니다. 이는 빚을 완전히 갚아야 함을 뜻하며 채무자는 이를 갚기 위해 노예나 종이 됨을 약정하거나, 채무를 변제할 능력이 없어 옥에서 그대로 죽는 경우도 있었습니다.

예수님께서는 자기를 따르는 자들에게 노한 그 사람과 화해를 하든지

(마 5:24), 아니면 그 노한 사람이 자신들을 재판관에게 넘겨주기 전에 급히 사화(私和)하라고 권면하셨습니다. 사화는 타협하여 좋은 관계를 회복하라는 의미를 지니고 있습니다.

이것은 원수들의 분노가 더 큰 곤란을 일으키기 전에 원수와의 불화를 해결하라는 실질적인 조언입니다(잠 25:8-10). 넓은 관점에서, 이 구절들은 우리가 하나님 앞에 심판을 받기 전에 형제자매들과 관계를 바르게 할 것을 조언하고 있습니다.

2) 두 번째 반대 명제: 간음(마 5:27-30)

예수님께서는 다시 십계명 중의 하나인, "간음하지 말라"(출 20:14)를 인용하십니다. 구약 율법에 따르면, 사람은 자기 배우자 이외의 다른 사람과 성관계를 가져서는 안 되었습니다.

예수님께서는 "나는 너희에게 이르노니", 배우자 이외의 다른 사람과 성관계를 갖고 싶어 하는 욕망조차도 정신적인 간음이며, 따라서 죄라고 말씀하셨습니다. '음욕'이란 정상적인 관계를 이탈하게 하는 것으로, 부정한 관계에 대한 욕망을 의미합니다. 예수님은 '간음'이란 음욕을 품는 마음에서 시작된다는 것을 설명하신 것입니다. 단지 간음을 행동으로 옮기지 않을 뿐, 다른 어떤 사람에 대한 음란한 생각과 욕망으로 생각이 가득 차 있는 것은 하나님의 율법의 요점을 깨닫지 못한 것입니다.

예수님은 이성에 대한 자연적인 관심이나 건전한 성적 욕망까지 금하지는 않았습니다. 오직 우리의 마음과 내면이 악한 것으로 고의적이고 반복적으로 가득 차는 것을 정죄하신 것입니다. 간음을 말 그대로 피한다고 해서 문제의 핵심에 도달하는 것이 아닙니다. 이러한 외형적인 행위 배후에 깔린 것은 정욕이라는 근본적인 태도입니다. 그 마음이 바르지 못하다면, 외부적인 죄로 나타나기 전에 바로잡는 철저한 조처가 필요합니다.

29절의 "만일 네 오른 눈이 너로 실족하게 하거든 빼어 내버리라"와 30절의 "만일 네 오른손이 너로 실족하게 하거든 찍어 내버리라"(마 18:8-9)라는 말씀은 예수님을 따르는 자들을 범죄하게 하거나 믿음에서 떠나게 하는 것을 어떻게 끊어야 하는지를 말해 주고 있습니다. 예수님이 말씀하시는 바는 철저하게 행동을 고치라는 것이지 말 그대로의 절단이 아닙니다.

하나님의 뜻에 순종하도록 부름을 받은 인간은 어떠한 행위를 하지 않는 것으로 충분할 수 없습니다. 우리의 내면적 의지와 외면적 행위가 일치되어야 합니다. 겉으로 흠 없는 행동과 거짓된 내면 의지의 방향 사이에 모순을 드러내는 바리새인적 위선을 극복하는 것을 의미합니다. 예수의 살인 금지 명령이 분노와 모욕적인 말을 포함했던 것과 같이 간음을 금지하는 명령은 음란한 눈빛이나 상상까지도 포함합니다.

3) 세 번째 반대 명제: 이혼(마 5:31-32)

이제 "간음하지 말라"라는 추상적 개념은 "이혼하지 말라"라는 명령에 따라 구체화됩니다.

신명기 24장 1절을 함께 읽겠습니다.

> "사람이 아내를 맞이하여 데려온 후에 그에게 수치되는 일이 있음을 발견하고 그를 기뻐하지 아니하면 이혼 증서를 써서 그의 손에 주고 그를 자기 집에서 내보낼 것이요"(신 24:1) 아멘!

모세 당시의 이혼은 여자에게보다는 남자에게 더 유리하게 적용되었습니다. '수치되는 일'은 아내가 다른 남자와 간음하는 행위까지는 아닐지라도 그에 준하는 여인답지 않은 행위로 봅니다. 더 나아가 당시 아내의 성적인 부도덕만을 의미한 것이 아니라 싫어하는 모든 감정까지 포함해 악용되기도 하였습니다.

가부장적 사회였으며 여자가 직업을 가지기 어려웠던 고대 근동에서 여자가 생존할 수 있는 방편은 결혼이었습니다. 그러므로 비록 불미스러운 일이 있어서 이혼은 하더라도 그 여자로 하여금 최소한의 생활 보장이 되도록 다시 결혼할 길을 열어 주기 위하여 그 여자가 남편 없는 여자라는 객관적인 증거로서 이혼 증서를 소유하게 한 것입니다.

한편, 이혼에 관한 신약시대의 논쟁은 힐렐(Hillel) 학파와 샴마이(Shammai) 학파 간에도 존재하였습니다. 이혼에 관하여 샴마이 학파는 매우 엄격한 태도를 취했는데, 이는 신명기 24장 1절로부터 이혼의 유일한 이유는 중대한 결혼상의 범죄, 즉 명백하게 드러난 수치라고 가르쳤습니다. 반면 힐렐 학파에서는 이혼에 관하여 매우 관대한 태도를 취하는데, 여기서 말하는 이혼의 이유는 아내의 매우 사소한 것을 포함한다고 해석하며 가르쳤습니다. 예를 들어, 아내가 음식을 잘하지 못하거나 간을 맞추지 못할 때, 또 아내가 예쁘지 않거나 남편이 아내에 대한 애정을 잃었을 때 이혼은 정당화될 수 있다는 것입니다.

당시 바리새인들은 힐렐의 방종에 관심을 가졌습니다. 그들은 마태복음 19장 3절에서와 같이, 예수님께 "사람이 어떤 이유가 있으면 그 아내를 버리는 것이 옳으니이까"라고 질문하면서 예수님이 당시 논쟁 가운데 어느 편에 서는지 알기를 원했습니다.

이처럼 여성의 인권을 최소한으로나마 보호해 주기 위한 이러한 규례가 때로는 오용되기도 했습니다. 당시 자유로운 사상을 가졌던 힐렐 학파가 중심이 되어 이혼 증서를 써 주기만 하면 언제든지 이혼할 수 있다는 본말이 전도된 그릇된 풍조가 조성되었던 것입니다.

5장 32절에서는 단지 '음행한 이유'만이 유일한 이혼의 사유가 됩니다. 여권이 무시되었으며 남편이 단지 싫어한다는 이유만으로도 이혼이 행하여졌던 고대 근동 사회에서 음행을 제외하고서는 이혼할 수 없다는 이 새로운 규정은 여성의 권리를 보호하기 위한 획기적인 선언입니다. 그렇다고 하여 음행한 경우는 반드시 이혼해야 한다는 규정은 아니며 단지 이혼이 남발되어서는 안 된다는 교훈을 주기 위한 것입니다.

'음행(marital unfaithfulness)'은 간음함, 약혼 기간 동안의 부정, 위법적인 결혼이나 근친혼, 지속적이고 회개하지 않는 부정 등의 이유 중 어떤 것이든지, 결혼에 이미 불화가 일어났다는 것을 의미합니다. 어떤 남편이 이 이유 중 하나 때문에 아내와 이혼하려는 것은 아내가 다른 사람과의 성적 결합을 가짐으로써 그녀와 자기의 연합이 끝났다는 것을 단순히 인정하는 것이었습니다. 그럴 경우, 간음은 재혼에 대한 금지의 예외가 될 수 있었을 것입니다.

마태복음 19장 7절에서 9절까지 함께 읽겠습니다.

> "7 여짜오되 그러면 어찌하여 모세는 이혼 증서를 주어서 버리라 명하였나이까
> 8 예수께서 이르시되 모세가 너희 마음의 완악함 때문에 아내 버림을 허락하였거니와 본래는 그렇지 아니하니라
> 9 내가 너희에게 말하노니 누구든지 음행한 이유 외에 아내를 버리고 다른 데 장가 드는 자는 간음함이니라"(마 19:7-9) 아멘!

모세의 율법에 이혼 증서를 주어서 아내를 내버리라고 한 것은 사람들의 마음이 완악하기 때문에 모세가 허락한 것이지만, 원래는 그렇지 않다는 것입니다. 이러한 측면에서 이혼에 대한 예수님의 가르침은 유대인들의 잘못된 생각을 계명에 더 가깝게 이끌고 있다는 것을 알 수 있습니다.

예수님께서는 남편들이 자기 아내를 버리는 것을 지지하지 않으셨습니다. 이혼 후의 재혼이 간음에 해당하는 것에서 알 수 있듯이, 결혼은 하나님이 보시기에 신성한 것입니다.

하나님께서는 결혼이 한 남자와 한 여자 사이의 신성하고 영원한 연합과 협력이 되도록 창조하셨습니다. 이러한 이해와 헌신으로 남편과 아내 모두가 이 연합 속에 들어갈 때, 그들은 서로에게 안정을, 자녀들에게는 평안한 가정을 그리고 인생의 고난과 긴장을 이겨 낼 수 있는 힘을 제공받을 수 있습니다.

4) 네 번째 반대 명제: 맹세(마 5:33-37)

구약에서 맹세가 허용되었고, 더 나아가 하나님의 이름으로 하는 맹세

도 관례적으로 허용되었습니다.

신명기 10장 20절과 신명기 23장 21절을 함께 읽겠습니다.
"네 하나님 여호와를 경외하여 그를 섬기며 그에게 의지하고 그의 이름으로 맹세하라"(신 10:20)
"네 하나님 여호와께 서원하거든 갚기를 더디하지 말라 네 하나님 여호와께서 반드시 그것을 네게 요구하시리니 더디면 그것이 네게 죄가 될 것이라"(신 23:21) 아멘!

여기서 맹세는 모두 정직을 장려하고 더욱 확고하게 하기 위한 것들입니다. '맹세하다', '서원하다'는 오직 수동형으로만 쓰이는데, 이는 우리가 맹세할 때 수동적이어야 함을 뜻합니다. 다시 말해 맹세를 하지 않으면 안 될 어쩔 수 없는 상황에 처해 있을 경우에만 맹세해야 한다는 의미입니다. 그래서 어떤 사람이 맹세를 하면, 그것이 다른 사람에게 한 맹세이든지 혹은 주께 한 맹세이든지 꼭 지켜야 했습니다.

그러나 유대인들은 이러한 가르침에 일부 가감을 하게 됩니다. 미쉬나(Mishna)라는 유대 법전에는 맹세 문제만 다루는 책자가 하나 들어 있는데, 여기에는 어떤 경우의 맹세가 구속력을 가지는지 연구되어 있습니다. 예를 들어, 예루살렘으로(by) 맹세하면 그 맹세에 구속력이 없지만, 예루살렘을 향해서(from) 맹세할 때는 그 맹세에 구속력이 있다고 보았습니다. 많은 종교 지도자들은 자기들이 맹세를 지키는 것을 회피하기 위해 합법적인 방책을 고안해 낸 것입니다. 그들은 만일 하늘로나 땅으로나 예루살렘으로 맹세한다면, 하나님의 이름으로 맹세하지 않았으므로 그 대가를 치르지 않고서도 그 맹세에서 벗어날 수 있다고 말합니다.

그 결과 하나님의 율법을 경시하게 만들었습니다.

예수님께서는 자기를 따르는 자들에게 도무지 맹세하지 말라고 말씀하십니다. 맹세는 단순한 맹세 이상이라고 설명하셨습니다. 어떤 말이 사용되든지 상관없이 약속은 하나님 앞에서 구속력이 있습니다. 어떤 사람이 자기가 맹세할 때에 정말로 하나님의 이름을 부르지 않았다고 말하는 것은 터무니없는 것입니다.

마태복음 5장 35절과 36절을 함께 읽겠습니다.
"35 땅으로도 하지 말라 이는 하나님의 발등상임이요 예루살렘으로도 하지 말라 이는 큰 임금의 성임이요
36 네 머리로도 하지 말라 이는 네가 한 터럭도 희고 검게 할 수 없음이라"(마 5:35-36) 아멘!

하늘은 하나님의 보좌요, 땅은 하나님의 발등상(footstool, 발을 올려놓는 발판: 하나님께서 거하시는 처소)이요, 예루살렘은 큰 임금의 성입니다. 나아가 예수님께서는 "네 머리로도 하지 말라 이는 네가 한 터럭도 희고 검게 할 수 없음이라"라고 덧붙이셨습니다. 사람 머리의 머리카락조차도 하나님께 속한 것이며, 따라서 네 머리로 맹세한다고 해서 사람이 맹세의 책임을 피할 수 있는 것은 아닙니다. 다시 말해, 사람들이 기만을 허용하는 교묘한 체계 속에 맹세를 집어넣었기 때문에, 예수님께서는 자기를 따르는 자들에게 도무지 맹세하지 말라고 설명하신 것이었습니다. 그들은 맹세를 할 필요가 없어질 정도로 정직하고 신실한 사람으로 정평이 나야 했습니다. 예수님께서는 법정에서의 맹세나 하나님께 대한 서원을 책망하신 것이 아니라, "약속합니다"라든지 "정말로!" 같은 말을 덧붙인

진술을 책망하신 것이었습니다. 그리스도를 따르는 자들은 그런 말을 할 필요가 없습니다. 예수님께서 맹세에 대해 말씀하신 것은 맹세 자체가 아니라 성실함이 주된 문제라는 것을 지적하시기 위함이었습니다.

마태복음 5장 37절을 함께 읽겠습니다.
"오직 너희 말은 옳다 옳다, 아니라 아니라 하라 이에서 지나는 것은 악으로부터 나느니라"(마 5:37) 아멘!

예수님께서는 그분을 따르는 자들에게 진실을 말해야 한다고 단순하게 강조하십니다. 이것은 '그들이 옳다'라고 말하면 옳다는 의미이고, '아니다'라고 말하면 아니다는 의미가 되게 하라는 뜻입니다. 결과적으로 사람들은 그들이 하는 말은 어떤 것이라도 신뢰하고 믿을 수 있습니다. 자기들의 말에 맹세를 덧붙이는 사람들은 오히려 자기들의 말이 믿을 수 없다는 것을 시사하는 것입니다.

37절의 '악으로부터'는 맹세로써 말을 뒷받침하려는 악한 사람의 필요를 드러내 보여 줍니다. 사람들은 거짓말을 하는 것이 가능할 때에만 맹세를 사용합니다. 그러나 그리스도인들은 자기들이 하는 모든 말에 대해 하나님께 책임을 집니다. 그들은 진실하게 말을 하고, 자기들이 약속한 바를 행합니다. 약속을 지키는 것은 신뢰를 쌓고, 헌신적인 인간관계를 가능하게 해 줍니다.

예수님께서는 자신을 따르는 자들에게 맹세하지 말라고, 그들의 말만으로도 충분하다고 말씀하셨습니다(약 5:12). 우리가 늘 진실을 말한다면, 맹세나 약속으로 우리의 말을 뒷받침해야 할 압력을 덜 받게 될 것입니다. 또한 예수님은 단순한 진실성이라는 이상을 견지하시면서 여러 다른 맹세의 상대적인 무게에 대한 복잡한 논쟁을 무시하십니다(마 23:16-22). 단순 명백한 진실성은 서약과 맹세를 불필요한 것으로 만들어 버립니다. 여기서도 이혼이라는 쟁점과 마찬가지로, 예수님은 하나님의 원래 의도를 뒤로 제쳐 놓고 인간의 죄를 통제하려 했던 법제화를 인정하지 않습니다. 윤리적인 기준은 법의 허용에 근거하여 세워지는 것이 아니라 하나님의 적극적인 목적에 근거해서 세워져야 합니다.

5) 다섯 번째 반대 명제: 복수(마 5:38-42)

사람들이 우리에게 상처를 줄 때, 흔히 우리의 첫 번째 반응은 보복하는 것입니다. 하지만 예수님께서는 우리에게 잘못하는 사람들에게 선을 행해야 한다고 말씀하셨습니다. 우리는 원한을 잊지 않고 기억해 두기보다는 사랑하고 용서해야 합니다. 오직 하나님만이 자신처럼 사랑할 수 있는 힘을 우리에게 주실 수 있습니다.

신명기 19장 21절을 함께 읽겠습니다.
"네 눈이 긍휼히 여기지 말라 생명에는 생명으로, 눈에는 눈으로, 이에는 이로, 손에는 손으로, 발에는 발로이니라"(신 19:21)

보복과 앙갚음에 대한 자연스러운 욕구는 하나님의 율법에 의해서 편리하게 정당화될 수 있습니다(출 21:23-25; 레 24:19-20; 신 19:21). 이 율법은 '동해보복법(lex talionis)'으로 본래 합법적인 응보의 범위를 제한하고자 의도된 것이었습니다. 더 근본적으로는 보복의 악순환을 막고 억울한 피해를 예방하고자 하는 데 있었습니다. 그러나 이 원칙을 개인적인 복수로 더 확대시키면, 이기적인 이익을 위한 헌장이 되어 버립니다.

그 대신에 예수님은 일련의 생생한 사례들을 통해서(마 5:39-42), 합법적으로 옳다 할지라도 보복하지 않고 저항하지 않는 비이기적인 태도를 요청하십니다. '대적하지 말라'는 것입니다. 그것은 자신의 권한을 다른 사람들의 유익 밑에 두는 태도입니다.

(1) 39절: "오른편 뺨을 치거든 왼편도 돌려 대며"

"대적하다"라는 말은 "…에 대항하여 일어서다"라는 의미를 지닙니다(행 13:8; 롬 9:19; 딤후 3:8). 개인적인 차원에서 행해지는 복수는 물론 법정에서의 공방까지 가리킵니다. 예수님께서는 어떤 사람에 대해 육체적으로 보복하는 것을 금하셨을 뿐만 아니라, 다른 어떤 수단에 의한 '보복' 또한 금하셨습니다. 자신에 대하여 위해를 가한 비열한 상대에 대하여 그 어떠한 복수도 삼가라는 것입니다. 예수님을 따르는 자들은 자신의 개인의 권리에 집착하지 말고, 복음과 하나님 나라를 입증하기 위해서 그런 권리들을 포기해야 합니다.

그러나 개인의 권리를 기꺼이 제쳐 두는 것은 악이 방해받지 않고 활동하는데도 신자들이 수동적으로 앉아 있어야 한다는 것을 의미하지는 않습니다(행 16:37; 33:35; 25:8-12).

마태복음 18장 15절에서 17절까지 함께 읽겠습니다.

"15 네 형제가 죄를 범하거든 가서 너와 그 사람과만 상대하여 권고하라 만일 들으면 네가 네 형제를 얻은 것이요
16 만일 듣지 않거든 한두 사람을 데리고 가서 두세 증인의 입으로 말마다 확증하게 하라
17 만일 그들의 말도 듣지 않거든 교회에 말하고 교회의 말도 듣지 않거든 이방인과 세리와 같이 여기라"(마 18:15-17) 아멘!

예수님은 사도들에게 해를 가하는 사람들에게 어떻게 대항해야 하는지 알려 주고 있습니다. 먼저 권고하고 맨 나중에는 이방인과 세리와 같이 여기라고 말씀하고 있습니다. 여기서 악에 신체적 응징 이외의 다른 방법들이 있음을 알 수 있습니다.

예수님께서도 악한 자를 대적하고 범죄자를 공격하였습니다. 예루살렘에 올라가셨을 때 노끈으로 채찍을 만들어 장사하는 이들을 성전에서 내쫓았습니다(요 2:13-17). 또 대제사장 가야바의 집에서 심문받으시던 중 아랫사람 하나가 손으로 쳤을 때 다른 뺨을 돌려 대는 대신 그 아랫사람에게 항의하셨습니다(요 18:22-23). 이처럼 예수님은 동일한 방법으로 복수하지 않으셨습니다. 하지만 잘못된 것은 지적하고 책망하셨음을 알 수 있습니다.

'오른쪽 뺨을 침'은 문자적으로 손등으로 뺨을 때리는 것인데, 오늘날에도 가장 경멸의 뜻을 나타내는 행동입니다. 이런 식으로 남을 때리는 것은 상대에게 큰 모욕이 되었습니다. 예수님께서는 법적인 대응을 하지 말고, 왼쪽 뺨도 마저 내밀라고 말씀하십니다. 예수님께서는 자신을 따르는 자들이 기꺼이 개인의 권리를 주장하는 길 대신에 사랑과 화평의 법, 용서와 인내의 법을 가르치셨습니다(롬 12:14-21). 십자가의 길을

따르는 이타적인 태도를 갖기 원하셨습니다(요 15:13). 그들은 어느 날 모든 일들을 바로잡으실 하나님께 자신들을 위탁해야 했습니다.

예수님께서는 불의에 대해 새롭고 혁신적인 대응을 제안하셨습니다. 권리를 요구하기보다는 그들에게 아낌없이 내어주라고 하십니다. 공의와 긍휼을 받는 것보다 주는 것이 더 중요합니다.

(2) 40절: "속옷을 가지고자 하는 자에게 겉옷까지 가지게 하며"

당시 재판정에서 원고는 벌금이나 저당의 요구로 속옷을 요구할 수가 있었으나, 겉옷은 하나님의 율법에 의해 절대 양도할 수 없는 재산으로 인정되고 있었습니다(출 22:26-27).

> 출애굽기 22장 26절 27절을 함께 읽겠습니다.
> "26 네가 만일 이웃의 옷을 전당 잡거든 해가 지기 전에 그에게 돌려보내라 27 그것이 유일한 옷이라 그것이 그의 알몸을 가릴 옷인즉 그가 무엇을 입고 자겠느냐 그가 내게 부르짖으면 내가 들으리니 나는 자비로운 자임이니라"(출 22:26-27) 아멘!

겉옷은 가격도 비싸고 일교차가 심한 이스라엘에서 밤에 덮고 자야 하는 필수품이므로 전당 잡힐 수조차 없는 품목이었습니다(출 22:26; 신 24:13). 한편 속옷은 겉옷보다 가격도 싸고 보잘것없는 가치를 지닌 것입니다.

예수님께서는 속옷을 달라고 하는 자에게 더 비싸고 없으면 당장 추위에 떨어야 하는 겉옷까지 아무 저항도 하지 않고 주라고 말씀하십니다. 재산상의 분쟁이나 강도를 당한 상황에서 속옷조차 취하려는 상대에 대하여 저항하지 말고 오히려 사랑을 베풀라는 의미입니다. 또다시 자기를 따르는 자들에게 기대되는 태도를 강조하신 것입니다. 그들은 자기 소유에 집착하지 말아야 했습니다.

(3) 41절: "오 리를 가게 하거든 십 리를 동행하고"

"억지로 … 가게 하거든"이라는 말에는 "강제로 봉사하게 하다"라는 의미가 있습니다. 이것은 군인들이 평민들에게 요구할 수 있는 강제 노역, 즉 자기들의 짐을 일정한 거리(오 리: 천 걸음을 나타내는 말)만큼 나르도록 평민들을 징발하는 것을 암시하고 있습니다. 이 법이 로마에 대한 복종을 강요하기 때문에, 유대인들은 이 법을 몹시 싫어했습니다. 그러나 예수님은 오 리를 가라는 명령을 받았을 때 기꺼이 오 리를 더 동행해 주는 너그러움을 가지라고 말씀하십니다. 예수님께서는 섬김의 태도를 요청하셨습니다.

예수님은 어떤 권위의 남용 아래서 인격적인 침해가 있을 때, 또 자유를 부당하게 침해당할 때 어떻게 행동해야 할지를 올바르게 깨닫게 하고 계십니다. 예수님께서는 어떤 일이 강제적이고 사리에 맞지 않는다고 할지라도 결코 불평하거나 노예 정신으로 행하지 말고, 요구보다 더 응해 주라는 것입니다.

이렇게 말씀하심으로써, 예수님께서는 자신을 따르는 자들이 하나님 나라에 속해 있다는 것을 밝히신 것이었습니다. 그들은 로마에 대항하여 싸우려고 시도할 필요가 없었습니다. 그것은 단지 패배로 끝나 버릴 수 있기 때문입니다. 그보다 그들은 하나님 나라를 위해 일해야 했습니다. 하나님 나라를 위해 일하는 것이 로마 군인의 짐을 지고 오 리를 더 가야 하는 것이라면, 그들은 그렇게 해야 했습니다.

(4) 42절: "구하는 자에게 주며 꾸고자 하는 자에게 거절하지 말라"

예수님을 따르는 자들은 자비롭고 관대해야 합니다. 우리의 이웃을 해치지 않을 뿐 아니라 우리가 할 수 있는 데까지 선행을 베풀려고 노력해야 합니다. 개인의 권리와 소유에 집착하지 않기에 그들은 필요가 생기면 아낌없이 줄 수 있으며, 꾸고자 하는 자에게 거절하지 않을 것입니다.

시편 112편 5절을 함께 읽겠습니다.
"은혜를 베풀며 꾸어 주는 자는 잘 되나니 그 일을 정의로 행하리로다"(시 112:5)
아멘!

우리의 자선은 정의로 분별 있게 행해져야 하지만(시 112:5), 예수님께서는 자기를 따르는 자들에게 자신이 기대하시는 마음의 태도를 설명하셨습니다. 그것은 자신의 권한을 다른 사람들의 유익 밑에 두는 태도입니다. 그들은 자신들의 필요보다 다른 사람의 필요를, 자신들의 권리보다 다른 사람의 권리를 기꺼이 앞세워야 합니다.

6) 여섯 번째 반대 명제: 사랑(마 5:43-48)

"개인적인 불법에 대해 보복하지 말라"하고 우리에게 말씀하심으로써 예수님께서는 우리가 율법을 통제하는 것을 금하셨습니다. 이것은 또한 우리 자신의 권리가 아니라 그분께 우리의 초점을 맞추게 합니다. 원수를 사랑하고 박해하는 자를 위해서 기도함으로써, 우리는 아버지에 대한 우리의 관계를 입증하고, 사랑스럽지 않은 세상 속에서 하나님의 사랑을 보여 주며 선으로 악을 이깁니다.

레위기 19장 18절을 함께 읽겠습니다.
"원수를 갚지 말며 동포를 원망하지 말며 네 이웃 사랑하기를 네 자신과 같이 사랑하라 나는 여호와이니라"(레 19:18) 아멘!

바리새인들은 레위기 19장 18절 말씀을 그들이 단지 '이웃', 즉 자기들을 사랑하는 사람들만을 사랑해야 한다는 가르침으로 해석했습니다. 그들에게 이웃은 동일한 국적이나 믿음을 가진 사람을 가리킵니다. '네 원수를 미워하라'고 명백히 말하고 있는 성경 구절은 전혀 없음에도, 바리새인들은 하나님의 원수들을 향한 미움에 대한 구약 본문들 중 일부를 재해석한 것 같습니다(시 139:19-22; 140:9-11).

그러나 예수님께서는 자기를 따르는 자들이 자신들의 이웃뿐만 아니라 원수도 사랑함으로써 하나님 율법의 진정한 의도를 행해야 한다고 설명하십니다. 한 바리새인이 "내 이웃이 누구니이까"(눅 10:29)라고 물었을 때, 예수님께서는 선한 사마리아인의 비유를 말씀하셨습니다. 그 비유에서 예수님께서는 자기를 따르는 자들이 원수를 포함하여 믿음이나 국적, 혹은 성격에 상관없이, 모든 종류의 사람들에게 사랑을 보여야 한다고 설명하십니다. 만일 원수를 사랑하며 당신을 박해하는 자를 위하여 기도한다면, 우리는 참으로 예수님께서 우리 인생의 주님이시라는 것을 그들에게 보여 주는 것입니다.

하늘에 계신 아버지께서는, 악인과 선인, 의인과 불의한 자 모두에게 해가 떠오르게 하고 비를 내리심으로써, 모든 사람에게 차별 없는 사랑을 보이십니다. 그러므로 하나님의 아들(자녀, 하나님을 믿는 자들)은 그분의 성품을 반영하고, 친구와 원수 모두에게 차별 없는 사랑을 보여야 합니다. 이러한 거룩한 행위가 하나님을 영화롭게 하며(벧전 2:12), 아버지의 아들임을 입증하는 좋은 증거가 됩니다.

분명히 하나님의 자녀는 땅에서의 물질적인 복뿐만 아니라 미래에 훨씬 많은 것을 받게 될 것입니다. 그때까지 당분간은, 하나님의 사랑이 모든 사람에게 미칩니다. 하나님의 백성들도 똑같은 일을 행해야 합니다.

예수님께서는 자기를 따르는 자들에게 기대되는 훨씬 높은 기준들, 세상이나 심지어 그들의 종교가 인정하는 것보다도 더 높은 기준들을 제시하고 계십니다. 어떤 사람은 "왜 원수를 사랑하라고 명하십니까?"라고 물을 것입니다(마 5:44). 예수님께서는 이렇게 대답하실 것입니다. "그것이 나를 따르는 자들을 구별시켜 줄 것이기 때문이다. 그들은 그렇게 행할 수 있도록 도와주실 수 있는 하나님께만 마음과 생각을 내어드린 사람들이다." 자기를 사랑하는 사람을 사랑하는 것은 누구나 할 수 있습니다. 그것은 자연적으로 되는 일이며, 심지어 양심을 버린 포악한 세리(세리는 예수님 당시 유대인들 가운데서 가장 혐오를 받던 사람들에 속했다. 마 9:9-13)도 그렇게 합니다.

마찬가지로, 만일 예수님을 따르는 자들이 자기 동료 형제들에게만 인사한다면, 그들도 이방인들(참되신 한 분 하나님을 믿지 않는 비유대인들)과 전혀 다를 바 없게 될 것입니다. 47절에서 "남보다 더하는 것이 무엇이냐?"라는 예수님의 물음은 세상 사람과 똑같은 것으로는 충분하지 않다는 것입니다. 세리나 이방인들보다 한 차원 높은 것을 가지고 있어야 한다는 것입니다. 그리스도를 위해 살며 세상과 철저하게 구별된 비범한 제자들은 자기 상을 받게 될 것입니다.

마태복음 5장 48절을 함께 읽겠습니다.
"그러므로 하늘에 계신 너희 아버지의 온전하심과 같이 너희도 온전하라"(마 5:48) 아멘!

이와 같이 예수님은 이웃 사랑의 개념을 더욱 확대하여 원수에게까지 넓히고 있습니다. 이것은 구약 계명의 위반이나 반대가 아니라 확장으로 보아야 합니다. 이것이야말로 하나님의 온전하심에 이르는 길입니다.

'온전하심'은 '성숙한' 또는 '장성한'이라는 뜻으로 도덕적인 완전이 아니라, 종교적 완전을 의미합니다. 구약 성경에서는 결여됨이 전혀 없는 온전함이란, '뜻과 흠이 없이 정결함'이란 뜻을 지니고 있습니다. 즉 하나님은 의인과 악인, 선인과 악인을 구별하지 않고 모두를 사랑하시는 분이기에 온전하신 분이라 할 수 있습니다. 산상수훈 반대 명제의 결론에 해당하는 48절을 통해 알 수 있는 점은 예수님은 하나님처럼 완전함을 요구하시는 게 아니라는 것입니다. 단지 반대 명제들을 실천함으로써 말미암아 세상과는 구별하여 더 나아져야 하며, 이를 통해 하나님의 온전함에 이르도록 해야 한다는 것입니다. 이제 율법주의는 아주 뒤떨어졌으며 율법은 완전하게 되었습니다.

이제 말씀을 마치고자 합니다.

예수님은 율법에 대하여 반대하거나 율법의 무효를 선언하는 것이 아니라, 율법을 당시 유대인의 삶 속에서 좀 더 구체적·실제적으로 확대 적용 하도록 가르치셨습니다.

옛사람에게 들린 것과 다른 예수님의 독특한 설교를 요약하면,
"① 살인은 형제에게 분노를 내는 것이다
② 간음은 여자를 바라볼 때 음욕을 품고 바라보는 것이다
③ 결격사유가 없는 한 이혼하지 말라
④ 맹세는 어떠한 형태의 것이라도 하지 말아야 한다
⑤ 악한 자를 대할 때는 대적하지 말라
⑥ 원수를 사랑하고 박해하는 자를 위해 기도하라"
라고 하셨습니다.

예수님은 "살인하지 말라" 등 여기 소개되는 여섯 개의 계명 자체에 대해 반대하는 것이 아니라, 그 가르침에 대한 새로운 적용 범위를 말씀하시는 것입니다. 살인과 간음, 거짓 맹세에 대한 계명은 직·간접적으로 십계명에 언급된 것으로 보이며(마 19:18; 막 10:19), 이혼, 복수, 사랑은 십계명에는 등장하지 않지만, 신명기 24:1(이혼), 출애굽기 21:24(악한 자에 대한 계명), 레위기 19:18(원수 사랑) 등을 통해 유대인들에게는 널리 알려진 가르침들입니다.

여기에 등장하는 여섯 가지의 주제들은 결국 한 가지 주제로 귀결되는데 그것은 바로 '이웃 사랑'입니다. "살인하지 말라"라는 계명은 형제에게

화를 내며 비방하지 말라는 것으로 확장됩니다. "간음하지 말라"라는 계명은 마음속으로라도 범죄 하지 말라는 것이며, 특정한 이유 없이 '자신의 아내를 버리지 말라'고 확장되어 가르칩니다. "헛맹세하지 말라"라는 계명 역시, 이웃에게 진실만을 말하라는 것입니다. '복수하지 말 것'에 대하여도 아무리 악한 자라 할지라도 그들의 요청을 받아들일 것을 가르치며, 마지막으로 '이웃뿐만 아니라 원수까지도 사랑하며 그들을 위해 기도하는 것'으로 결론을 맺습니다. 이러한 행동을 함으로써 진정한 하나님의 아들이 될 수 있으며 하늘에 합당한 삶을 살아갈 수가 있는 것입니다.

하나님의 속성은 악인이든, 선인이든 공평하게 대하는 것이며, 하나님은 의로운 자에게든 불의한 자에게든 똑같이 비를 내려 주시는 분이십니다. 지금까지 유대인들이 보여 준 이웃 사랑은 '민족애'였고 '동포애'였습니다. 세리나 이방인들도 자신에게 이로운 사람, 자신이 사랑하는 사람에게만 선택적으로 사랑합니다. 하지만 이것은 하나님의 보편적인 인류애와 부합하지 않는 삶이며, 하나님의 온전함에 이르지 못하는 매우 부분적인 것이었습니다. 예수님은 이제 이러한 유대인들의 '부분적인' 사랑의 방식을 넘어 '하나님의 온전하심'에 이를 것을 가르치고 계십니다.

사랑하는 성도 여러분!

우리는 예수 그리스도를 따르는 자들로서 어떻게 해야 온전해질 수 있을까요?

우리는 이 세상의 삶 속에서 완벽해질 수 없습니다. 그러나 우리는 예수님을 닮기를 열망해야 합니다. 바리새인들과 달리, 세상의 죄악 된 가치관들로부터 우리 자신을 구별시켜야 합니다. 우리는 하나님의 갈망에 헌신해야 하고 하나님의 긍휼과 사랑을 세상에 전달해야 합니다.

요한일서 3장 2절과 3절을 함께 읽겠습니다.
"2 사랑하는 자들아 우리가 지금은 하나님의 자녀라 장래에 어떻게 될지는 아직 나타나지 아니하였으나 그가 나타나시면 우리가 그와 같을 줄을 아는 것은 그의 참모습 그대로 볼 것이기 때문이니
3 주를 향하여 이 소망을 가진 자마다 그의 깨끗하심과 같이 자기를 깨끗하게 하느니라"(요일 3:2-3) 아멘!

우리의 죄성이 성품, 거룩함, 성숙, 사랑에 있어 예수님을 닮고자 하는 노력을 결코 방해하지 못하게 해야 합니다. 순종은 제자도의 열쇠입니다. 예수님께서는 자기의 모든 제자들에게 자신을 닮아 탁월해질 것을, 평범함을 뛰어넘을 것을 그리고 모든 영역에서 성숙할 것을 요청하고 계십니다. 이것은 자기 자신의 힘이 아닌 오직 '성령'을 통해서만 가능합니다.

성도님들께서는 성령님의 도우심으로 예수 그리스도의 온전하심을 닮아 성숙하여져 마침내 죄 없는 온전함을 경험하며 이웃을 사랑하시기를 주님의 이름으로 축원합니다. 아멘!

복음의 요약, 예수님의 산상수훈

은밀한 의의 길(구제, 기도, 금식)

마태복음 6:1-6; 16-18

"1 사람에게 보이려고 그들 앞에서 너희 의를 행하지 않도록 주의하라 그리하지 아니하면 하늘에 계신 너희 아버지께 상을 받지 못하느니라

2 그러므로 구제할 때에 외식하는 자가 사람에게서 영광을 받으려고 회당과 거리에서 하는 것 같이 너희 앞에 나팔을 불지 말라 진실로 너희에게 이르노니 그들은 자기 상을 이미 받았느니라

3 너는 구제할 때에 오른손이 하는 것을 왼손이 모르게 하여

4 네 구제함을 은밀하게 하라 은밀한 중에 보시는 너의 아버지께서 갚으시리라

5 또 너희는 기도할 때에 외식하는 자와 같이 하지 말라 그들은 사람에게 보이려고 회당과 큰 거리 어귀에 서서 기도하기를 좋아하느니라 내가 진실로 너희에게 이르노니 그들은 자기 상을 이미 받았느니라

6 너는 기도할 때에 네 골방에 들어가 문을 닫고 은밀한 중에 계신 네 아버지께 기도하라 은밀한 중에 보시는 네 아버지께서 갚으시리라

16 금식할 때에 너희는 외식하는 자들과 같이 슬픈 기색을 보이지 말라 그들은 금식하는 것을 사람에게 보이려고 얼굴을 흉하게 하느니라 내가 진실로 너희에게 이르노니 그들은 자기 상을 이미 받았느니라

17 너는 금식할 때에 머리에 기름을 바르고 얼굴을 씻으라

18 이는 금식하는 자로 사람에게 보이지 않고 오직 은밀한 중에 계신 네 아버지께 보이게 하려 함이라 은밀한 중에 보시는 네 아버지께서 갚으시리라" 아멘!

저는 신앙생활을 하면서, 하나님 보시기에 거룩한 믿음과 경건한 삶의 자세를 지녀야 하는데, 경건의 능력뿐만 아니라 경건의 모양도 갖추지 못하고 있는 제 자신을 보면서 자책하며 보낸 적이 많았습니다. 20대 때에는 "네 이웃을 내 몸과 같이 사랑하고, 오른편 뺨을 맞거든 왼쪽 뺨도 돌려 주라"라는 예수님의 말씀을 지킬 자신이 없어서 교회를 떠난 적도 있었습니다. 지금도 저는 '나는 연약하며 죄인이니, 죄를 짓는 것은 어쩔 수 없으며 하나님께서 이해해 주실 거야'하면서 오직 믿음에서 순종을 제외하고, 하나님의 궁극적인 심판과 상급은 무시한 채 살아가고 있습니다. 성도님들께서는 참된 신앙의 소유자로서 예수님 말씀을 잘 깨닫고 공의와 사랑을 실천하는 삶을 살고 계시리라 믿습니다.

물론 저도 살면서 옳은 일과 사랑의 선행을 한 적도 있었겠죠! 특별히 선행하려는 나의 동기가 이기적이지 않으며 순수하고 은밀하게 한 적도 있었지만, 은근히 인정과 칭송을 기대하였습니다. 저도 연약한 인간이기에 인정과 감사의 표현이 없는 경우에는 중도에 선행을 포기하였습니다.

옳고 착한 행실들은 자기중심적이 아니라 하나님 중심적이어야 하고, 자기 자신을 선하게 보이기 위함이 아니라 하나님을 선하게 보이게 하는 것이어야 하는데, 저는 그렇게 하지 못했습니다.

사랑하는 성도 여러분!

우리 자신을 위해 어떤 일을 하는 것은 사랑의 희생이 아닙니다. 우리는 "내가 이 일을 했다는 것을 아무도 모른다고 할지라도 나는 여전히 이 일을 할 것인가?"하고 자문하면서 선행 이면에 있는 동기들을 점검할 필요가 있습니다.

예수님께서는 "사람에게 보이려고 그들 앞에서 너희 의를 행하지 않도록 주의하라"(마 6:1)라고 말씀하시면서, '의'를 행하는 동기와 방법을 구제, 기도, 금식의 세 가지 영역에서 제시하고 계십니다. 예수님은 당시 사람들이 가장 중요시하던 것을 사례로 제시하시면서 '의를 어떻게 행해야 하느냐'에 대한 답을 실감 나게 알려 주고 계십니다. 구제와 기도와 금식은 천국의 사람들, 즉 예수님의 제자들에게도 삶의 아주 유익한 한 부분이었습니다.

오늘 예배에서는 의의 의미와 의를 행하는 방법에 대해서 구제, 기도, 금식을 중심으로 말씀을 드리고자 합니다. 성도님들께서는 충만한 은혜 속에서 앞으로 현대적 바리새인들보다 더 나은 의를 행하시기를 소망합니다.

1. 의(義)의 의미

산상수훈의 핵심 주제는 하나님 나라 백성의 삶입니다. 하나님 나라 백성의 삶이라는 주제는 '의(義)'라고 표현할 수 있으며, 산상수훈에는 '의'가 다섯 번 나옵니다(마 5:6, 10, 20; 6:1, 33).

'의'는 어떤 의미일까요?

마태복음 5장 6절과 20절, 6장 33절을 함께 읽겠습니다.
"의에 주리고 목마른 자는 복이 있나니 그들이 배부를 것임이요"(마 5:6)
"내가 너희에게 이르노니 너희 의가 서기관과 바리새인보다 더 낫지 못하면 결코 천국에 들어가지 못하리라"(마 5:20)
"그런즉 너희는 먼저 그의 나라와 그의 의를 구하라 그리하면 이 모든 것을 너희에게 더하시리라"(마 6:33) 아멘!

먼저, '의'는 윤리적인 의미의 의(righteousness)를 가리킨다고 볼 수 있습니다. 윤리 도덕상의 올바른 행실이나 착함, 혹은 공정하고 참되며, 경건하고 정직하다는 뜻으로서 죄와 관계없는 상태를 말합니다(출 9:27; 욥 22:3; 잠 11:5; 13:6). 이러한 용례는 마태복음 5장 6절과 20절에서도 나오고 있습니다. 5장 6절의 "의에 주리고 목마른 자는 복이 있나니 그들이 배부를 것임이요"에서 복 있는 자에 해당하는 사람은 이 세상에서 윤리가 땅에 떨어지고 불의가 득세하는 것에 대하여 깊은 회의를 느끼며 의를 갈망하는 자가 됩니다.

다음으로 '의'는 종교적인 의미의 의(justice)를 가리킨다고 볼 수 있습니다. 즉 죄인을 심판하고 멸하시며 의인을 보호하시는 하나님의 심판과 구원의 기준인 공의(公義)로 이해하는 것입니다. 의는 하나님의 거룩한 속성입니다(대하 12:6; 시 4:1; 사 45:24; 렘 12:1). 하나님은 그 의로써 이 세상을 경영해 가시며, 또 당신 백성의 구원 역사를 이루어 가십니다(사 61:11; 습 3:5; 롬 1:17; 8:33). 동시에 하나님은 인간들에게 의를 요구하십니다.

하지만 본질상 타락하고 부패한 인간은 이런 하나님의 요구에 반응하지 못하고 의를 이루지 못합니다(롬 3:19-20). 그래서 하나님은 당신의 한 의로운 방법으로 절망 가운데 있는 인간들을 구원하셨습니다. 그것이 곧 죄 없으신 예수 그리스도를 십자가 대속제물로 내어주신 일입니다(롬 5:21; 딛 3:5). 인간은 십자가를 지시고 대속제물이 되어 마침내 하나님의 의를 이루신 예수 그리스도로 말미암아 의롭다 함을 얻게 된 것입니다. 이처럼 의를 심판과 구원의 관점에서 보는 것은 바울 서신에도 자주 등장하는 의의 개념이며, 6장 33절 "그런즉 너희는 먼저 그의 나라와 그의 의를 구하라 그리하면 이 모든 것을 너희에게 더하시리라"에서는 명백히 이러한 의미로 의가 사용되었습니다.

따라서 윤리적인 의미와 종교적인 의미의 의를 종합하면, 5장 6절에서 '의에 주리고 목마른 자'는 '이 세상의 불의한 현상에 대하여 깊이 탄식할 뿐 아니라, 하나님의 뜻에 따라 이 세상을 정의롭게 만들기 위하여 노력함과 동시에 자신의 마음 가운데 깊이 내재한 죄성에 대해서도 깊이 회개하며, 오직 하나님의 의만을 사모함으로써 하나님의 구원을 바라는 자'라고 볼 수 있습니다.

5장 20절에서는 그리스도의 제자 된 자는 마땅히 의를 행하여야 함을 강조하고 있습니다. 20절에 나오는 '의'는 일차적으로 윤리적인 의로 볼 수 있습니다. 즉 소금과 빛으로서의 착한 행실을 가리키는 것입니다. 그러나 윤리적인 의라고 하여 종교적인 의와 별개의 것으로 간주할 수는 없습니다. 여기서 의는 외식적이고 형식적인 행동만을 중시하였던 서기관들과 바리새인들의 의라기보다는 하나님을 향한 내면적 열정과 이웃에 대한 사랑에서 비롯된 본질적이고 풍성한 의를 말하는 것입니다.

이처럼 예수님의 제자들에게 요구되는 의는 율법의 근본정신이 망각된 외형적인 의가 아니라 내면적인 것에서부터 우러나와 겉으로 표현되는 진정한 의였던 것입니다. 이러한 의는 기계적으로 어떤 율법 조항을 지킨다거나 사람들의 칭송을 받는 행동을 하는 데서 이루어지는 것이 아니라 마음속 깊이 하나님을 진실로 사랑하고 이웃을 내 몸과 같이 사랑하는 데서 이루어질 수 있는 것입니다.

마태복음 6장 1절을 함께 읽겠습니다.
> "사람에게 보이려고 그들 앞에서 너희 의를 행하지 않도록 주의하라 그리하지 아니하면 하늘에 계신 너희 아버지께 상을 받지 못하느니라"(마 6:1) 아멘!

6장 1절에서 '너희 의'란 표현은 이미 5장 20절에서도 나온 바 있습니다. 6장 1절은 사람에게 보이려고 자신의 의를 드러내는 종교적 위선은 삼가야 함을 강조하고 있습니다. 여기서는 당시 유대인들이 의를 이루는 가장 중요한 방편으로 여겼으나 실제로는 위선에 머물러 그 근본정신이 왜곡되었던 구제·기도·금식에 대한 교훈입니다.

1절을 구제에 대한 서론으로 취급하는 사람들도 있지만, 6장 18절까지 전체의 요약으로 보는 것이 일반적인 견해입니다. '의', 즉 하나님의 말씀을 따라 살아가는 삶의 방법은 사람들에게 보이려는 것이 되어서는 안 된다는 대원칙을 가지고 있습니다. 신앙생활을 사람들에게 조금이라도 보일 목적에서 지속해 간다면 그것은 종교적 본능의 발산일 뿐이며, 진정한 신앙생활이 아닙니다. 하나님께서 세상을 만드셨고 다스리시기 때문에 모든 신앙적 행동은 하나님께서 보시도록 해야 하고 그럴 때만 상을 받게 됩니다.

이와 같이 예수님께서는 실제 생활에 있어서 범하기 쉬운 잘못들, 특히 종교적 위선에 대해 경고하고 있습니다. 여기서 예수님께서는 당시의 종교 지도자들이 빠졌던 극단적 외식주의를 지적하면서, 결코 그들의 전철을 밟지 않도록 교훈하고 있습니다.

사랑하는 성도 여러분!

구제와 기도 그리고 금식은 하나님께 대한 그들의 순종을 표현하는 데 있어서 매우 중심적인 것이었습니다. 이 행위들은 모두 하나님을 영화롭게 할 수 있는 것들이었지만, 일부 바리새인들은 오직 자신들에게 영광이 돌아오도록 하려고 그 일들을 행했습니다.

하나님께서는 오직 자신의 영광만을 위해 행한 선행에 상을 주십니다. 그분은 인정과 과시, 박수갈채, 혹은 영광을 얻기 위해 행한 선행에 대해서는 상을 주시지 않습니다.

예수님께서는 선행의 배후에 있는 동기에 초점을 맞추십니다. 현재 제자들에게 중요하게 요구되는 가치는 바로 '의'입니다. 의는 하나님을 향한 내면적 열정과 이웃에 대한 사랑에서 비롯된 본질적이고 풍성한 의입니다. 이 의는 마음속 깊이 하나님을 진실로 사랑하고 이웃을 내 몸과 같이 사랑하는 데서 이루어질 수 있습니다.

성도님들께서는 의의 의미를 잘 깨닫고 외식된 행동보다는 진정 마음과 뜻과 힘을 다하여 하나님을 사랑하시고, 공의와 이웃 사랑을 실천하시기를 소망합니다.

2. 구제함을 은밀하게 하라

1절에 있는 전체적인 내용을 요약한 후에, 종교 규율 준수와 관련하여 무엇이 그른 길이며 옳은 길인지에 대한 세 가지 실례가 이어집니다. 구제와 기도와 금식은 유대 종교의 중심 요소였습니다. 그리고 이 모두는 예수님의 제자들에게도 타당한 것으로 여겨졌습니다. 쟁점은 그 일들을 해야 하느냐의 여부가 아니라 어떻게, 왜 하느냐는 것입니다. 그리고 그것은 '갚는다'는 문제에 집중됩니다. 즉 허세를 부리며 과시하는 종교에 대한 보상은 그 종교가 추구하는 인간적인 승인입니다. 그러나 그들은 자기 상을 이미 받았기 때문에 그것이 전부입니다. 반면에 하나님을 위해 행하고 인간의 인정을 받으려 하지 않는 은밀한 종교는 하늘의 상급을 기대할 수 있습니다.

2절에서 '그러므로 구제할 때에'는 '만약 구제를 한다면'의 가정적인 의미가 아니라, '각 사람은 반드시 구제를 해야 하는데 구제를 할 때는'이란 필연적 의미를 지니고 있습니다.

'외식하는 자'는 원래 연극배우를 의미합니다. 마음에도 없는 것을 각본에 따라 시키는 대로 표정 짓고 흉내 내고 말하고 행동하는 사람들입니다. 성경에서는 겉과 속이 다른 위선자를 의미하는 말로 이 단어가 사용되었습니다. 즉 마음속에 있는 것을 솔직하게 밖으로 그대로 드러내지 않고 마치 그렇지 않은 것처럼 가장하여 자신의 이익을 꾀하는 부정적인 의미로 사용된 것입니다(마 15:7; 막 7:6).

예수님 당시에 빵이 필요한 사람들을 불러 모으기 위해 사람들은 회당과 거리에서 나팔을 불었습니다. 그러나 그런 행동에는 사람들에게 보이고 영광을 얻으려는 숨은 의도가 개입되어 있음을 예수님은 간파하시고 그렇게 하지 말라고 명령하십니다. 그들의 행위가 실제로는 가난한 자를 돕는 것에 목적이 있는 것이 아니라 자기 과시에 진정한 목적이 있음을 보여 줍니다. 그런 구제는 사람들의 칭찬과 부러움과 존경으로 되돌아옴으로써 하나님께서 보답할 아무런 여지를 남겨 두지 않습니다.

'구제(救濟, alms)'라는 용어는 가난한 자들이나 어려움에 처한 이웃을 돕는 자선 행위, 고통이나 재난을 당한 사람의 처지를 불쌍히 여겨 구체적인 도움을 주는 행위를 말합니다(눅 11:41; 고전 16:2; 고후 8:3). 구약성경에서는 구제에 대한 직접적인 언급은 드물지만, 사회적으로 가난한 자나 약자에 대해 관심과 도움의 손길을 펼칠 것을 명령하고 있습니다(잠 31:20). 그 예로, 매 3년 끝에 내는 십일조를 구제비로 충당하게 했고(신 14:27-29), 경작지와 포도원, 감람원 등은 7년마다 묵혀 두어 가난한 자들의 구제거리로 삼도록 명하고 있습니다(신 15:8; 시 104:28).

신약은 의로움의 표시로 구제를 강조하였습니다. 예수님은 구제를 남에게 칭찬받으려고 행해서는 안 되며 진심으로 행해야 한다고 가르치셨습니다(마 6:2-4). 바울도 구제하라고 가르쳤으며(롬 12:8; 고후 9:7), 자신이 모범을 보였습니다(행 24:7). 진심으로 행한 구제의 좋은 본보기는, 스스로가 경건하여 하나님을 경외하며 백성을 많이 구제하고 하나님께 항상 기도한 가이사랴의 백부장 고넬료의 경우입니다(행 10:2). 구제에 대한 관심이 많다는 것은 그 당시 가난한 자들의 수가 얼마나 많았는지를 알려 줍니다(행 3:2, 10).

예수님께서는 천국 시민의 마땅한 도리로서(마 19:21) 은밀한 구제를 명하십니다(마 6:2-4). 3절에서 "너는 구제할 때에 오른손이 하는 것을 왼손이 모르게 하여"라는 말씀은 무계획적인 구제 헌금을 권고하는 게 아닙니다. 행위로 이루어지는 구제만이 아니라 마음으로 이루어지는 동정이나 혹은 구제를 계획하는 것조차 은밀히 하라는 깊은 의미를 지니고 있습니다. 한편 성경에서 오른편은 긍정적인 의미를 지니는 반면에 왼편은 부정적인 의미를 지닙니다. 따라서 3절은 선한 충동으로 구제를 하려고 할 때 이를 저해하는 악한 충동이 일어날 수 있으므로 악한 충동이 일어나지 않도록 은밀하고도 신속하게 구제를 행하라는 보다 심오한 의미도 내포되었다고 볼 수도 있습니다.

4절 '갚으시리라'는 미래 어느 시점에 하나님께서 주체가 되어 반드시 구제 행위에 합당한 보상을 하실 것임을 보여 줍니다. 앞서 '너의 아버지가'란 주어의 표기에 이어 다시 '그가'가 사용된 것은 진정한 구제에 대한 보상을 해 주시는 분이 인간이 아니라 전능하신 하나님임을 강조하는 것이고, '보시는'이란 표현은 앞서 사용된 '은밀하게'와 대구를 이루기 위함이라 할 수 있습니다. 즉 은밀한 중에 선을 행하는 자에 대한 하나님의 보응은 만천하에 공개된 중에 이루어짐을 나타냄으로써 그들이 갖게 될 영광을 강조한 것입니다.

예수님을 따르는 자들은 구제의 필요가 있을 때에 불쌍히 여기는 마음으로 관대하게 주어야 합니다. 하나님께서는 그런 베풂에 상을 주십니다. 외식하는 자들은 사람들에게서만 칭찬을 받는데, 그것이 그들의 유일한 '상'입니다. 그러나 은밀하게 구제하는 자들은 아버지에게서 상을 받게 될 것입니다. 그것은 미래적이며 종말론적 보상이며, 하나님과의 관계에서 비롯하여 나오는 은혜의 보상입니다.

사랑하는 성도 여러분!

오늘날에도 구제가 필요한 사람들이 교회 안팎에 셀 수도 없이 많이 있는데 그들을 향한 동정심과 배려, 도움과 봉사가 필요합니다. 우리는 하나님에게서 필요한 것을 공급받습니다. 그런 뜻에서 구제란 받은 것을 이웃을 통해 하나님께 돌려드리는 것입니다. 즉 구제는 투자하는 것이 아닙니다.

그래서 은밀하게 하라는 예수님의 말씀이 악용될 수 있습니다. "왼손도 모르게 하라"라는 말씀 때문에 오히려 구제의 기회가 줄어들고 구제 활동 자체가 위축되지 않아야 합니다. 구제 대상의 입장에서는 당장 밥과 물이 절실히 필요하기 때문입니다.

성도님들께서는 어려운 사람들의 필요를 보면서도 '몰래'라는 말씀 때문에 도와줄 마음을 막는다면, 이는 예수님의 말씀을 오해하는 것이며 또 다른 위선이 됨을 깨달으셔서 드러나는 것에 개의치 말고 언제라도 구제를 하시기를 바랍니다.

3. 너희는 이렇게 기도하라

영(靈)이신 하나님은 기도를 통해 인간들이 당신을 가까이하고 당신과 대화하며 당신을 알고, 당신의 뜻을 좇아 살기를 원하십니다(빌 4:6; 살전 5:18; 요일 1:9). 기도는 무엇입니까?

기도는 마음으로 바라는 바가 이루어지기를 하나님께 비는 일이며 그 의식입니다. 기도는 하나님과의 교통, 곧 생명 되신 하나님과 친밀한 관계를 가지려는 신앙 행위입니다(시 63:1-8; 73:25-26; 눅 6:12; 요일 1:3; 계 3:20). 기도는 하나님의 위대함과 선하심을 찬양하는 행위입니다(눅 2:28-32). 기도는 하나님의 은총과 자비와 인애로 말미암아 하나님께 충성과 헌신을 다짐하는 감사입니다(시 103편). 기도는 죄에 빠진 인간이 자신의 불순종을 인정하는 고백입니다(시 51편). 기도는 이웃의 행복과 축복을 비는 기원입니다(롬 9:1-2; 10:1). 기도는 자신의 욕망을 포기하고 자신을 하나님께 내맡기는 복종 행위입니다(마 26:39).

따라서 기도는 철저히 하나님 중심의 거룩한 행동이 되어야 하며, 하나님의 뜻을 받들어 섬기는 행위여야 하고, 또 언제든지 하나님의 은혜와 긍휼하심에 힘입지 않고서는 바른 기도를 드릴 수 없습니다.

초기 유대교에서는 하루에 세 번(아침, 정오, 저녁) 예루살렘 성전의 지성소를 향해 '18기도문(Shemoneh Esreh)'을 암송하였습니다. 그리고 유대인들은 큰 거리 어귀, 즉 공개된 장소에서 서서 기도하는 습관이 있었습니다. 기도는 엎드리거나(민 16:22; 마 26:39), 무릎을 꿇거나(대하 6:13; 눅 22:41), 앉아서도(삼하 7:18) 할 수 있는데, 굳이 서서 기도하는 것은 자신이 기도하는 모습을 보여 다른 사람에게 자신의 신앙심을 과시하기 위함이었습니다.

그런 유대인들의 기도를 예수님께서는 외식하는 자라고 하시면서, 사람에게 보이려고 하는 그 기도를 비판하십니다. 그리고 이미 외식하는 자는 사람에게 보였기 때문에 그 보상을 받았다고 말씀하십니다. 그러면서 예수님께서는 진정한 그리스도인이라면 "골방에 들어가 은밀함 중에 기도하라"라고 말씀하십니다. 더 나아가 "이방인과 같이 중언부언, 말을 많이 하지 말라"라고 하십니다.

이사야 26장 20절을 함께 읽겠습니다.
"내 백성아 갈지어다 네 밀실에 들어가서 네 문을 닫고 분노가 지나기까지 잠깐 숨을지어다"(사 26:20) 아멘!

'슈트레커(Strecker)'는 골방이라는 종교 용어가 이사야 26장 20절에서 '이스라엘 민족이 밀실에 들어가서 하나님의 진노가 지나갈 때까지 잠깐 숨어 있도록 요구'하는 데서 유래한 것으로 봅니다. '골방'은 공적이지 않은 곳을 대표하는 것으로, 아마 창문도 없고 그 집에서 유일하게 문을 잠글 수 있는 창고를 가리킬 것입니다.

골방은 몰래 기도할 수 있는 곳이란 의미를 심어 주시기 위해 선택하신 한 예로 보입니다. 그렇기 때문에 억지로 밀실을 마련하는 것이 기도한다는 사실을 사람들에게 보이게 만든다면 차라리 골방을 없애는 것이 예수님의 말씀을 그대로 따르는 행동입니다.

또 기도에 많은 말, 아름다운 표현과 화려한 수식어가 사용되는 것은 기도의 성격에 역행하는 현상입니다. "중언부언한다"라는 것은 다른 곳에 알려지지 않은 무의미한 말로 '의미 없이 지껄이는 소리'를 말합니다. 초점은 반복에 있는 것이 아니라 무의미함과 시끄러움 그리고 하나님의 눈에 띠려면 큰소리로 하나님을 협박할 필요가 있다고 생각하는 기도의 태도에 있습니다. 참 기도는 기술도 연기도 아닌, 일종의 관계입니다. 하나님은 영이시므로 하나님께 드리는 기도에는 사실 말이 필요하지 않습니다. 말은 입을 가진 사람이 만들며 귀를 가진 사람이 듣는 것입니다. 하나님은 우리가 말하지 않아도 우리의 마음과 생각을 아십니다.

이미 "하나님께서는 구하기 전에 너희가 있어야 할 것을 아신다"라고 말씀하십니다. 즉 사람에게 보이는 잘못된 외식함의 기도는 틀린 것입니다. 오직 은밀함 중에서 하나님 아버지의 적은 말로도 소통할 수 있는 것이 바로 '기도'입니다.

그리고 뒤이어 '주기도'를 가르쳐 주십니다. 이 주기도는 산상수훈의 중심이며, 그중에서도 세 번째 간구인 "하나님의 뜻이 이루어지소서"라는 문장이 산상수훈의 중심입니다. 이 '하나님의 뜻'은 산상수훈의 중심 주제일 뿐 아니라 마태복음의 중심 주제인 '더 나은 의'와 관련되어 있습니다. 오직 하나님을 향한 온전한 기도인 주기도는 바리새인과 서기관의 잘못된 의와는 다른 더 나은 기도를 확실히 보여 주고 있습니다.

사랑하는 성도 여러분!

예수님 당시 사람들은 시간만 되면 어느 때건 그 자리에서 기도를 시작했습니다. 그들은 소리 내어서 하지 않으면 기도라고 인정하지 않았습니다. 기도를 방해받지 않기 위해서 누구나 알 수 있도록 기도하는 자세를 취했습니다. 기도한다는 좋은 동기와 경건한 습관에도 불구하고 예수님은 그 틈을 비집고 나오는 인간의 마음, 즉 사람에게 보이고 경건한 사람으로 인정받으며 종교적 지도력을 확보 및 지속하려는 의도를 간파하시고 이것을 위선적 행동으로 규정하셨습니다.

좋은 것에는 항상 위험이 따르는 법입니다. 기도는 하나님께로 가는 길로서 하나님을 믿는 사람들의 특권인 만큼 이 특권이 인간성에 의해 다른 방향으로 발전할 위험은 항상 도사리고 있습니다. 물론 믿는 사람들이 함께 모여 공동의 기도를 드리는 것조차 막거나 금하자는 말이 아닙니다. 주기도문에서 예수님은 오히려 우리가 함께 기도할 정당성을 보장하시고 함께 사용할 수 있는 아름다운 기도문을 만들어 주셨다는 것도 공동 기도의 필요성을 더해 줍니다.

기도에서는 시간과 장소가 중요한 게 아닙니다. 기도하는 사람이 세상을 다스리시는 보이지 않는 하나님 앞에 서는 것, 그 마음과 자세가 중요합니다. 사람에게 보이기 위한 기도가 아니고 하나님의 뜻에 합당하고 진실한 기도라면 이는 반드시 하나님께서 가장 적절한 때에 응답해 주실 것입니다.

성도님들께서는 하나님을 인식하는 기도만이 참된 기도이며 기도할 때마다 하나님 아버지이신 관계성 속에서 들어 주시는 분이라는 것을 깨달으시기를 바랍니다.

4. 외식으로 금식하지 말라

'금식(禁食, fast)'은 하나님 앞에서 자신을 낮추는 하나의 수단으로 (레 16:29, "스스로 괴롭게 하라") 자의에 의해 일반적으로 오랫동안 먹는 것(때로는 마시는 것도 포함)을 절제함을 말합니다. 금식은 일정한 종교적 계율이나 서원한 것을 지키기 위해서, 혹은 개인적인 결심이나 의지를 드러내기 위해서 행해졌습니다. 특별히 고통 중에 참회할 때(삼상 7:6), 고인에 대한 슬픔의 표시로(느 1:4), 절박하고 간절한 요청(기도)을 위해(삼하 12:16), 하나님 앞에서 성직을 수행할 때(출 34:28) 금식이 시행되었습니다. 이때, 철저하게 자기 자신을 부인하고 오직 하나님께만 의지하겠다는 신앙 자세로 행하는 금식만이 참된 금식임을 잊지 말아야 했습니다(사 58:6).

금식은 유대 백성들에게 일 년에 한 차례, 대속죄일에 필수적인 것이었습니다(레 23:32). 그러나 사람들은 어떤 간구를 드리기 위해 기도하면서, 단체로나 개인적으로 금식할 수 있었습니다(에 4:16). 금식의 목적은 기도에 시간을 할애하고, 절제를 훈련하며, 하나님의 백성에게 그들이 보다 적은 것을 가지고도 살 수 있다는 것을 상기시키고, 하나님께서 주신 것에 대해 감사하도록 돕는 것입니다.

예수님 당시, 바리새인들은 일주일에 두 번, 월요일과 목요일에 금식했습니다(눅 18:12). 금식에는 커다란 영적 유익이 있었지만, 바리새인들을 비롯한 어떤 사람들은 그것을 공적인 인정을 얻는 방법으로 바꾸어 버렸습니다. 유대인들은 금식할 때 얼굴을 씻지 않고 옷을 찢고 재를 머리에 뿌렸습니다. 어떤 사람은 수염을 쥐어뜯기도 했습니다. 침울하거나 슬픈 기색을 하며 사람에게 보이려고 얼굴을 흉하게 하였습니다. 이는 그들이 금식한다는 것을 사람들이 알고 그들의 '거룩함'에 감명을 받도록 하기 위해서였습니다. 예수님께서는 금식이 아니라 외식을 정죄하셨습니다. 바리새인들은 자기들이 금식할 때에 다른 사람들이 분명히 알도록 함으로써 그 목적을 부정했습니다. 사람들의 인정은 그들이 받을 유일한 상이었습니다.

예수님께서는 금식할 때에 그것을 자랑삼아 내보이지 말고, 정상적인 매일의 일과를 열심히 행하라고 하셨습니다. 그래서 예수님은 오히려 금식할 때에 머리에 기름을 바르고 얼굴을 씻으라고 말씀을 하십니다. 머리에 감람기름을 바르는 것은 로션(lotion)을 바르는 것과 같은 것이었습니다. 그것은 얼굴을 씻는 것과 같이 날마다 평범하게 행하는 위생법의 일부였습니다. 이렇게 하면 하나님 말고는 아무도 그들이 금식하는 것을 알지 못할 것이었습니다. 예수님께서는 조용하고 신실하게 행하는 자기희생의 행위를 칭찬하셨습니다. 그러므로 진정한 금식은 사람에게 과시하려고 노력하는 것이 아닌, 은밀함 중에 하나님 앞에서 보이는 금식입니다. 사람이 갚는 것이 아닌 하나님께서 그 은밀함 중에 갚게 하시는 금식이야말로 여기에서 말하는 참된 금식입니다.

사랑하는 성도 여러분!

선한 동기와 선한 행동을 파고 들어오는 인간의 사악함, 그 간교함을 보신 예수님은 외부적 표시들을 모두 사람에게 보이려는 의도에서 나온 위선으로 단정하셨습니다. 금식은 하나님께 보이는 슬픔과 고통과 결단의 표시입니다. 하나님께 드리는 절규요, 몸으로 드리는 기도입니다. 선한 도구가 오용되어서는 안 되기에 예수님은 머리에 기름을 바르라, 얼굴을 씻으라고 하셨습니다. 금식의 표시를 지우고 표 나지 않게 하나님께만 슬픔을 표현하라는 것입니다. 우리 시대에 머리에 기름을 바르는 것이 금식의 표시가 된다면 차라리 기름을 바르지 않는 것이 예수님의 말씀을 따르는 것입니다.

성도님들께서는 과도한 보여 주기 식의 신앙생활을 하지 않아야 합니다. 또 살아 계신 하나님께 혼자 보여야 할 슬픔의 표시를 경멸하거나 비판하지 않아야 합니다. 때에 따라서 믿는 사람들이 함께 모여 공동의 슬픔과 고통을 하늘 아버지께 호소할 수도 있을 것입니다. 금식은 하나님께서 주시는 은혜의 양식인 밥을 사양하는 행동입니다. 죽음을 각오하는 그런 상황이 아니라면 "밥을 주소서" 하고 기도하는 사람이 음식을 끊는 것은 별 유익이 없을 뿐 아니라 신앙생활에 혼선을 가져온다는 사실을 깨달으시기를 바랍니다.

이제 말씀을 마치고자 합니다.

예수님께서는 구제, 기도, 금식을 사례로 제시하며 성도들이 실제 생활에 있어서 범하기 쉬운 잘못들을 지적하시고, 빠지기 쉬운 종교적 위선들에 대해 경고하고 있습니다. 여기서 예수님께서는 당시의 종교 지도자들이 빠졌던 극단적 외식주의를 지적하면서, 결코 그들의 전철을 밟지 않아야 한다고 말씀하고 계십니다. 예수님의 지적이 우리 자신의 현실적 관심사에 대한 것이라는 사실을 통해서, 그리스도인들의 믿음과 삶은 반드시 하나님 나라와 의를 우선적으로 추구하되 현실에 대해서도 소홀하지 않아야 한다는 교훈을 발견하게 됩니다.

구제는 다른 사람들에게 자신의 선행을 자랑하기 위한 수단이 아니라, 하나님의 구원과 사랑에 보답하기 위한 이웃 사랑의 실천 수단입니다. 구제하는 자는 결코 스스로를 과시하지 말아야 하며, 오직 하나님께 모든 영광이 돌려지도록 철저히 자신을 감추어야 합니다.

기도를 자기 암시의 방편이나 남에게 들려주기 위한 웅변의 일종으로 삼는 자는 절대로 하나님의 응답을 받을 수 없습니다. 똑같은 기도를 되풀이하면서 중언부언하거나 미사여구를 장황하게 늘어놓으면서 회중들을 억지로 감동시키려고 애쓰는 것은 더 이상 기도가 아닙니다. 참된 기도란 하나님께 영광과 찬송을 돌리고, 그분의 은혜로우신 손길에 우리 자신의 삶을 의탁하는 바로 그것입니다.

금식은 하나님 앞에서 자기 부인과 겸손을 나타내는 행위이며, 결코 종교적 고행을 통하여 자신의 공로를 쌓거나 무아지경에 빠져 신비 체험을 하기 위한 수단이 아닙니다. 자신이 금식 중이라는 사실을 가급적 주위 사람들에게 드러내지 않고, 오로지 하나님과의 영적 교제에만 전심전력하는 것이 올바른 금식 자세입니다.

따라서 경건의 행위는 첫째, 사람에게 보이려고 행하는 인간의 의가 되지 않아야 합니다. 둘째, 하나님의 의를 드러내는 것이어야 합니다. 셋째, 하나님의 의는 은밀하게 행해져야 합니다. 하나님의 의가 은밀하게 행해질 때 보상이 있습니다. 보상을 주시는 하나님은 그 자녀를 돌보시는 아버지이십니다.

사랑하는 성도 여러분!

다른 사람들의 이목과 칭찬을 의식하여 위선적인 태도를 취하기보다 오직 하나님 보시기에 거룩한 믿음과 삶의 자세를 지녀야 합니다. 참된 경건을 유지하면 하나님을 기쁘게 해 드리는 것은 물론이고 세상 사람들을 복음의 빛 가운데로 인도할 수 있습니다.

디모데후서 3장 5절을 함께 읽겠습니다.
"경건의 모양은 있으나 경건의 능력은 부인하니 이같은 자들에게서 네가 돌아서라"(딤후 3:5) 아멘!

진정 그리스도인들의 신앙생활에 있어서 가장 치명적인 해독을 끼치는 요소는 경건의 모양을 갖추고 있으되 경건의 능력은 갖추지 않는(딤후 3:5) 외식주의라고 할 수 있습니다. 만약 외식과 종교적 위선에 빠지게 되면 하나님의 영광을 가리게 되는 것은 물론이고 세상 사람들의 손가락질을 받게 되어 전도의 기회를 막는 것이 될 것입니다.

성도님들께서는 언제나 하나님의 궁극적인 심판과 상급을 염두에 두고, 늘 하나님께 대해 신실한 믿음의 자세, 세상 사람들에 대해 진실한 생활 태도를 보이는(마 23:13) 참된 신앙의 소유자들이 되시기를 주님의 이름으로 축원합니다. 아멘!

복음의 요약, 예수님의 산상수훈

주님께서 가르쳐 주신 기도

마태복음 6:9-15

"9 그러므로 너희는 이렇게 기도하라 하늘에 계신 우리 아버지여 이름이 거룩히 여김을 받으시오며

10 나라가 임하시오며 뜻이 하늘에서 이루어진 것 같이 땅에서도 이루어지이다

11 오늘 우리에게 일용할 양식을 주시옵고

12 우리가 우리에게 죄 지은 자를 사하여 준 것 같이 우리 죄를 사하여 주시옵고

13 우리를 시험에 들게 하지 마시옵고 다만 악에서 구하시옵소서 (나라와 권세와 영광이 아버지께 영원히 있사옵나이다 아멘)

14 너희가 사람의 잘못을 용서하면 너희 하늘 아버지께서도 너희 잘못을 용서하시려니와

15 너희가 사람의 잘못을 용서하지 아니하면 너희 아버지께서도 너희 잘못을 용서하지 아니하시리라" 아멘!

그리스도인들의 생활에서 가장 중요하고 필수적인 두 가지를 든다면 '성경 읽기'와 '기도'일 것입니다. 이 두 가지 중에서 기도는 생활 가운데서 일어나는 여러 가지 상황에 대처해서 취하는 하나님과의 교제의 한 형태를 말합니다. 이러한 기도는 간구·불평·찬양·감사·고백·저주·무언의 영적 교통·방언 등을 포함하고 있습니다. 이 기도는 그리스도인이 하나님에 관해서 말하는 것이 아니라 하나님께 말하는 것이며, 그가 하나님께 대해서 믿는 바를 가장 명확하게 나타내고 하나님과 그분의 백성 사이에 존재하는 인격적인 관계를 향상시키는 데 기여합니다.

모든 형태의 기도에서 중심을 이루는 두 요소는 '찬양'과 '간구'인데, 여기에서 찬양은 하나님이 창조주시요(시 104편), 그분 백성들의 구원자(대상 16:8-22)로서 찬양을 받으실 만한 분이심을 전제로 하고 있습니다. 간구는 하나님께서 간구되는 것들을 들으시고 돌보아 주시며 간구에 응답해서 역사하실 수 있다는 것을 전제로 하고 있습니다.

간구하는 기도에서는 하나님 나라의 임재와 하나님의 공의를 비는 기도가 첫 번째이자 최상의 기도입니다(마 6:9-10, 25-33; 눅 18:1-8). 여기에는 또한 성령을 받기 위한 기도도 포함되어 있습니다(마 11:13). 하지만 일상생활에서 필요로 하는 것들을 구하는 기도(마 6:11-13)와 마음의 소원들(시 37:4)을 비는 기도도 여기에서 제외될 수 없습니다.

예수님께서는 친히 기도를 드리시고, 기도에 관해서 가르치셨으며, 기도의 효력을 인정하셨을 뿐만 아니라, 또한 그것을 약속하셨습니다. 그 약속들은 그리스도인들이 기도와 생활의 제일차적인 목표로서 하나님의 뜻에 순종할 때 비로소 이루어집니다. '예수님 이름으로 기도한다는 것'은 바로 그와 같은 조건을 받아들이는 것입니다. 동일한 근거에서 믿음

(마 21:22; 히 11:6)과 의(요 9:31; 약 4:3; 5 요일 3:22)도 기도 응답의 요건으로 언급되고 있습니다.

마태복음 6장 8절과 32절을 보니, 예수님께서는 하나님이 자기 백성들에게 무엇이 필요한지를 이미 다 아신다고 말씀하십니다. 그러시면서 특별히 기도에 관해 가르쳐 주셨습니다. 이에 대하여 마샬(Marshall)은 주기도문을 "간결한 예수님의 가르침의 요약"이라고 했고, 터툴리안(Tertulian)은 "전 복음의 요약"이라고 했습니다.

주님께서 가르쳐 주신 기도, 즉 주기도문은 기독교 역사에서 예배 의식이나 경건생활 그리고 신앙고백의 형태로 사용되어 왔습니다. 이미 1세기에 초대교회의 예배 가운데 도입되었고, 의식적 기도로서 하루에 세 번씩 암송되었습니다. 4세기에 이르러는 성찬식을 진행하기에 앞서 전 교우들에 의해 낭독되었고, 교회는 세례를 위한 교리 교육의 일환으로 이 기도문을 공식적으로 가르쳤습니다. 그 이후로 교회사에 있어서 종교개혁가 마틴 루터(Martin Luther)에 의해, 하이델베르크 교리문답(1563년)에서, 웨스트민스터 신앙고백(1647년)에서 그 중요성이 강조되어 왔습니다. 그리고 현재도 대다수의 교회에서 이 기도문을 사용하고 있습니다. 주기도문은 주님께서 가르쳐 주신 것인 만큼 이 기도보다 더 완전하고 모범이 될 만한 기도는 없습니다. 하지만 대다수의 그리스도인들은 이 기도의 의미를 제대로 이해하지 못한 채 단순히 암송하는 경우가 허다합니다.

사랑하는 성도 여러분!

우리는 예수님께서 가르치고자 하셨던 하나님에 관하여, 하나님 나라에 관하여, 우리들의 신앙과 삶의 문제에 대하여 그리고 하나님과 우리와의 관계성과 도래할 하나님의 나라에 대하여 진지하게 숙고하지 못한 채 상투적이고 외식적이며, 단순하게 주기도문을 암송하고 있습니다.

오늘 예배에서는 예수님께서 가르쳐 주신 주기도문에 대해 깊이 있게 살펴보면서, 그리스도인의 정체성을 가진 우리가 기도의 모범을 바로 알고 실제 삶에 바로 적용하여, 하나님께서 응답하시는 기도를 하는 데 도움이 되고자 합니다. 성도님들께서는 주님이 원하시는 기도를 하면서 충만한 은혜 속에 자신의 존재와 삶에 근본적인 변화가 일어나 하나님의 뜻을 온전히 이루어 나가시기를 소망합니다.

1. 산상수훈에서의 주기도문

산상수훈 전체를 살펴보면, 그 한가운데 주님께서 가르쳐 주신 '주기도문'이 자리 잡고 있습니다. 이러한 구조는 주기도문이 얼마나 중요한지를 증명하는 것입니다. 주기도문은 산상수훈 전체 맥락 안에서 6장 1절에서 18절까지의 종교적인 의에 대한 가르침의 단락에 들어 있습니다. 실제로 구제(마 6:1-4)와 기도(마 6:5-15) 그리고 금식으로 대표되는 세 가지 중요한 종교 행위들 가운데 기도를 다루는 6장 5절에서 15절까지의 단락에서 유대인들의 위선적인 기도를 지적하는 것부터 시작하고 있습니다.

주기도문은 바리새인의 위선적 행위와 달리 예수님의 제자들에게 짧으면서도 알맞은 진실한 기도를 하라는 반대 명제적 성격을 띠고 있습니다. '골방 기도(마 6:6), 중언부언하지 말라(마 6:7), 주기도(마 6:9-13), 용서의 강조(마 6:14-15)'의 내용을 언급했기 때문입니다.

마태복음에서는 예수님의 이야기와 그 의미를 전달하여 그리스도인들을 격려하고 권면하려는 데 우선적인 관심을 갖고 있습니다. 즉 하나님의 뜻을 행하여 하나님의 나라에 들어가야 할 길을 가르치고자 했습니다. 그 조건은 은밀하게 하나님께만 드리는 기도와 우리가 구하는 것을 아시는 아버지께 외식하고 중얼거리지 않으며 오직 하나님의 전능하심과 선하심을 바라보는 기도입니다.

주기도문은 '하나님의 의' 안에 포함되어 있습니다. 의의 실천은 기도로 연결되고, 기도는 하나님 아버지를 향하게 됩니다. 주기도문은 하나님께 영광을 돌리기 위해 행동을 수반하는 적극적인 기도이며, 예수님이 선포한 하나님 나라의 복음을 새롭게 창조하고 구성하는 하나님 나라 백성 공동체의 정체성을 결정하는 기도문입니다. 율법이 우선이 아닌 하나님과의 관계 속에서 우리의 기도를 통해 그분의 뜻을 이루어 나가는 것을 강조하기 위한 메시지가 담겨 있습니다.

그래서 주기도문은 예수님 공생애의 서두에 놓인 첫 가르침인 산상수훈 안에 위치하여 복음의 내용과 목적을 이해하게 하는 기도로 자리 잡은 것입니다.

사랑하는 성도 여러분!

주기도문은 이미 하나님 나라의 백성이 된 공동체에게 예수님처럼 서로 사랑하고, 섬기며, 행함으로 연합하라는 가르침입니다. 하나님께서는 예수님이 우리에게 가르쳐 주신 기도를 원하십니다.

성도님들께서는 그리스도를 따르며 하나님의 나라를 세우고 제자가 되는 길의 가장 중심에 기도가 있어야 함을 깨닫고, 주기도문을 잘 이해하셔서 하나님 나라와 의를 땅에서 이루어 가시기를 바랍니다.

2. 하나님의 이름을 나타내기 위한 주기도문

주기도문은 '하나님의 이름을 부름'과 여섯 개의 '청원'들, '송영'으로 구성되어 있습니다. 그리고 여섯 개의 청원들은 다시 '당신'을 위한 세 가지 기원과 '우리'를 위한 세 가지 기원으로 균형 있게 구성되어 있습니다. '당신' 청원들에는 아버지 되시는 하나님의 이름의 거룩과 하나님 나라의 도래와 하나님 뜻의 성취가 있고, '우리' 청원들에는 일용할 양식의 공급과 죄 용서와 마귀의 시험으로부터의 승리가 있습니다. 하나님과 인간에 대한 청원은 서로 밀접한 관계를 가지고 있습니다.

마태복음 6장 9절을 함께 읽겠습니다.
"그러므로 너희는 이렇게 기도하라 하늘에 계신 우리 아버지여 이름이 거룩히 여김을 받으시오며"(마 6:9) 아멘!

주기도문은 분명하게 기도의 대상인 '하늘에 계신 우리 아버지'를 부릅니다. 이 호칭에는 하나님에 대한 친근감, 신뢰감, 경외감이 결합되어 있습니다.

"하늘에 계신"이라는 말은 유대적인 어구로서 하나님의 거룩성과 전능성을 나타내는 표현이고(전 5:2; 시 115:2), 성전이나 회당 예배 시 유대인들이 사용하는 하나님에 대한 공식적인 수식어였습니다. 또한 그분의 존재가 지닌 초월적인 성격을 나타내는 표현이기도 합니다. 하늘은 하나님이 그의 보좌를 마련해 두신 곳이고, 그곳은 하나님의 왕국을 전적으로 통치할 하나님의 보좌일 뿐 아니라 우리가 믿음으로 가까이 나아가야만 할 은혜의 보좌입니다.

'아버지'는 아람어 '아바(Abba)'를 번역한 것입니다. 하나님을 '아바 아버지'로 부른다는 것은 그의 자녀임을 의미하며, 이러한 표현이 담긴 주기도문 역시 하나님의 자녀들만이 드릴 수 있는 기도문이라는 것입니다. 구약 성경에서는 언약의 표현 속에서 '하나님을 이스라엘 백성의 아버지'로, '이스라엘을 그의 아들'로 부르고 있는 장면들이 등장합니다. 그러나 하나님을 부르는 '아바 아버지'라는 표현은 독특하고 친밀한 예수님만의 호칭이며, 이러한 표현을 통해 하나님에 대한 전적 신뢰감과 친밀감을 찾아 볼 수 있습니다. 아바 아버지라 부른다는 것은 예수님 자신이 하나님의 아들임을 드러내는 확고한 자기 이해의 표현이기 때문입니다.

이처럼 원초적 의미의 아버지를 부른다는 것은 친밀감과 신뢰감을 바탕으로 간구, 부탁, 기도, 탄원을 가능하게 합니다. 하나님이 우리 아버지시라면 우리의 연약함과 부족함을 긍휼히 여기시며 우리의 부족함을 꾸짖지 않으실 것입니다. 또한 우리를 품으시는 하나님의 은혜와 사랑 안으로 기쁘게 나아갈 수 있는 특권이 주어지는 것입니다. 그것은 세상 무엇도 줄 수 없는 기쁘고 값진 선물입니다. 여기에서 '우리'라는 단어를 사용했습니다. 기도의 대상은 나의 하나님이 아니라 바로 우리의 하나님이십니다. 이것은 신앙의 공동체성을 내포합니다. 즉 주기도문이 교회의 공동체적 기도문으로 개인의 신앙이 아닌 공동체적 신앙을 지향함을 밝히고 있습니다.

따라서 그리스도인들은 모두 한 아버지의 자녀라는 의식을 갖고 있어야 합니다. 신앙인들 사이에는 사랑과 평등의 관계로 하나 됨의 자세로 함께 기도해야 함을 말하고 있는 것입니다. 우리의 현실에서 혼자서는 설 수 없으나 하나님을 '우리의 아버지'로 간절히 고백하는 순간, 세상의 시련과 고난 속에서 그분의 돌보심을 기억하게 되며 참된 위로와 힘과 안식을 경험하게 될 것입니다.

사랑하는 성도 여러분!

하나님께서는 우리의 아버지로서 당신의 자녀들에게 무엇이 필요한지를 너무나 잘 알고 계시며, 하늘에 계신 존재로서 전지전능하신 분이십니다. 하늘에 계신 하나님은 초월성을 가지고 계시지만 이 땅에 찾아오셔서 우리의 아버지 역할을 해 주시는 분이십니다.

성도님들께서는 하늘에서 이 땅에 찾아오신 우리 아버지께 간구, 부탁, 기도, 탄원을 하시면서 참된 위로와 힘과 안식을 경험하시기를 바랍니다.

첫 번째 청원은 그 대상이 하나님이고 청원의 내용은 '하나님의 이름이 거룩하게 여김을 받는 것'입니다.

출애굽기 20장 7절을 함께 읽겠습니다.

"너는 네 하나님 여호와의 이름을 망령되게 부르지 말라 여호와는 그의 이름을
망령되게 부르는 자를 죄 없다 하지 아니하리라"(출 20:7) 아멘!

성경에서 '이름'은 중요한 신학적 의미를 갖습니다. 왜냐하면 이름은 단순한 호칭에 그치는 것이 아니라 그 존재의 인격을 나타내기 때문입니다. 특히, 하나님의 이름은 하나님의 존재와 본질 전체를 의미하기 때문에 십계명의 제3계명에서 "너는 네 하나님 여호와의 이름을 망령되게 부르지 말라"라고 선포하셨던 것입니다.

에스겔 36장 23절을 함께 읽겠습니다.
"여러 나라 가운데에서 더럽혀진 이름 곧 너희가 그들 가운데에서 더럽힌 나의 큰 이름을 내가 거룩하게 할지라 내가 그들의 눈 앞에서 너희로 말미암아 나의 거룩함을 나타내리니 내가 여호와인 줄을 여러 나라 사람이 알리라 주 여호와의 말씀이니라"(겔 36:23) 아멘!

"거룩히 여김을 받으시오며"에서 그 행위의 주체는 하나님이십니다. 즉 하나님의 이름을 거룩하게 하고 영광을 드러내는 진정한 주체는 인간이 아니라 하나님 자신인 것입니다(겔 36:23). 천지의 창조자이시고 역사의 주관자이신 하나님께서는 역사 가운데서 스스로 존귀하심을 드러내시며 영광을 받으십니다. 인간은 이러한 사실에 단지 겸허히 인정하며 동참할 뿐입니다.

죄인인 우리는 하나님의 이름을 거룩하게 할 수 없습니다. 하나님이 스스로 당신의 이름을 거룩하게 하시므로 타락하고 더럽혀진 이 땅의 회복을 이루십니다. 따라서 "당신의 이름이 거룩하게 되시옵소서"의 기원

은 하나님의 권능이 나타날 때 일어나는 종말론적 경배를 기도하고 있는 것입니다. 즉 하나님이 직접 일하시는 그때에, 온 세상이 하나님의 영광을 보고 모든 사람의 의심과 부정이 극복될 수 있도록 청하는 기도입니다. 이 땅의 모든 우상과 권력의 힘이 무너지며 온 세상이 하나님을 경배하고 그 이름의 합당한 영광을 돌리도록 하나님께서 스스로 변화시켜 주실 것을 요청하는 기도인 것입니다.

하나님 나라의 복음을 받은 우리는 가장 먼저 하나님의 하나님 되심을 인정하며 하나님께 영광을 돌려야 합니다. 하나님 스스로 거룩하게 되시는 것이 전제이나, 하나님께서는 이 땅에 살아가는 사람들에게 하나님의 뜻을 실천할 것을 요구하십니다. 그리스도인들은 하나님 스스로 이름을 거룩하게 하심을 기도하며 하나님의 이름이 거룩하게 되도록, 온전히 하나님만 영광을 받으시도록 하나님의 활동에 적극적으로 참여해야 합니다.

사랑하는 성도 여러분!

그리스도의 거룩한 이름을 지니고 있는 우리들은 자신들 삶의 모든 측면에서 그분을 거룩하게 해야 하는 책임이 있습니다. 하나님의 이름이 거룩히 여김을 받기를 기도하는 것은 이 세상이 하나님의 이름에 영광 돌리게 되기를 기도하는 것이며, 장차 실현될 그리스도의 재림을 고대하는 것입니다.

성도님들께서는 하나님의 이름을 거룩하게 하도록, 하나님께 영광 돌리는 찬양과 함께 헌신하시기를 바랍니다.

마태복음 6장 10절을 함께 읽겠습니다.
"나라가 임하시오며 뜻이 하늘에서 이루어진 것 같이 땅에서도 이루어지이다"
(마 6:10) 아멘!

두 번째 청원은 당신의 나라에 대한 요청입니다. 이미 가시적으로 드러나기 시작한 '하나님 나라'를 선포하고 있습니다. 하나님의 나라는 공간적 개념이 아닌 하나님의 이름이 거룩하게 되시는 하나님의 통치권이 임하시는 모든 곳을 의미합니다. 즉 어떠한 영토와 공간이 아닌 품위와 권능을 갖춘 하나님의 다스림이라는 이해가 바람직합니다.

여기에서 두 번째 청원은 첫 번째 청원과 그리고 세 번째 청원과 연결하여 이해할 수 있습니다. 즉 첫 번째 청원에 나타나는바 하나님의 이름이 거룩히 여김을 받는 데서 하나님의 통치가 이루어지고, 세 번째 청원에 나타나는바 하나님의 뜻이 이루어지는 데서 하나님의 통치가 실현되기를 기원하는 것입니다. 하나님 나라에 대한 이 청원은 당신에 대한 기도의 핵심일 뿐 아니라 주기도문 전체의 요약이라 할 수 있습니다. 하나님의 나라가 임하도록 하는 주체는 역시 하나님이십니다. 하나님께서는 인간들이 설정한 목적과 방법에 따라 하나님 나라를 이루시는 것이 아니라 당신께서 정하신 뜻에 따라 이를 이루실 것입니다.

주기도문 속의 하나님 나라는 어떤 나라일까요?
예수님께서 기대하신 하나님 나라는 미래적 나라, 하나님이 구원의 약속들을 성취하시는 마지막 때의 나라입니다. 미래적인 하나님 나라는 인자의 영광을 가지고 재림하실 때 예수 그리스도 안에서 완전하게 나타날 영광의 나라를 말합니다.

　예수님께서 이 땅에 오심으로써 이미 하나님 나라를 가지고 오셨으며, 하나님의 통치는 역사 속에서 시작되었습니다. 그러나 그 나라의 완전한 실현은 미래에 있습니다. 이제 예수님은 제자들에게 기도를 가르치면서 이런 하나님의 나라가 속히 임하도록 기도하라고 가르치고 있습니다. 즉 예수 그리스도에 의해 하나님 나라는 이미 이 땅에 시작되었는데 예수님께서 "당신의 나라가 임하시오며"라는 기도를 가르친 것은 이미 온 하나님 나라가 구체적으로 잘 실현될 수 있게 해 달라고 기도하라는 것입니다.

　"당신의 나라가 임하시오며"라는 기도를 할 때 우리는 3가지 사실을 놓고 기도하게 됩니다.

　첫째, 하나님 나라의 궁극적 성취입니다. 즉 우리가 모든 피조물이 그분을 사랑하는 아버지라 부르며 그의 통치 아래 거할 수 있기를 바라며 기도한다는 것입니다.

　둘째, 우리가 이 시대에서 하나님의 뜻을 순종하겠노라고 선언하는 것입니다. 이 기도는 제멋대로 행하기를 원하는 자들의 기도가 아니라 하나님이 우리를 자신의 기쁘신 뜻대로 사용하실 수 있도록 그분의 손에 우리 자신을 맡기는 기도입니다. 이 기도는 "당신의 나라가 나의 삶에 임하게 하소서. 당신의 나라를 위하여 나를 도구로 사용하여 주소서"라는 기도입니다.

　셋째, 하나님의 통치가 우리를 통해 다른 사람들에게도 미치기를 바라며 기도하는 것입니다. 이것은 이 타락한 세상에서, 그리스도께서 그의 능력을 우리를 통해 행하시기를 기도하는 것입니다.

따라서 "당신의 나라가 임하시오며"라고 기도하는 것은 '팔복'을 비롯한 산상수훈의 윤리적인 가르침을 따르기로 결단하는 것이라고 할 수 있습니다. 심령이 가난한 자의 모습으로 살아가는 것, 세상이 죄와 악으로 가득 찬 모습을 보고 슬퍼하는 것, 모든 사람에 대해서 부드러움과 겸손한 태도를 갖는 것, 의에 대한 타는 듯한 갈망을 갖는 것, 약하고 소외되고 버림받은 사람들에 대해 긍휼히 여기는 마음을 갖는 것, 하나님을 향한 전적인 헌신 등 이 시대를 하나님 나라의 백성으로 사는 것을 말합니다.

사랑하는 성도 여러분!

"당신의 나라가 임하시오며"라고 말하는 것은 점점 더 많은 사람들이 그 나라에 들어가게 되기를 기도하는 것입니다. 그것은 또한 어느 날 모든 악이 소멸될 것이며, 하나님께서 새 하늘과 새 땅을 세우실 것이고, 그분의 영광이 열방에게 알려질 것이라는 믿음을 재확인하는 것입니다(시 110:1; 계 21:1).

성도님들께서는 복음이 전파되는 곳마다 사탄의 세력이 물러가고 우상숭배가 타파되고 이웃에 대한 사랑이 회복되고 인간의 존엄성과 자유와 정의가 세워지도록 헌신하시기를 바랍니다.

한편, "뜻이 하늘에서 이루어진 것 같이 땅에서도 이루어지이다"(마 6:10) 하는 기도는 운명에 대한 체념을 의미하지 않습니다. 오히려, 하나님의 완전한 목적이 하늘 보좌에서 이미 이루어졌듯이 이 세상에서도 이루어질 것이라는 기도입니다.

'뜻'은 하나님의 공의로우신 요구(마 7:21; 12:50)나 구원을 이루기 위한 하나님의 계획을(마 18:14; 26:42) 가리킵니다. 또한 "이루어지이다"에서는 하나님의 뜻을 이루는 주체는 인간이 아니라 하나님이심을 보여줍니다. 역사를 주관하시며 인간 구원을 위한 모든 계획을 수립하시고 이를 이루시는 분은 온전히 하나님이신 것입니다. 예수님께서도 겟세마네 동산에서 십자가 사역을 앞에 놓고 기도하실 때 오직 하나님의 뜻대로 모든 것이 되기를 간구하셨습니다. 이를 본받아 우리 역시 오직 하나님의 의로운 뜻이 우리 가운데 그리고 이 세상에서 성취되기를 간구해야 합니다.

"하늘에서 이루어진 것 같이 땅에서도"라는 문구는 앞의 세 간구, "하나님의 이름이 거룩히 여김을 받으며, 그분의 나라가 임하며, 뜻이 이루어지이다"에 적용될 수 있습니다. 이 일들이 땅에서도 이루어지기를 갈망하면서, 한편 그리스도의 재림 때의 완전한 성취를 기대하는 것입니다.

히브리서 13장 21절을 함께 읽겠습니다.
> "모든 선한 일에 너희를 온전하게 하사 자기 뜻을 행하게 하시고 그 앞에 즐거운 것을 예수 그리스도로 말미암아 우리 가운데서 이루시기를 원하노라 영광이 그에게 세세무궁토록 있을지어다"(히 13:21) 아멘!

사랑하는 성도 여러분!

예수님께서 이 세상에 오신 것은 섬김을 받고자 함이 아니요, 세상을 섬기며 하나님의 뜻을 이루려고 오셨습니다. 예수님께서 이 땅에 오신 이유는 하나님의 뜻인 사랑을 보이기 위함이며, 고난과 고통 가운데 우리 죄를 대신하기 위해서 육신을 입고 오셨습니다. 이것은 하늘에서 이루어진 하나님의 뜻이 이 땅에도 이루어지는 것이었습니다.

성도님들께서는 하나님의 궁극적인 뜻, 인류를 구원하심으로써 당신의 영광을 드러내시려는 계획이 변함없이 이루어지기를, 평화와 의로움 가운데서 행하시는 하나님의 다스림이 신속하게 실현되기를, 여호와의 날이 임하기를 기도하며, 순종하셔서 하나님 나라에 동참하시기를 바랍니다.

3. 우리를 위한 주기도문

주기도문은 하나님께 자신의 삶을 온전히 헌신하기로 결단한 자들이 드릴 수 있는 기도입니다. 이제 이어지는 세 가지 청원, '일용할 양식의 공급', '죄 용서', '마귀의 시험으로부터의 승리'는 이 땅에 살아가는 그리스도인들의 매일의 삶을 위한 필수적인 간구입니다. 하나님은 하나님의 뜻대로 살고자 결단한 자녀들에게 필요한 것들을 충족시켜 주시는 자비와 사랑의 하나님이십니다.

마태복음 6장 11절을 함께 읽겠습니다.
"오늘 우리에게 일용할 양식을 주시옵고"(마 6:11) 아멘!

'오늘'이란 단어가 사용된 데 대하여 주목할 필요가 있습니다. 11절에서 13절 사이에 나오는 개인의 신앙과 일상생활이 관계된 세 가지 기도는 그 내용으로 볼 때 현재의 양식(11절), 과거의 모든 죄(12절), 미래의 시험(13절)에 대한 기도입니다. 그 가운데 예수님께서는 바로 지금 이 자리에서 필요한 것에 대한 기도를 앞서 하신 것입니다. 즉 하나님과 관계된 기도에서 인간에 대한 기도로 전환되는 부분에 위치한 첫 번째 기도가 바로 현재에 대한 기도인 것입니다. 이는 과거와 미래가 모두 현재란 시점에 기준을 두고 있다는 점에서 보면 매우 적절한 기도입니다. 현재의 바른 신앙과 생활의 기반 위에서 과거에 대한 회개와 미래에 대한 간구가 바르게 성립할 수 있는 것입니다.

'양식(bread)'은 일반적인 음식을 가리키는 것이며, 물론 영적인 음식, 또한 생명의 떡, 즉 그것 없이는 살 수 없는 하나님의 선물을 가리킬 수 있습니다. 우리는 그분이 아시는바 우리의 필요를 공급해 주시도록 매일 하나님을 신뢰해야 합니다.

'일용할(daily)'이란 말은 하나님께서 아시는바 우리의 필요에 대해 우리가 염려하지 말아야 한다는 것을 시사합니다. '일용할'은 신약에서 여기에만 나타나는데, 몇 가지 의미를 지닙니다.

첫째, '그날을 위하여'라는 뜻입니다. 아마도 광야에서 매일 만나를 공급하심을 상기시키는 듯합니다(출 16:15-26).

둘째, '필요한'이라는 뜻입니다. 내가 생존하기 위하여 오늘 필요로 하는 것, 오늘을 위해 충분한 것입니다.

셋째, '내일을 위한'이라는 뜻입니다. 다가오는 하나님 나라를 가리키며, 지금 하나님 나라의 복을 미리 맛보기를 구하는 방법을 나타냅니다.

11절의 일용할 양식 청원은 당시의 사회적 곤궁을 전제하고 있습니다.

사회적인 곤궁이 결코 작은 문제가 아니었을 것입니다. 양식은 가장 중요한 필수 물질들을 대변합니다. 그 당시 세상 사람들은 하루 벌어 하루 먹었을 것이고 그래서 내일 먹을 것이 있을지 없을지 모르는 상황입니다. 제자들의 구체적인 생활상을 살펴볼 때, 주님의 기도문이 청원하는 양식을 미래의 하나님 나라에서 먹게 될 은유적인 양식으로 보기는 어렵습니다. 그것은 바로 구체적인 매일의 생활에 필요한 양분을 공급해 주는 양식이어야 합니다.

당시 제자들은 아마도 임박한 종말을 기대하며 하루하루 먹을 양식을 구했을 것으로 여겨집니다. 임박한 종말론적 기대를 가지고 환난과 핍박 속에서 하나님의 뜻을 구하며 신앙을 지켜 나가는 그리스도인들은 애굽에서 만나와 메추라기를 내려 주셨던(출 16장) 하나님 은혜의 섭리처럼 오직 실질적으로 최소한에 필요한 그날의 먹을 것을 허락하시는 하나님의 은혜를 기다렸을 것입니다.

잠언 30장 8절을 함께 읽겠습니다.
"곧 헛된 것과 거짓말을 내게서 멀리 하옵시며 나를 가난하게도 마옵시고 부하게도 마옵시고 오직 필요한 양식으로 나를 먹이시옵소서"(잠 30:8) 아멘!

양식은 인간의 생존을 유지하는 가장 필수 불가결 한 요소입니다. 양식을 먹는다는 것은 신체를 지탱하며 원기를 회복하여 인간의 존엄성을 간직하도록 합니다.

우리의 아버지께서는 구하기도 전에 이미 우리에게 필요한 것을 알고 계시기에 우리는 삶에 필요한 것을 하나님께 청할 수 있고(잠 30:8; 마

7:7-11), 반드시 간구한 대로 받으리라는 확신이 있습니다. 하나님께서 세상의 필수품을 양도하셨으므로 먼저 하나님의 나라와 하나님께서 의롭게 여기시는 것을 구하면, 다른 모든 것들을 더하여 받을 것이라는 신뢰 속에서 매일의 양식을 청하는 것입니다.

사랑하는 성도 여러분!

"오늘 우리에게 일용할 양식을 주시옵고"의 청원은 하나님의 은혜로 말미암아 나의 생명이 가능하게 됨을 인정하고 겸손과 자족의 신앙고백이 담겨 있으며, 필요한 것만큼 공급해 주시는 하나님의 인도하심을 바라보는 것입니다. 또한 이 양식은 '우리'를 위한 양식입니다. 이기적인 나만을 위한 양식이 아니라 하나님과 우리, 우리와 이웃, 우리와 우리의 환경이 잘 사는 사회를 추구하는 것입니다. 이러한 메시지는 물질만능주의에 빠져 있는 오늘날 우리의 이기적인 모습들을 반성하게 하며, 진정한 그리스도인 삶의 자세를 생각하게 합니다. 내가 아닌 우리가 함께 살아가는 그리스도 공동체야말로 하나님이 원하시는 모습이기 때문입니다.

성도님들께서는 장래를 위하여 비축할 양식을 위해 기도하거나 호화롭게 사치하고 자신을 과시할 재물을 위하여 기도할 것이 아니라, 하루도 빠짐없이 하나님만을 의지하는 마음으로 최소한의 필요한 양식을 위하여 기도하시기를 바랍니다.

마태복음 6장 12절을 함께 읽겠습니다.

"우리가 우리에게 죄 지은 자를 사하여 준 것 같이 우리 죄를 사하여 주시옵고"(마 6:12) 아멘!

'죄'의 문자적 의미는 '부채(debt)'입니다. 곧 죄는 하나님께 진 빚입니다. 부채를 진 사람은 그 부채를 갚기 전에는 부채로부터 자유로울 수 없습니다. 하나님과의 화해가 필요합니다. 하나님과 인간과의 관계에 있어서 인간의 부채는 자신의 힘으로는 도저히 갚을 수 없을 만큼 큽니다. 따라서 그 해결책은 탕감밖에 있을 수 없습니다. 마태복음 18장의 '용서할 줄 모르는 종'의 비유에 매우 적절하게 나타나 있습니다(마 18:23-35).

12절은 자기가 받은 용서의 위대함을 이해하는 신자의 진정한 회개에 초점이 맞추어져 있습니다. 이런 신자는 잘못을 한 다른 사람에게도 기꺼이 그 같은 용서를 베풉니다. 이것은 남을 용서하기를 강퍅하게 거부하면서도 하나님의 용서를 구하는 사람의 이기주의를 폭로하고 있습니다.

하나님께 무조건적인 죄 용서와 은혜를 받은 인간은 거기에 대한 마땅한 반사작용으로 형제의 죄를 용서할 수 있어야 하며, 진정한 죄 용서를 빌고자 한다면 자기의 모든 죄를 버릴 각오로 해야 합니다. 그럼에도 불구하고 형제의 잘못을 용서하지 못하는 죄를 가진 상태에서 하나님께 드리는 죄 용서의 간구는 다시 다른 사람의 죄를 용서하지 못하는 죄를 짓게 되는 결과가 됩니다.

마태복음 6장 14절과 15절을 함께 읽겠습니다.
 "14 너희가 사람의 잘못을 용서하면 너희 하늘 아버지께서도 너희 잘못을 용서하시려니와
 15 너희가 사람의 잘못을 용서하지 아니하면 너희 아버지께서도 너희 잘못을 용서하지 아니하시리라"(마 6:14-15) 아멘!

예수님께서는 용서에 대해 놀라운 경고를 하십니다. 예수님의 말씀들은 6장 12절의 간구를 보강합니다. 이 구절은 용서라는 것이 우리가 다른 사람을 용서할 경우에만 얻어지는 것으로 제시하는 듯합니다. 여기에서 '잘못'은 신의에 대한 배반, 혹은 정의와 진리에 대한 적극적인 벗어남 등을 의미합니다. 이는 실제적 손실뿐만 아니라 심한 감정적인 손상까지도 초래한 용서하기 어려운 중대한 과실입니다.

하나님의 용서가 미래형으로 기록된 것은 그리스도의 재림 이후 있을 종말론적인 심판에서의 용서를 가리키고 있음을 암시할 수 있습니다. 물론 하나님께서 타인에 대한 용서를 전제로 사람의 죄를 사하여 구원에 이르게 한다는 인간의 공로에 의한 구원을 주장하는 것은 아닙니다. 이는 장차 구원받을 그리스도의 제자 된 자들이 타인의 잘못에 대하여 마땅히 너그럽게 용서하는 태도로 살아야 함을 강조하는 의미를 지닙니다.

에베소서 4장 32절과 골로새서 3장 13절을 함께 읽겠습니다.
"서로 친절하게 하며 불쌍히 여기며 서로 용서하기를 하나님이 그리스도 안에서 너희를 용서하심과 같이 하라"(엡 4:32)
"누가 누구에게 불만이 있거든 서로 용납하여 피차 용서하되 주께서 너희를 용서하신 것 같이 너희도 그리하고"(골 3:13) 아멘!

하나님 용서의 근거는 그분 자신의 성품에 근거합니다. 하나님께서는 사랑 안에서, 그리스도의 죽음이 우리의 죗값을 치르기에 충분한 것으로 여기십니다. 그러나 하나님과의 관계 속에서 살 때는 우리를 괴롭히는 죄들에 대한 끊임없는 회개를 요구하십니다. 그리스도인들이 고백과 용서를 위해 하나님께 끊임없이 나아가야 하므로, 남을 용서하기를 거부하는 것은 하나님께 받은 긍휼에 대한 감사의 결여를 나타냅니다. 모든 사람은 하나님의 용서가 필요한 죄인으로서 같은 입장에 서 있습니다. 만일 우리가 남을 용서하지 않는다면, 우리는 사실상 우리에 대한 하나님의 용서를 부인하고 거절하는 것입니다(엡 4:32; 골 3:13).

사랑하는 성도 여러분!

인간은 오직 예수 그리스도로 말미암아 하나님의 은혜의 선물을 받았습니다. 이런 사실을 고백하는 자들만이 진정한 용서를 할 수 있습니다. 우리는 이미 하나님의 죄 사함을 체험하고 하나님을 '아바 아버지'로 부를 수 있는 사람들입니다. 하나님 아버지께 먼저 용서의 선물을 받았기에 다른 이웃을 향해 적극적인 화해와 사랑의 용서를 할 수 있습니다.

죄 사함에 대한 기도는 하나님과의 관계를 깨닫게 하며, 나아가 사람과 사람 간의 윤리적인 측면도 돌아보게 합니다. 이웃과의 상호 간의 용서가 필요합니다. 증오나 복수는 결코 하나님의 방식이 아닙니다.

성도님들께서는 날마다 하나님이 주시는 힘으로 하나님께 우리의 죄의 용서를 구하며 교회를 거룩하게 하시고, 더 나아가 세상을 용서와 사랑의 공동체로 만들어 가는 아름다운 사람이 되시기를 바랍니다.

마태복음 6장 13절을 함께 읽겠습니다.
"우리를 시험에 들게 하지 마시옵고 다만 악에서 구하시옵소서 (나라와 권세와 영광이 아버지께 영원히 있사옵나이다 아멘)"(마 6:13)

하나님께서는 우리를 시험에 들게 하지 않으십니다. 하나님은 사람들이 악을 행하도록 유혹하지 않으시기 때문입니다(약 1:13). '시험'은 '검사하다', '실험해 보다(make trial of)' 등과 같은 좋은 의미로 사용되나 (마 22:35; 요 6:6; 계 2:2), 더 많은 경우 '유혹하다'와 같은 부정적 의미로 사용됩니다. 특히 성경에는 유혹하는 주체로서 '마귀'를 지목하는 경우가 많습니다(마 4:1; 막 1:13; 눅 4:2; 고전 7:5; 살전 3:5). 더 나아가 시험은 이미 온 하나님 나라와 장차 올 하나님의 나라 사이에 있는 종말론적인 시험이며, 이 땅에서 하나님 이름의 거룩과 그의 나라의 확장과 그의 뜻의 성취를 위해서 노력하다가 당하는 모든 핍박과 환난과 유혹을 말하고 있습니다.

물론 하나님께서는 우리가 시험받도록 허용하시는 경우가 있습니다. 그러나 결코 목적 없는 시험은 허락하지 않으십니다. 하나님께서는 항상 자기 백성을 단련하시고 당신을 의지하도록 가르치시며, 더욱 하나님을 닮도록 그들의 성품을 강화하시기 위해 일하고 계십니다. 하나님께서 이 일을 하시는 방법은 각 사람의 삶에 따라 다릅니다.

고린도전서 10장 13절을 함께 읽겠습니다.
> "사람이 감당할 시험 밖에는 너희가 당한 것이 없나니 오직 하나님은 미쁘사 너희가 감당하지 못할 시험 당함을 허락하지 아니하시고 시험 당할 즈음에 또한 피할 길을 내사 너희로 능히 감당하게 하시느니라"(고전 10:13) 아멘!

하나님은 우리가 이겨 낼 수 있는 시험을 주십니다. 하나님은 우리의 좌절을 원하시는 것이 아닙니다. 우리가 이겨 내길 원하시고 도우십니다. 다만 우리가 구할 것은 하나님을 의지하며, 이겨 내기를 원하는 것입니다. 즉 일용할 양식을 구하는 것과 마찬가지로 하나님의 인도를 간구해야 합니다.

사랑하는 성도 여러분!

예수님께서는 자기를 따르는 자들이 시련의 때에도 하나님을 신뢰하고, 사탄(악, 악한 자)과 그 계략으로부터 구원해 주시도록 기도하기를 원하셨습니다. 모든 그리스도인은 시험과 싸움을 합니다. 때때로 그 시험은 우리에게 무슨 일이 일어나고 있는지 우리가 깨닫지도 못할 정도로 교묘할 수 있습니다. 그래서 우리는 "주님께서 우리를 악에서 인도하여 내신다 할지라도 우리로 하여금 더 이상 시험에 들지 않게 해 주십시오"라고 기도해야 합니다.

성도님들께서는 하나님을 신뢰하고 악으로부터 구원해 주시도록 기도하면서 하나님의 거룩하신 이름과 그의 거룩한 나라를 거역하고 싶은 유혹, 독식하고 과식하고 싶은 이기적인 유혹, 용서받고 용서하는 삶을 거부하고자 하는 유혹에서 승리하시기를 바랍니다.

"나라와 권세와 영광이 아버지께 영원히 있사옵나이다 아멘"은 주기도문의 송영(頌榮: 하나님을 찬양하거나 하나님의 영광을 노래하는 간결한 문구) 부분입니다. 그런데 이 부분이 누가복음에는 없습니다(눅 11:2-4). 그 때문에 학자들은 이것이 원본에는 없는 것이라고 결론을 짓습니다. 아마도 초대교회가 이 기도를 사용하면서 이 마지막 찬양 문구를 덧붙였을 것입니다.

주기도문의 송영은 주기도문 시작의 고백을 다시 한번 나타내고 있습니다. 하나님이 어떠한 분이며, 우리는 어떻게 하나님을 찬양하고 알아야 하는지 나타내고 있습니다. 즉 예수님은 마치는 기도에도 하나님을 찬양하고 있습니다. 송영은 하나님이 진정한 왕이며, 주권자이시고, 전지전능한 분이시라는 것을 나타내면서 주기도문의 모든 기도를 요약하고 있습니다. 그래서 칼빈(John Calvin)은 주기도문의 송영에 대하여 "하나님의 영광을 향하여 우리의 마음이 열정적으로 전진하도록 하며, 우리의 기도 목표가 무엇인가를 알려 준다"라고 말했습니다.

하나님의 통치가 이루어지는 '나라'와 그 나라를 하나님의 나라가 되게끔 하는 '권세'와 하나님 나라가 이루어짐으로 인하여 드러나게 될 '영광'이 단 한 순간의 중단됨도 없이 '영원히' 있을 것이란 고백은 신앙고백의 금자탑이라 할 수 있습니다. 그리고 이 기도를 '진실하다', '충실하다'는 뜻이 있는 히브리어 '아멘'으로 마감함으로써 이 신앙고백이 진실함을 최종적으로 확증하고 있습니다.

사랑하는 성도 여러분!

송영은 내면적으로는 앞선 모든 간구를 마감하면서, 우리의 모든 것이 나라와 권세와 영광을 영원히 지니신 하나님 아버지로부터 비롯되었다는 것을 최종적으로 신앙고백 하고 있습니다. 송영을 통하여 나라와 권능과 영광을 아버지 하나님께 돌림으로써, 아버지 하나님이 주기도문의 모든 청원을 현실화시키는 진정한 왕과 주권자이며 역사의 섭리자이심을 고백하게 됩니다.

성도님들께서는 송영으로 화답하며 마치는 주기도문이 하나님의 이름과 나라와 그의 뜻을 구하며 일용할 양식과 죄 용서와 악에서의 구원이 모두 하나님께로부터만 오는 것임을 깨달으셔서 함께 주기도문으로 기도하고 아멘 하셔서 올바른 그리스도인의 삶을 살아가시기를 바랍니다.

이제 말씀을 마치고자 합니다.

기도는 하나님께 드리는 우리의 마음을 알리는 말이며 소리입니다. 예수님 당시 사람들은 시간만 되면 어느 때건 그 자리에서 기도를 시작했습니다. 그들은 소리 내어서 하지 않으면 기도라고 인정하지 않았습니다. 기도를 방해받지 않기 위해서 누구나 알 수 있도록 기도하는 자세를 취했습니다. 기도한다는 좋은 동기와 경건한 습관에도 불구하고 예수님은 그 틈을 비집고 나오는 인간의 마음, 즉 사람에게 보이고 경건한 사람으로 인정받으며 종교적 지도력을 확보, 지속하려는 의도를 간파하시고 이것을 위선적 행동으로 규정하셨습니다.

예수님에 따르면, 기도는 시간과 장소가 중요하지 않습니다. 하나님 앞에 서려는 기도하는 사람의 마음과 자세가 중요합니다. 또 기도에 많은 말과 아름다운 표현, 화려한 수식어가 사용되는 것은 기도의 성격에 역행하는 현상입니다. 하나님은 우리가 말하지 않아도 우리의 마음과 생각을 아십니다.

기도는 하나님께로 가는 길이며 하나님을 믿는 사람들의 특권인 만큼 이 특권이 인간성에 의해 다른 방향으로 발전할 위험은 항상 도사리고 있습니다. 물론 믿는 사람들이 함께 모여 공동 기도 하는 것조차 막거나 금하자는 말이 아닙니다. 오히려 예수님은 우리가 함께 기도할 정당성을 보장하십니다. 함께 사용할 수 있는 아름다운 주기도문을 만들어 주셨다는 것도 공동 기도의 필요성을 더해 줍니다.

주기도문은 공동 기도문으로 주어졌습니다. 물론 개인적으로 이 기도를 드리는 것이 잘못은 아니겠지만, 하나님 나라의 사람들이 함께 모여 하늘 아버지께 이 기도를 드릴 때 이 기도는 더 빛날 것입니다.

주기도문은 "하늘에 계신 우리 아버지"라는 부름에서 시작됩니다. 이것은 기도하는 자와 기도를 받는 자의 관계를 잘 보여 주고 있습니다. 즉 친밀성과 초월성을 가진 아버지가 기도의 대상이라는 것입니다. 이어 주기도문은 '하나님'에 대한 3가지 청원이 나옵니다. 하나님의 이름에 대한 청원, 하나님 나라의 도래에 대한 청원, 하나님의 뜻에 대한 청원이 그것입니다. 그리고 '우리'에 대한 청원으로 이어지는데, 그것은 일용할 양식에 대한 청원과 죄의 용서에 대한 청원, 시험의 극복에 대한 청원입니다.

주기도문은 하나님의 이름과 관련되어 있습니다. 자신을 알리시기 위하여 인간의 소리를 빌려 만들어 주신 이름, 그 이름이 하늘에서처럼 땅에서도 거룩하게 되는 것이 우리의 소원입니다. 그 이름은 인간의 소리로 표현되어 있지만 우리나 모든 사람이 거룩하게 사용해야 할 이름입니다.

하나님 나라가 이 땅에 임하는 것도 우리의 소원이 되어야 합니다. 하나님 나라는 예수님의 사역으로 이 땅에 이미 시작되었지만, 아직 재림의 때가 남아 있으므로 이 기도는 우리 모두가 여전히 드려야 할 기도입니다. 그리고 하나님의 뜻이 하늘에서처럼 땅에서도 이루어지도록 기도해야 합니다.

예수님은 우리의 삶을 위한 기도도 일러 주셨습니다. 먼저 매일 필요한 양식을 달라는 것이 우리 모두의 기도가 되어야 합니다. 하나님은 살아 있는 자들의 하나님이시고, 세상이 없어지지 않는 한 우선은 살아남는 것이 우리의 제일 되는 임무이기 때문에 삶의 기도, 그 첫 번째 줄에 "일용할 양식을 주십시오"라는 기도를 기록하신 것입니다.

살아 있는 사람들이 하나님 앞에 섰을 때 가장 시급한 것은 죄의 문제입니다. 세상 사람들에게 죄 사함, 의, 회개와 용서를 위한 기도는 항상 기도의 첫 줄에 와야 합니다. 그리스도인에게도 이것은 마찬가지입니다.

시험에 빠져 실수하고 죄를 짓고 좌절하는 일 또한 무시할 수 없는 우리의 현실입니다. 깨끗하게 흠 없이, 시련도 좌절도 없이 평안하게 하나님의 은혜 아래 살아갈 수 있다면 정말 좋겠습니다. 그래서 예수님은 주기도문에 시험에 들지 않게 기도하는 것과 악에서 건져 달라는 기도를 넣어 주셨습니다.

6장 14절과 15절에서 은혜와 의무를 붙여 놓으신 것 또한 간과할 수 없는 부분입니다. 용서를 비는 사람들은 용서해 주어야 합니다. 용서를 해 준 사람은 하나님의 용서를 빌 수 있습니다. 하나님의 용서와 인간의 용서를 함께 말씀하심으로써 하나님의 용서를 비는 사람은 이웃을 용서해 주어야 한다는 강한 의무감을 지워 주신 것입니다. 용서에 있어서도 하나님 나라의 사람들은 하늘 아버지를 본받아야 합니다.

종교개혁가 칼빈(John Calvin)은 그의 저서 『기독교 강요』에서 주기도문에 대해서 다음과 같이 요약을 하고 있습니다.

"주기도 같이 완전한 기도는 찾아 볼 수 없으며 더 완전한 것은 더군다

나 없다. 하나님을 찬양하기 위해서 생각할 것과 사람 자신의 행복을 위해서 생각해야 할 것은 이 기도에서 하나도 빠지지 않았다. 이 기도는 하나님의 지혜가 가르치신 것이며 하나님께서 원하시는 것을 가르치셨고 필요한 것을 원하셨다는 것을 우리는 기억해야 한다."

이와 같이 주기도문은 예수님의 삶의 요약이고, 예수님의 가르침의 진수이며, 예수님 사역의 목표입니다. 이 기도는 유대인의 형식적이고 민족적인 구원의 기도가 아니고 또한 이방인들의 기도와 같지 아니하고, 은밀한 중에 계신 하나님 아버지께서 응답해 주시기에 합당한 기도이며 이 땅에 모든 그리스도인들이 구원을 이룰 수 있는 최고의 모범적인 기도입니다. 그러나 현대 교회는 복음의 핵심이 모두 들어 있는 주기도문을 예배 속에서 형식적인 의식으로만, 그저 입으로 단순하게 읊조리는 것으로만 사용하고 있어서 매우 안타깝습니다.

초대교회 성도들은 혹독한 시련과 박해 속에서 주기도문을 정말 진실된 마음으로 드렸을 것입니다. '이미' 온 하나님의 나라와 '아직 아니' 온 하나님 나라 사이에서 이미 승리하신 그리스도의 능력을 확신하면서 시시각각 다가오는 사탄의 모든 시험에 그들이 넘어지지 않도록 혼신을 기울여 간절한 마음으로 하나님께 주기도문을 드렸을 것입니다.

그러나 초대교회 성도들에게만 간절한 기도가 되어서는 안 됩니다. 초림과 재림 사이를 살아가는 모든 성도들에게도 간절한 기도가 되어야 합니다. 왜냐하면 하나님의 나라 도래와 물질, 죄, 시험의 문제는 초대교회 성도들 못지않게 현대를 사는 성도들에게도 매우 중대한 문제이기 때문입니다.

사랑하는 성도 여러분!

"주기도문은 최대의 순교자"라는 마틴 루터(Martin Luther)의 말처럼, 주기도문을 형식적인 기도문이 아니라 그 의미와 뜻을 바르게 알고, 애통한 심정으로 혼신을 기울여 간절하게 하나님께 찬양과 감사와 간구를 드리시길 바랍니다.

또한 주기도문은 '전 복음의 요약'입니다. 오늘날 하나님 나라를 선포하고 구현하는 책임적 과제를 위해 구별되고 헌신하고자 하는 교회는 하나님의 뜻을 이 땅에 실현하기 위해 무엇을 할 것인가를 진지하게 고민해야 합니다. 교회는 예수 그리스도 안에서 경험한 보편적이고 자비로운 하나님의 사랑을 이웃에 대한 섬김, 특히 가난한 자와 약한 자, 억압받는 자들을 위한 섬김으로 실천해야 합니다.

주기도문을 고백한다는 것은 하나님의 뜻을 행하고 명령에 순종하며 하나님의 이름을 거룩하게 하기 위해 삶의 모든 부분에서 하나님의 다스리심을 기도하는 것입니다.

성도님들께서는 하나님 나라를 소망하며 오직 하나님 아버지의 거룩한 이름과 영광이 회복되기를 기도하시면서, 악한 세상에서 하나님의 질서를 파괴하는 모든 것들을 정리하고, 하나님의 사랑과 섬김의 통치가 이루어지도록 순종하시기를 주님의 이름으로 축원합니다. 아멘!

복음의 요약, 예수님의 산상수훈

염려와 재물

마태복음 6:19-34

"19 너희를 위하여 보물을 땅에 쌓아 두지 말라 거기는 좀과 동록이 해하며 도둑이 구멍을 뚫고 도둑질하느니라

20 오직 너희를 위하여 보물을 하늘에 쌓아 두라 거기는 좀이나 동록이 해하지 못하며 도둑이 구멍을 뚫지도 못하고 도둑질도 못하느니라

21 네 보물 있는 그 곳에는 네 마음도 있느니라

22 눈은 몸의 등불이니 그러므로 네 눈이 성하면 온 몸이 밝을 것이요

23 눈이 나쁘면 온 몸이 어두울 것이니 그러므로 네게 있는 빛이 어두우면 그 어둠이 얼마나 더하겠느냐

24 한 사람이 두 주인을 섬기지 못할 것이니 혹 이를 미워하고 저를 사랑하거나 혹 이를 중히 여기고 저를 경히 여김이라 너희가 하나님과 재물을 겸하여 섬기지 못하느니라

25 그러므로 내가 너희에게 이르노니 목숨을 위하여 무엇을 먹을까 무엇을 마실까 몸을 위하여 무엇을 입을까 염려하지 말라 목숨이 음식보다 중하

지 아니하며 몸이 의복보다 중하지 아니하냐

26 공중의 새를 보라 심지도 않고 거두지도 않고 창고에 모아들이지도 아니하되 너희 하늘 아버지께서 기르시나니 너희는 이것들보다 귀하지 아니하냐

27 너희 중에 누가 염려함으로 그 키를 한 자라도 더할 수 있겠느냐

28 또 너희가 어찌 의복을 위하여 염려하느냐 들의 백합화가 어떻게 자라는가 생각하여 보라 수고도 아니하고 길쌈도 아니하느니라

29 그러나 내가 너희에게 말하노니 솔로몬의 모든 영광으로도 입은 것이 이 꽃 하나만 같지 못하였느니라

30 오늘 있다가 내일 아궁이에 던져지는 들풀도 하나님이 이렇게 입히시거든 하물며 너희일까보냐 믿음이 작은 자들아

31 그러므로 염려하여 이르기를 무엇을 먹을까 무엇을 마실까 무엇을 입을까 하지 말라

32 이는 다 이방인들이 구하는 것이라 너희 하늘 아버지께서 이 모든 것이 너희에게 있어야 할 줄을 아시느니라

33 그런즉 너희는 먼저 그의 나라와 그의 의를 구하라 그리하면 이 모든 것을 너희에게 더하시리라

34 그러므로 내일 일을 위하여 염려하지 말라 내일 일은 내일이 염려할 것이요 한 날의 괴로움은 그 날로 족하니라" 아멘!

사자성어 가운데 '기인지우(杞人之憂)'라는 말이 있습니다. 이는 기(杞)나라 사람의 걱정이라는 뜻으로, 중국 우화(寓話)로부터 유래했습니다. 그 사람은 '하늘이 무너지지나 않을까?' 노심초사하면서 식음까지 전폐하였다고 합니다. 이처럼 앞일에 대해 쓸데없는 걱정, 안 해도 되는 일로 근심하는 것을 '기인지우'라고 하는데, 우리가 흔히 쓰는 '기우(杞憂)'라는

말도 여기에서 비롯된 단어입니다.

 그런데 오늘날 기우가 단순한 기우가 아닌 충분히 가능한 염려가 되었습니다. 세계 도처에서 일어나는 전쟁, 지진, 기후 위기, 산불, 각종 안전사고 등을 보면, 불안과 걱정을 할 수밖에 없습니다. 더 나아가 현대인들은 돈이 있어도 먹고사는 것에 지나치게 염려합니다. 시험을 앞두고 걱정하고 취업이나 승진 문제로 걱정합니다. 자녀들의 교육 문제로 걱정하고, 노후가 걱정되어 한숨을 내쉬기도 합니다.

 인간은 왜 불안과 걱정, 염려를 하면서 살아갈까요? 실존주의 철학자 '하이데거(Martin Heidegger)'에 의하면 그 이유에 대해, "인간의 존재 방식은 '불안'이라는 정서를 근본적인 것으로 하고 있다. 불안은 정해진 대상으로부터 일어나는 공포와는 다른 것으로, 막연한 기분을 나타낸다. 그런데 불안이 인간 존재 방식의 근본적인 것으로서 나타나게 되는 것은, 인간이 죽기 마련인 존재라는 유한성에 기인한다"라고 하였습니다.

 사랑하는 성도 여러분!

 유한한 인간의 염려는 자신에게 아무런 유익이 없습니다. 과연 우리는 삶 속에서 소유와 안전에 대해 염려하지 않으며 살 수 있을까요? 우리에게는 이런 문제들을 해결할 능력이 없으므로 그 관심을 전능하신 하나님께로 향하게 합니다.

 오늘 봉독하신 마태복음 6장 19절에서 34절까지의 말씀을 보니, 예수님께서는 소유와 안전에 대해 불안해하는 저희들에게 "염려하지 말라"라고 하십니다.

예수님은 우리의 눈길을 사로잡는 물질적인 관심사와는 대조적으로, 제자들에게 영원한 문제에 우선권을 두고 이 땅에서 필요한 물질을 채워 주시는 우리의 하늘 아버지를 신뢰함으로써, 하나님을 맨 앞에 두라고 말씀하십니다.

　오늘날 그리스도인들을 포함하여 세계의 많은 사람들이 그들에게 필요한 모든 것을 얻지는 못합니다. 하나님의 공급이 하나님이 마련해 주신 것에 대한 인간의 오용과 어떻게 연결되는가를 생각할 필요가 있습니다. 물질적인 소유에 우선적인 관심과 탐욕을 기울이는 것은 잘못된 관점이며, 그러한 소유는 오래 지속될 수 없기 때문에 어리석은 것입니다. 이기적인 물질주의에 대한 집착을 버리고 하나님께 전심을 다해야 합니다. 하나님을 최우선 순위에 두고, 우리의 실제적인 필요에 대해서는 하나님을 의지하는 것이 적절한 태도입니다.

　오늘 예배에서는 그리스도의 제자로 부름받아 천국 시민이 된 자들의 일상생활과 관계된 문제 가운데, 특별히 재물에 대한 바른 태도와 재물과 신앙 사이의 우선순위, 의식주 염려에 대한 교훈 및 '먼저 하나님 나라와 그의 의를 구해야 함'에 관해 말씀을 나누고자 합니다.

　성도님들께서는 하나님께서 우리에게 필요한 모든 것도 당연히 채워 주실 것이라는 약속을 믿으며, 장래의 문제를 미리 염려할 것이 아니라 믿음으로 현재의 삶을 충실하게 영위하시기를 소망합니다.

1. 하늘에 쌓아 둔 보물

오늘 봉독하신 27절에서 예수님은 "너희 중에 누가 염려함으로 그 키를 한 자라도 더할 수 있겠느냐?"라고 말씀하십니다. 유한한 인간의 염려는 하나님을 신뢰하는 능력을 감소시키며 시간을 낭비하고 아무것도 이루지 못합니다.

'염려(念慮, anxious)'는 "마음이 편하지 않다", "마음이 여러 갈래로 나뉘다"라는 뜻으로, 생각과 감정 등이 나뉘어 마음이 산란하고 근심하는 상태를 말합니다(마 6:25; 눅 12:22). 이런 염려 가운데 대표적인 것은 '재물'입니다. 먹고 마시는 것과 입는 것 등의 물질적인 생활을 하기 위한 재물은 인간에게 필요한 것이기 때문에 그 자체로는 문제가 되지 않습니다. 하지만 재물에 대한 잘못된 접근은 우리에게 근심거리만 제공하기 때문에 주의할 필요가 있습니다.

마태복음 6장 19절부터 24절까지를 보면, 예수님의 재물에 관한 말씀에서 재물 자체에 대한 평가나 재산의 기원 또는 분배 등에 관한 어떤 일반적인 이론도 발견할 수 없습니다. 예수님께서는 무엇보다도 종말론적인 하나님 나라 선포의 빛 아래에서 "먼저 하나님의 나라와 그의 의를 구하라"라고 하셨기 때문에, 이로부터 다른 모든 것은 부차적인 것이 됩니다.

마태복음 6장 19절에서 21절까지 함께 읽겠습니다.
"19 너희를 위하여 보물을 땅에 쌓아 두지 말라 거기는 좀과 동록이 해하며 도둑이 구멍을 뚫고 도둑질하느니라
20 오직 너희를 위하여 보물을 하늘에 쌓아 두라 거기는 좀이나 동록이 해하

지 못하며 도둑이 구멍을 뚫지도 못하고 도둑질도 못하느니라
21 네 보물 있는 그 곳에는 네 마음도 있느니라"(마 6:19-21) 아멘!

19절에서 21절까지는 우선순위에 대한 우리의 의식에 초점을 맞추고 있습니다. 그리고 물질적인 소유에 우선적인 관심을 기울이는 것은 잘못된 관점이며, 그러한 소유는 오래 지속될 수 없기 때문에 어리석은 것이라고 지적합니다. 재물 축적의 위험성은 '하늘에 삶의 거점을 두느냐, 땅에 삶의 거점을 두느냐'에 달려 있습니다. '소유 자체가 악이냐, 선이냐'의 문제는 없으나 예수님께서는 소유에 대한 실존적인 결단을 요청하고 계십니다.

19절을 보니, 예수님을 따르는 자들은 소유와 재물을 축적하는 일에 몰두하지 않습니다. 그들은 보물을 땅에 쌓아 두지 않습니다. "쌓아 두지 말라(Do not store up)"(마 6:19)라는 말은 "쌓기를 그만두라(Stop storing up)"라는 뜻입니다. 즉 더 지체하지 말고 지금 바로 보물을 땅에 쌓는 그릇된 행동을 단호하게 끊어 버리라는 의미입니다.

사람들은 왜 보물을 땅에 쌓아 두는 것일까요? 재물은 성공, 명예와 존경을 받게 해 줄 것이라고 믿기 때문입니다. 사람의 가치가 재물의 많고 적음에 있다고 생각하고 자신이 가치 있는 사람임을 보이려고 하기 위함입니다. 또한 미래에 대한 염려와 불안으로 인해 땅에 보물을 쌓아 둡니다. 결국 땅에 보물을 쌓는 것은 자기를 사랑하고, 하나님의 주권을 신뢰하지 못한 증거라고 할 수 있습니다.

땅에 쌓아 둔 보물들은 안전할 수 없으며, 죽으면 그것들을 잃게 됩니다. 좀이나 동록(銅綠)에게 먹힐 수 있으며, 도둑에게 탈취당할 수 있습니다. '좀'은 의복을 갉아 먹는 해충입니다. '동록'은 구리를 부식시키는 푸

른 녹을 말하는데, 먹어 들어가는 어떤 것, 또는 벌레(worm)를 가리킬 수 있습니다. 이 땅의 재물은 시간이 지나면 흔적도 없이 사라져 버린다는 것을 강조하기 위하여 사용된 단어입니다.

"도둑이 구멍을 뚫고 도둑질하느니라"(마 6:19) 하는 말씀은 수많은 도둑들이 땅에 쌓아 둔 재물을 끊임없이 넘보고 있음을 보여 줌으로써 그 불안함과 위기감을 더하고 있습니다. '구멍을 뚫고'는 "땅을 파서 뚫다"라는 의미인데, 이는 고대 이스라엘의 가옥들이 진흙 벽돌을 사용하여 지어졌기 때문에 침입자가 마음만 먹으면 벽을 쉽게 허물고 들어갈 수 있었음을 반영하는 표현입니다. 이 땅은 재물을 보관하기에 적합하지 않은 곳임을 강조하고 있습니다.

예수님께서는 미래를 대비해 돈을 저축하는 일이나 가치 있게 여기는 어떤 보물을 집에 소장하고 있는 일을 정죄하신 것이 아닙니다. "오직 너희를 위하여"(마 6:20)라는 표현에서 알 수 있는 바와 같이 자신의 욕심만을 채우기 위하여 재물을 축적하는 것을 경계하고 있습니다. 그리고 '하늘에', '땅에'라는 표현에서 알 수 있는 바와 같이, 영적인 문제에 관심을 갖지 않고 이 땅의 일에만 집착하는 것을 경계합니다. 예수님께서는 영원한 가치들보다도 더 중요하게 여기는 돈과 재산에 대한 태도를 정죄하신 것입니다.

그렇다면 어떻게 해야 보물을 하늘에 쌓아 둘 수 있을까요? 보물을 하늘에 쌓아 두거나 저축하는 일은 다른 사람들을 그리스도께 인도하는 것과 하나님 앞에서 행하는 선행들을 통해서 이루어집니다. 하나님이 기뻐하시는 일에 물질을 사용하거나, 하나님 사업을 위해 쓰는 재물은 썩거나 파괴되거나 도둑맞을 가능성이 없습니다. 그런 보물들은 영원한 가치를 지닙니다.

잠언 19장 17절과 누가복음 12장 33절을 함께 읽겠습니다.
> "가난한 자를 불쌍히 여기는 것은 여호와께 꾸어 드리는 것이니 그의 선행을 그에게 갚아 주시리라"(잠 19:17)
> "너희 소유를 팔아 구제하여 낡아지지 아니하는 배낭을 만들라 곧 하늘에 둔 바 다함이 없는 보물이니 거기는 도둑도 가까이 하는 일이 없고 좀도 먹는 일이 없느니라"(눅 12:33) 아멘!

성경에는 형제의 부족함을 헤아리고 적극적으로 도와주는 선행이 매우 장려되며 이에 대한 하나님의 응분의 조치를 기록한 내용이 자주 나옵니다(잠 19:17; 마 19:21). 누가복음에서 보물을 쌓는다는 것은 자신의 소유를 팔아서 타인에게 자선을 베푸는 것입니다. 그러나 이는 당시 외식하는 자들과 같이 자신의 의를 과시하는 목적으로 행하여서는 안 되며, 형제를 사랑하는 마음을 가지고(고전 13:3), 인색함이 없이(고후 9:7), 기회가 주어지는 대로 적극적으로 행하여야 합니다(갈 6:10).

21절의 "네 보물 있는 그 곳에는 네 마음도 있느니라"에서 '마음'은 우리의 생각과 감정, 의지를 가리킵니다. 가장 많은 관심과 노력을 기울이는 곳에 우리의 마음이 있게 마련입니다. 땅 위에 재물을 쌓아 두는 사람은 하늘에 계신 아버지의 뜻보다는 세상사에 더 많은 관심과 노력을 기울일 수밖에 없습니다(눅 12:21). 예수님께서는 사람들의 마음이 그들의 재물들을 중심으로 둘러싸여서, 마땅히 있어야 할 하나님 사랑과 존중은 거의 없게 되는 경향을 경고하신 것입니다. 물질을 주인으로 삼은 사람은 그로 하여금 이 땅에 집중하게 하여 하나님을 떠나게 합니다.

만일 우리가 '돈'의 형태로 땅 위에 보물을 쌓는다면, 우리의 마음은 돈에 가까이 있을 것입니다. 우리는 돈을 더 많이 벌기 위해 온갖 일을 다

할 것이며 결코 만족하지 못할 것입니다. 재물이 쌓여 가면서 신이 날 것이고, 재물의 축적이 감소하면 낙망할 것입니다. 우리는 인색해질 수 있으며, 단 한 푼도 주기 싫어할 것입니다.

이렇게 되면, 우리는 돈의 진정한 주인과 또 그분이 우리에게 재물을 주신 목적 그리고 그것이 영속되지 않을 것이라는 사실을 망각하게 됩니다. 이것은 돈에만 국한되지 않습니다. 어떤 사람들은 자기들의 집이나 자동차, 혹은 자녀들을 거의 우상숭배 수준으로 귀하게 여기고 있습니다.

사랑하는 성도 여러분!

예수님께서는 우리의 충성과 헌신이, 쇠하지 않고 탈취당하거나 소모되거나 낡아지지 않는 것들에 드려져야 한다는 것을 설명하시면서, 하늘의 가치 기준을 땅의 가치 기준과 대조시키셨습니다. 우리는 우리의 소유에 현혹되어서는 안 됩니다. 그렇지 않으면, 그것들이 우리를 소유하게 됩니다. 예수님께서는 우리가 가진 것으로 만족하며 살아가는 결단을 내리기를 요청하십니다. 우리는 영원하고 영속적인 것을 선택했기 때문입니다.

돈은 그 자체가 목적이 아니라 그 끝이 있는 수단입니다. 돈은 결코 그리스도인의 목표가 되어서는 안 됩니다. 재물은 하나님의 목적, 하나님의 목표, 하나님의 계획에 초점을 맞추어야 합니다. 모든 그리스도인은 돈을 나누어야 합니다. 형제의 부족함을 헤아리고 적극적으로 도와주어야 합니다. 하나님 앞에서 선행을 행함으로써 하늘에 보화를 쌓아야 합니다.

성도님들께서는 하나님께서 위임하신 세상의 자원들에 대해 선한 청지기가 되시고, 하나님 나라에 대한 소망을 갖고서 하나님 사랑, 이웃 사랑의 보물을 쌓아 가시기를 바랍니다.

마태복음 6장 22절과 23절을 함께 읽겠습니다.
"22 눈은 몸의 등불이니 그러므로 네 눈이 성하면 온 몸이 밝을 것이요
23 눈이 나쁘면 온 몸이 어두울 것이니 그러므로 네게 있는 빛이 어두우면 그 어둠이 얼마나 더하겠느냐"(마 6:22-23) 아멘!

재물에 집착하는 자는 그 마음의 눈이 어두워져 선악을 분별하지 못하고 영적으로 어두움 가운데 처할 수밖에 없으므로 재물에 집착하는 마음을 버림으로써 마음의 눈을 밝혀 온몸을 밝게 하여야 한다는 것입니다.
"눈은 몸의 등불"이라는 말은 우리의 눈을 통하여 빛을 받아들이고 몸으로 하여금 갈 길을 찾게 해 준다는 뜻입니다. 구약에서 '눈'은 개인 삶의 방향을 나타냈습니다. '좋은 눈'들은 하나님께 초점을 맞춥니다. 또 하나님의 빛을 받아들여 몸에 충만하게 함으로써 전심으로 그분을 섬길 수 있게 해 줍니다. '성하면(good)'은 문자적으로 '유일한(single)'이라는 뜻입니다. 하지만 관대함을 나타내기도 합니다. 그래서 23절의 '나쁜 눈'은 인색함과 질투에 대한 은유이며 물질주의와 욕심, 탐욕을 나타냅니다.
'나쁜 눈'을 가진 자들도 빛을 볼 수 있으나, 이기적인 욕망과 관심, 목표들이 자기들의 안목을 가려 버리게 했습니다. 나쁜 눈을 가진 자들은 자기들이 빛을 가지고 있다고 생각합니다. 이것은 하나님과 세상의 소유에 초점을 맞추려고 애쓰는, '이중적인 안목'을 의미할 수 있습니다. 그러나 사실 그들은 영적인 어두움 속에 있습니다. 나쁜 눈은 삶의 그늘과 영

원의 어두움으로 인도할 것입니다.

"그 어둠이 얼마나 더하겠느냐"라는 말씀은 빛을 보지만 하나님께 초점을 맞추지 않는 자들의 그 어둠은 대단히 크고 많을 것이라는 뜻입니다. 재물에 눈이 어두워 인색하고 이기적인 마음을 가진다면, 그 사람은 마치 어두움 속에서 사물을 분별하지 못하는 자처럼 진리를 분별하지 못하고 악한 일을 일삼으며 결국 멸망에 이르게 될 것입니다.

사랑하는 성도 여러분!

예수님께서는 제자들이 가져야 할 영적인 안목을 설명하셨습니다. 하나님께서 우리에게 행하기를 원하시는 바와 예수님의 관점으로 세상을 보기 원하시는 바를 명료하게 보는 것이 적절한 영적 안목입니다.
성도님들께서는 이기적인 물질주의에 대한 집착을 버리고, 예수님께 시선을 고정하셔서 충성과 헌신하시기를 바랍니다.

마태복음 6장 24절을 함께 읽겠습니다.
"한 사람이 두 주인을 섬기지 못할 것이니 혹 이를 미워하고 저를 사랑하거나 혹 이를 중히 여기고 저를 경히 여김이라 너희가 하나님과 재물을 겸하여 섬기지 못하느니라"(마 6:24) 아멘!

예수님께서는 인간이 재물을 주인으로 섬길 것인지, 아니면 하나님을 주인으로 섬길 것인지 택일해야 함을 보여 줍니다. 종이 목숨을 바쳐 섬길 대상은 절대로 하나 이상이 될 수 없습니다. 그의 충성이 나뉘기 때문입니다. 세상 주인이 종들을 선택하는 것과 반대로, 영적인 견지에서 모든 사람들은 그들이 섬길 주인을 선택해야 합니다. 그들은 자기 자신을 섬길 것(재물과 이기적인 쾌락을 추구함)인지, 하나님을 추구할 것인지를 선택할 수 있습니다.

"혹 이를 미워하고 저를 사랑하거나"라는 표현은 절대적인 헌신과 부분적인 헌신을 구분하기 위한 것입니다. "혹 이를 중히 여기고"라는 표현은 "관심을 갖다"라는 의미이며, "저를 경히 여김이라"라는 표현은 "무시하다"라는 뜻입니다. 종이라는 신분이 그 성격상 오직 한 삶의 주인에 대한 절대적인 충성을 요구하는 것처럼, 제자로서의 직분에는 주님께 절대적이고 완전한 순종과 헌신이 요구된다는 것입니다.

'재물(money)'은 '맘몬(mammon)'이라는 아람어의 번역입니다. 이것은 물질적인 소유를 가리키는 일반적인 용어입니다. 우리가 우리의 보물을 하나님께 쌓아 두고, 우리의 눈을 하나님께 맞추며 그분만을 섬기거나, 그렇지 않으면 전혀 그분을 섬기지 않거나, 둘 중에 하나를 할 수 있습니다. 예수님을 따르고자 하는 사람에게는 절대적인 헌신과 봉사가 필요하며, 하나님 외에 어떠한 것도 주인으로서 섬김의 대상이 될 수 없습니다.

사랑하는 성도 여러분!

예수님께서는 우리가 오직 한 주인을 가질 수 있다고 말씀하십니다. 우리는 많은 사람들이 돈을 섬기는 물질주의 사회 속에 살고 있습니다. 사람들은 그저 죽으면 남겨 두고 갈 돈을 모으고 쌓는 데 자신들의 모든 인생을 허비합니다.

성도님들께서는 "돈을 사랑함이 일만 악의 뿌리"(딤전 6:10)임을 깨닫고 물질주의의 덫에서 빠져나와, 진정 예수님을 주인으로 삼으시고 전적으로 헌신하시기를 바랍니다.

2. 염려

염려에 대해 말하는 마태복음 6장 25절부터 34절까지는 실존의 불안이 없어지지 않는 인간의 근본 처지를 정확히 직시합니다. 끊임없는 걱정과 생명 보장의 추구로 나타나는 실존의 불안은 이방인 사회의 특성으로 지적되며(마 6:32), 이에 비하여 제자들에게는 하나님의 나라가 지시됩니다(마 6:33).

모든 피조물에 대한 하나님의 넉넉한 보살핌을 예시하는 새와 꽃을 보라는 호소와 더불어, 아름다운 단순성이 있습니다. 여기서 금지된 것은 염려이지 자신의 필요나 가족의 필요를 위해서 책임 있게 준비하는 일을 하지 말라는 것은 아닙니다. 하나님이 새를 위해서 먹을 것을 주시지만, 여전히 새는 먹을 것을 찾아야 합니다. 이방인들의 염려에 대조되는, 제자로서 확신의 기초는 하나님을 '너희 하늘 아버지'로 인정하는 것입니다. 따라서 적절한 태도는 하나님을 최우선 순위에 두고 우리의 실제적인 필요에 대해서 그 하나님을 의지하는 것입니다.

6장 25절에서 33절까지에서만 "염려"라는 표현이 여섯 번 나옵니다(25, 27, 28, 31, 34a, 34b절). 하나님을 신뢰하지 않고, 의식주의 염려 때문에 해야 할 것을 못 하며 사는 모습에서 돌이키기를 요구합니다.

마태복음 6장 25절을 함께 읽겠습니다.

"그러므로 내가 너희에게 이르노니 목숨을 위하여 무엇을 먹을까 무엇을 마실까 몸을 위하여 무엇을 입을까 염려하지 말라 목숨이 음식보다 중하지 아니하며 몸이 의복보다 중하지 아니하냐"(마 6:25) 아멘!

예수님께서는 제자들이 이 땅에서 '무엇을 먹을까, 무엇을 마실까, 무엇을 입을까'로 염려하기를 원하지 않으십니다. "내가 너희에게 이르노니"라는 말은 이 말씀을 주시는 그리스도의 선언이 신적 권위를 가지고 있음을 보여 주는 역할을 합니다. "염려하지 말라"라는 명령은 관심을 전적으로 배제하거나, 사람들이 일을 해서 자신들의 필요를 공급하지 않아도 된다는 의미가 아닙니다. 그보다는 예수님께서 하나님 나라 우선순위에 대한 삶의 태도를 계속해서 강조하신 것입니다.

제자들은 하나님께서 자신들을 돌보신다는 것을 알고 있으므로, 음식이나 의복에 대해 과도하게 염려하지 말아야 합니다. 음식과 의복에 대한 염려가 하나님 섬김보다 우선순위를 차지해서는 결코 안 됩니다. 음식과 의복은 그것들을 공급받는 생명과 몸보다 덜 중요합니다. 하나님께서는 우리의 생명을 유지하시고 우리에게 몸을 주셨으므로, 우리에게 필요한 것을 아시고 음식과 의복을 공급하실 것임을 신뢰할 수 있습니다.

음식의 결핍이나 의복의 부족에 대해 염려할 때, 우리는 그 염려에 얽매이고 집중하게 됩니다. 이것은 하나님께서 이 가장 기본적인 필요들을 공급하실 수 있다는 것을 신뢰하지 않는 것입니다. 염려는 우리를 얽어매지만, 하나님께 대한 신뢰는 우리를 행동하게 만듭니다. 우리는 음식과 의복을 공급하기 위해 돈을 벌려고 일하지만, 이것들이 궁극적으로 하나님의 손에서 말미암는다는 것을 항상 기억해야 합니다. 어떤 필요가 발생했을 때, 우리는 염려할 필요가 없습니다. 왜냐하면 우리 하나님께서 공급하실 것이기 때문입니다.

사랑하는 성도 여러분!

예수님 당시 유대인들은 로마의 압제하에 있었으므로 정치, 경제, 사회, 종교적으로 불안한 상황이었습니다. 부당한 세금 포탈과 극심한 빈부 격차 등은 그들의 생존 문제까지 위협했으며, 한시도 근심과 염려가 떠날 날이 없었습니다. 이러한 상황에서 "염려하지 말라"라고 선포하신 예수의 말씀은 그들 마음에 큰 파장을 일으켰을 것입니다. 현세의 삶의 질고와 물질에 대한 탐심으로 염려와 근심이 가득한 당시 유대인들에게 예수님은 인간의 모든 역사와 자연의 주관자이시고 섭리자이신 하나님께서 바로 당신의 자녀로 삼으신 이들의 삶을 책임져 주실 것이라는 사실을 깨닫게 하심으로써 보다 근본적인 인간 염려의 문제의 해결점을 제시하신 것입니다.

염려는 우리로 하여금 하나님을 불신하게 하고 실제적인 행동을 두려움으로 대치시키는 이중의 유혹을 제시합니다. 염려는 우리의 에너지를 효율적으로 사용하는 대신 우리가 바꿀 수 없는 것에 집중하게 합니다.

성도님들께서는 하나님을 공경하고 그분의 의로우심을 따르면서 할 수 없는 것은 하나님께 맡김으로써 염려에 대처하시기를 바랍니다.

마태복음 6장 26절을 함께 읽겠습니다.

> "공중의 새를 보라 심지도 않고 거두지도 않고 창고에 모아들이지도 아니하되 너희 하늘 아버지께서 기르시나니 너희는 이것들보다 귀하지 아니하냐"(마 6:26) 아멘!

"보라"라는 말은 자세히 관찰하고 분별하라는 의미입니다(막 14:67). 예수님께서는 지금까지 건성으로 보고 넘겼을지도 모르는 공중의 새들을 자세하게 살펴보고 교훈을 얻으라고 명령하고 계십니다. 새들은 음식이 필요하고, 하늘 아버지께서는 그것을 알고 계십니다. 새들은 하나님께서 매일 공급하시는 것에 의존하고 있는데, 스스로 자기 양식을 재배하거나 준비하거나 저장할 수 없기 때문입니다. 새들은 일하지만 염려하지 않습니다. 하나님께서 창조하신 자연적인 질서는 새들에게 양식을 공급할 수 있도록 보장하고 있으며, 귀한 인간을 새들보다 더욱더 돌보실 것입니다.

하나님을 '아버지'로 묘사하는 것은 하나님의 보호자로서의 이미지를 잘 드러냅니다. 하나님은 바로 당신의 백성들에게 필요한 것을 채워 주시고 보호하시는 분이십니다. 그리고 하나님께서 이러한 모든 일을 부족함 없이 하실 수 있는 전능자이시며 초월적 존재란 사실이 '하늘'이란 단어로써 묘사되고 있습니다.

"너희는 이것들보다 귀하지 아니하냐"라는 말은 인간이 우주에 존재하는 모든 것보다 훨씬 더 귀하다는 사실을 강하게 각인시키는 역할을 합니다. '귀하다'는 "구분되다", "다르다"라는 뜻입니다. 사람이 새와 같은 동물과는 비교할 수 없는 하나님의 독특한 피조물임을 보여 줍니다. 인간은 하나님의 형상을 따라 지음받은 영적 존재로 다른 피조물들과는 근본적으로 구분됩니다. 그러므로 새들을 먹이시는 하나님께서 보다 귀한 사람을 먹이실 것이 당연하기 때문에 사람들이 먹을 것으로 인해 염려할 필요가 없는 것입니다.

예수님께서는 자기를 따르는 자들이 씨를 뿌리고 거두고 모아들이는 것(다시 말해, 양식을 위해 일하는 것)을 금하지 않으셨습니다. 그러나 예수님은 충분한 양식을 갖지 못했다고 하여 염려하는 것은 금하셨습니다. 우리가 가진 모든 것은 궁극적으로 하나님의 손에서 나옵니다. 많이 가졌건 적게 가졌건, 하나님께서 우리의 필요를 공급하신다는 것을 기억해야 합니다.

사랑하는 성도 여러분!

예수님께서는 굶주리는 모든 경우마다 양식이 충족될 것이라고 가르치시는 것은 아닙니다. 예수님 당시의 모든 굶주린 사람에게 음식이 주어진 것도 아니었고, 역사상 수많은 사람들이 굶주림을 당했으며, 불행히도, 어떤 사람들은 양식이 없어서 죽기도 했을 것입니다. 예수님께서는 우리에게 우리의 마음에 초점을 맞추고, 단지 육체의 유지를 위해서가 아니라, 하나님의 영원한 목적을 위해 우리의 노력을 북돋우며 우리의 힘을 기울이라고 가르치시는 것입니다.

성도님들께서는 하나님께서 우리에게 필요한 것들을 넉넉히 베풀어 주시리라는 것을 믿고, 물질에 대한 지나친 집착에 의해 그리스도인으로서의 올바른 자세를 흐트러뜨리는 일이 없으시기를 바랍니다.

마태복음 6장 27절을 함께 읽겠습니다.

"너희 중에 누가 염려함으로 그 키를 한 자라도 더할 수 있겠느냐"(마 6:27) 아멘!

우리 중 많은 사람들이 매일 아침 자신에게 이 질문을 하는 것이 좋겠습니다. 우리는 매일 새로운 도전들, 관심사들, 문제들, 그리고 선택들에 직면합니다. '염려할 것인가, 기도할 것인가?', 염려하는 것이 도대체 무슨 도움이 되겠습니까?

'누가'란 의문사를 사용해서 인간은 절대 키를 한 자도 더할 수 없는 무능한 존재임을 강조하고 있습니다. '키'는 수명, 생명이란 뜻입니다. '한 자'는 구약에서의 길이 측량 단위로 '한 규빗'을 가리키는데, 보통 사람의 손가락 끝에서 팔꿈치까지의 길이이며 대략 43~53㎝입니다. 한 '뼘(span)'과 같이 시간의 길이를 나타내는 은유로 사용될 수도 있습니다. 그러므로 본 구절의 의미는 한 자의 거리를 갈 수 있는 시간이라도 생명을 연장할 수 있느냐가 됩니다. 인간의 염려는 자신의 마음을 상하게 하고 영적인 침체만을 가져올 뿐 아무런 좋은 결과도 가져올 수 없습니다. 인간의 생사는 하나님의 주권에 달려 있으니 염려하지 말고 하나님께 모든 것을 맡기고 성실히 살아야 함을 교훈하고 있습니다.

사랑하는 성도 여러분!

예수님께서는 우리에게 하나님이 채워 주시기로 약속하시는 그런 필요들에 대해 염려하지 말라고 말씀하십니다. 염려는 우리의 건강을 해칠 수 있으며, 우리의 염려의 대상이 우리 생각을 좀먹게 하고, 우리의 생산성을 무너뜨리고, 우리가 남을 대하는 방식에 부정적인 영향을 끼치며, 하나님을 신뢰하는 능력을 감소시킵니다. 실제로, 염려는 우리의 일생에 시간을 보태 주기보다는 시간을 빼앗아 갑니다. 염려는 아무것도 이루지 못하게 합니다.

성도님들께서는 유한한 인간의 염려가 자신에게 아무런 유익이 없음을 깨달으셔서, 그 관심을 전능하신 하나님께로 향하고 교회를 섬기는 데, 아픈 환우들을 위해 기도를 하는 데, 성경 공부를 하는 데, 정의와 이웃 사랑을 실천하는 데 시간을 더 많이 사용하시기를 바랍니다.

마태복음 6장 28절에서 30절까지 함께 읽겠습니다.
> "28 또 너희가 어찌 의복을 위하여 염려하느냐 들의 백합화가 어떻게 자라는가 생각하여 보라 수고도 아니하고 길쌈도 아니하느니라
> 29 그러나 내가 너희에게 말하노니 솔로몬의 모든 영광으로도 입은 것이 이 꽃 하나만 같지 못하였느니라
> 30 오늘 있다가 내일 아궁이에 던져지는 들풀도 하나님이 이렇게 입히시거든 하물며 너희일까보냐 믿음이 작은 자들아"(마 6:28-30) 아멘!

'들의 백합화'는 아마도 이스라엘의 풍부한 꽃들을 통칭할 것입니다. "생각하여 보라"라는 말은 "철저하고 면밀하게 생각하라", "자세히 주목하여 보고 배우다"라는 뜻입니다. 즉 예수님께서는 인간의 이성적 판단으로도 깨달을 수 있게 자연의 쉬운 예를 들어 진리를 가르치시며 이를 깊이 생각하라고 말씀하십니다.

'들의 백합화'는 연약합니다. 그것들은 한낱 '들풀'에 지나지 않습니다.

비록 어떤 사람이 몸과 마음의 타고난 재능에 있어서 백합화 같아 많은 칭찬을 받지만, 여전히 그것들은 풀일 뿐입니다. 모든 육체는 풀과 같고 그 모든 영광은 풀의 꽃과 같습니다(벧전 1:24).

'들의 백합화'는 걱정을 하지 않습니다. 그것들은 사람들이 하는 것처럼 옷을 얻기 위하여 수고하지 않습니다. "길쌈도 아니하느니라"라는 말씀은 옷감을 만들기 위해 섬유질을 꼬아 실을 만드는 작업(26절과는 대조적으로 여인들의 노동을 가리킴)을 하지 않는다는 뜻입니다. 이것은 6장 26절에서처럼 예수님께서는 하나님의 공급하심을 기다리며 게으름 피우는 것을 묵인하시는 것이 아닙니다. 그보다, 예수님은 제자들이 기본적인 필요들에 대해 염려하지 않고, 자신들의 삶과 필요를 하나님의 손에 맡기기를 원하셨습니다. 의복을 위하여 염려하는 것은 공급하시는 하나님의 능력에 대한 믿음이 적은 것을 나타냅니다.

이스라엘의 제3대 왕 솔로몬은 인간 최대의 부귀와 영화를 누린 인물입니다(왕상 10:4-7). 땅에 있는 물질로 인간이 누릴 수 있는 최대의 부귀와 영화를 하나님께서 자연에게 허락하신 아름다움과 대조하기 위해 부의 대명사라 할 수 있는 솔로몬을 언급한 것입니다.

29절을 직역하면, "그의 모든 영광 안에 있는 솔로몬조차도 이것들 하나같이 스스로를 옷을 입히지 못하였더라"입니다. 당대의 모든 부귀와 찬란한 영광을 누렸던 솔로몬이 이처럼 정성을 다해 차려입은 지극히 호화로운 의상조차도 들꽃 하나의 아름다움에 미치지 못한다는 것은 지극히 미미한 피조물에도 쏟으시는 하나님의 섬세한 사랑을 엿보게 해 주며, 이는 더 나아가 당신의 선택한 자녀들을 향한 보호하심과 사랑을 강조하기 위한 표현입니다.

들의 백합화의 아름다움은 인간 세계의 그 어떠한 화려함과 영화에 비할 수 없이 뛰어난 것입니다. 즉 인간의 어떠한 인공의 미보다 하나님께서 한낱 식물에게 주신 아름다움이 더한 것입니다. 이는 하나님께서는 전능하신 창조주이시며 한낱 들풀까지도 사랑하시어 아름답게 치장해 주시는 자비로운 분이심을 보여 줍니다.

예수님께서는 사람들이 물질로 인해 염려하고 근심하는 것이 하나님께 대한 불신앙에서 연유하는 것임을 말씀하시며 믿음이 적음을 책망하고 계십니다. 당시 유대에서는 풀을 말리어 연료로 사용했습니다. "아궁이에 던져지는"이라는 문구는, 이스라엘 남동쪽의 사막에서 불어와 꽃들을 시들게 하는 뜨거운 바람을 가리킬 수도 있습니다. 또한 말라 죽은 풀들은 베어져 빵을 구울 때에 아궁이의 연료로 사용되었습니다.

"하물며 너희일까보냐"라는 말씀은 인간의 가치를 밝힌 "너희는 이것들보다 귀하지 아니하냐"라는 말씀과 연관됩니다. 아무리 그리스도의 제자로 부름받은 자들이라 할지라도 그 마음이 온전히 하나님을 신뢰하지 못하고 세상적인 염려를 버리지 못할 때 예수님께서는 그들을 적은 믿음을 가진 자로 여기시는 것입니다. 하나님을 믿기는 하나 온전히 신뢰하지 못하는 이와 같은 자들은 항상 현실적인 문제로 인하여 낙심하며 근심합니다. 하나님이 창조주이시고 이 세상 모든 만물을 지키시며 보호하시는 운행자이심을 믿을 때 하나님의 자녀 된 성도는 아무것도 염려하며 근심할 것이 없습니다.

사랑하는 성도 여러분!

예수님께서는 제자들이 기본적인 필요들에 대해 염려하지 않고, 자신들의 삶과 필요를 하나님의 손에 맡기기를 원하셨습니다. 의복을 위하여 염려하는 것은 공급하시는 하나님의 능력에 대한 믿음이 적은 것을 나타냅니다. 만일 하나님의 창조가 새들을 먹이시고(마 6:26) 솔로몬의 영광스러운 옷에 견줄 수 없을 만큼 아름답고 고운 땅의 옷을 입히신다면, 하나님께서는 오래가지도 못하는 들의 꽃들과 풀들도 입히십니다.

들의 백합화는 사람에 비해 아주 미미한 것으로 그 생명이 짧으며 사람들의 불쏘시개로 사용될지라도 하나님께서 솔로몬의 옷보다도 화려하고 아름답게 가꾸신다고 성경에서는 강조하고 있습니다.

성도님들께서는 입을 것으로 염려함이 참으로 어리석으며, 하나님의 능력에 대한 믿음이 작은 것임을 깨달으시기를 바랍니다.

마태복음 6장 31절과 32절을 함께 읽겠습니다.
"31 그러므로 염려하여 이르기를 무엇을 먹을까 무엇을 마실까 무엇을 입을까 하지 말라
32 이는 다 이방인들이 구하는 것이라 너희 하늘 아버지께서 이 모든 것이 너희에게 있어야 할 줄을 아시느니라"(마 6:31-32) 아멘!

이제 26절에서 30절까지의 말씀을 재강조하여 믿음이 적어 세상 일로 염려하는 자들에게 '믿음을 가지라'는 명령과도 같은 말씀을 주십니다. 하나님께서는 새들과 꽃들을 먹이고 입히실 뿐만 아니라 그분의 귀중한 인간 피조물에 대해서는 더더욱 그리하실 것이므로 염려하지 말라고 말씀하셨습니다. 먹을 것과 마실 것과 입을 것에 대해 고민하는 데 힘을 낭비하지 말아야 합니다. 염려는 예수님의 제자들 삶 속에 들어설 여

지가 없습니다. 그런 것들을 추구하고 고민하며 염려하는 사람은 이방인입니다. '이방인'이란 표현은 6장 7절에서도 이미 사용된 바 있습니다. 7절에서와 마찬가지로 이 단어는 혈통적인 이방인을 나타내는 것이 아니라 하나님을 섬기지 않는 이교도, 불신자를 가리키는 표현입니다(마 10:18; 행 14:5; 21:21; 롬 3:29; 9:21).

이방인들은 하나님께서 자기들을 돌보신다는 것을 알지 못하며, 왜 자신들의 힘을 다른 곳에 쏟아야 하는지를 모릅니다. 6장에 나타난 이방인들은 어떠한 특징을 지니고 있을까요?

하나님이 나의 모든 필요를 안다고 생각하지 않기 때문에 그분을 믿거나 의지하지 않습니다. 오히려 하나님을 미워하거나 가볍게 여깁니다. 그래서 그들은 하나님과 재물 가운데 후자를 주인으로 섬기면서 살아갑니다. 재물을 사랑하고 귀중히 여기면서 극진히 섬깁니다. 결국, 그들은 자신들이 섬기는 재물, 즉 보물을 땅에 쌓아 둡니다.

우리가 이방인, 즉 불신자처럼 살기 때문에 재물에 대해 올바르게 접근하지 못하는 것입니다. 진정한 예수님의 제자들은 하나님 나라에 우선순위를 두고, 그 나라 왕의 호의를 입는 관계에 있으며, 그들에게 필요한 모든 것을 자신들의 하늘 아버지께서 아신다는 약속을 소유하고 있습니다. '하늘 아버지'는 하나님께서 인간의 창조주이시며 영적 아버지 되심을 보여 주는 표현입니다. 이러한 사실은 우리가 하나님을 의지할 수 있는 근거가 됩니다.

하나님께서 우리의 필요를 아신다는 말씀은 '채우시리라'는 약속을 포함합니다. 왜냐하면 하나님은 아는 것과 행동이 결코 분리되지 않으시는 분이시기 때문입니다.

사랑하는 성도 여러분!

먹을 것과 입을 것에 염려하고 구하는 것은 하나님을 알지 못해서 하나님의 뜻을 구할 줄도 모르고, 세상에서의 풍성한 삶만을 추구하며 물질을 주인으로 모시고 좇아 섬기는 이방인적 삶의 모습입니다. 그들의 이러한 삶의 모습은 창조주를 무시하고 피조물을 섬기는 우상숭배의 죄악 된 범죄 행위입니다.

성도님들께서는 "내가 너희 삶을 책임질 것이니 아무 것도 염려하지 말고 나만 믿으라"라는 말씀을 믿으시고, 하나님을 하늘 아버지로 인정하시기를 바랍니다.

3. 하나님의 나라와 의를 구하라

마태복음 6장 33절은 하나님 나라의 윤리를 가르치는 산상수훈 전체의 절정이라 할 수 있습니다. 여기서 예수님은 본질적으로 천국 시민인 성도가 추구해야 할 가치관을 명백히 밝히고 있습니다. 성도는 세속적인 가치가 아니라 하나님 나라와 그 의를 추구해야 하는데, 이는 곧 하나님의 통치권을 인정하며 하나님의 명령에 순종하며 살아가는 것을 가리킵니다. 이것은 하나님 나라와 그의 의를 구하는 하나님의 자녀들과 세상의 것을 목적으로 삼고 살아가는 이방인들과의 삶의 차이라 하겠습니다. 한편, 그리스도를 통해 하나님 나라는 이미 왔기 때문에 그리스도의 복음을 듣고 하나님의 영광을 추구함으로써 그 나라의 일원이 될 수 있고 이러한 자만이 장차 완성될 하나님 나라에 동참할 수 있습니다.

하나님께서는 하나님의 나라와 그의 의를 구하는 자들에 대해 축복을 약속하셨습니다. 하나님을 주로 모시고 순종하며 살아가는 자들에게 하나님 나라의 시민이 되는 영적인 축복을 주실 뿐만 아니라, 이 세상의 육신의 삶을 살아가는 데 필요한 모든 것을 채워 주십니다(딤전 4:8). 그러므로 성도들은 오직 하나님만 구하면 되는 것입니다.

마태복음 6장 33절을 함께 읽겠습니다.
"그런즉 너희는 먼저 그의 나라와 그의 의를 구하라 그리하면 이 모든 것을 너희에게 더하시리라"(마 6:33) 아멘!

예수님을 따르는 자들은 우선순위의 문제를 분명히 해야 합니다. 그들은 돈, 의식주(衣食住), 위안과 안정 등에 우선순위를 두고 있는 불신자들과 달라야 합니다. 예수님을 따르는 자들은 먼저 하나님의 나라와 그의 의를 구해야 합니다.

'먼저'는 무엇보다 '먼저', '첫 번째로'란 의미입니다. 그리스도의 제자 된 자가 하나님의 나라와 그의 의를 추구하는 것은 어느 다른 것과 상대적으로 비교되는 성격의 것이 아니라 절대적인 의미를 갖는 것입니다. "구하다"라는 단어는 현재 명령형으로, 계속적인 의무 이행을 명하는 것입니다.

'하나님의 나라'는 하나님이 절대 권력을 가지고 다스리는 통치권이 미치는 영역을 가리킵니다. '하나님의 나라를 구한다'는 것은 지금 여기서 하나님의 주권에 복종하는 것과 그 나라의 미래의 도래를 위해 일하는 것 모두를 의미합니다. '그의 의를 구한다'는 것은 하나님께서 요구하시는 대로 살기를 추구하는 것, 전적인 충성과 헌신에 대한 이 '먼저(first)'의 요청을 진실되게 추구하는 것을 의미합니다. 그것은 가장 먼저 하나님을 향해 도움을 구하며, 우리의 생각을 그분의 바람으로 채우며, 그분의 품성을 우리의 모범으로 삼고, 모든 일에서 그분을 섬기며 순종하는 것을 의미합니다. '더하시리라'는 이 일을 행하시는 분이 바로 하나님이심을 보여 주며, 먼저 그의 나라와 의를 구하는 자에게 장차 이 일이 이루어질 것임을 보여 줍니다.

사랑하는 성도 여러분!

'하나님의 나라를 우선으로 여긴다'는 것은 하나님을 왕으로 모시고 최우선으로 여겨 충성한다는 의미입니다. '의'는 이 결정에서 비롯되는 생활 방식입니다.

성도님들께 가장 중요한 것은 무엇이며, 무엇을 먼저 구하고 있습니까? 의식주, 재물, 목표, 돈, 명예, 권력, 즐거움 그리고 기타 욕망들 모두가 우선순위를 차지하려고 다투고 있습니다. 우리가 만일 삶의 모든 영역에 있어 하나님께 첫 번째 자리를 내어드리기로 적극적인 선택을 하지 않을 경우, 이 중 어떤 것이 재빨리 하나님을 첫자리에서 밀어낼 수 있습니다. 아주 이상하게도, 예수님께서는 우리가 우선순위를 바로 세울 때 이 모든 것을 너희에게 더하시리라고 약속하셨습니다. 예수님을 따르는 자들이 하나님 나라를 제일 먼저 구할 때, 하나님께서 그들의 필요를 돌아보시는 것입니다.

성도님들께서는 교회를 잘 섬기고, 우리들의 일이 하나님께서 인정하시는 계획과 목적을 향해 나아가면서 하나님께서 우리들의 삶 속에 주신 사람들에게 많은 사랑을 보여 주시기를 바랍니다.

마태복음 6장 34절을 함께 읽겠습니다.
"그러므로 내일 일을 위하여 염려하지 말라 내일 일은 내일이 염려할 것이요 한 날의 괴로움은 그 날로 족하니라"(마 6:34) 아멘!

인간이 참으로 먼저 구할 것은 하나님의 나라와 의이며, 이는 영원한 소망을 줄 수 있습니다. 반면에 이 세상에 속한 일은 궁극적으로 참 소망을 줄 수 없습니다.

"내일 일을 위하여 염려하지 말라"라는 말씀은 아직 하나님께서 허락하시지도 않은 내일을 위해 염려하지 말라는 뜻과 어차피 세상에 속한 것은 영원히 변함없이 참 만족을 주지 못할 것인바 내일 일까지 미리 염려할 가치가 없다는 뜻을 동시에 갖고 있습니다.

"내일 일은 내일이 염려할 것이요"라는 표현은 "왜냐하면 내일은 그 스스로 염려할(돌볼) 것이다"로 직역됩니다. 즉 내일은 내일 스스로가 염려할 것이므로 자신이 미리 당겨서 걱정할 필요가 없다는 의미입니다. 이는 장래 일은 하나님께 맡기고 주어진 현실에 최선을 다하라는 권고입니다.

"한 날의 괴로움은 그 날로 족하니라"라는 말씀은 타락한 세상은 어차피 고난의 연속일 뿐이라는 사실을 강력히 전제하고 있습니다(전 1:1-11). 따라서 그리스도인들은 세상일에 관해서는 매 순간 충실을 기하는 것으로 만족하고 오직 천국을 희구해야 합니다.

염려와 재물

하나님께서 자기 백성의 필요를 돌아보시므로, 내일 일을 위하여 염려하지 말아야 합니다. 우리가 내일 일어날지도 모른다며 염려하는 일이 일어나지 않을 수도 있는데, 우리는 염려에 시간과 힘을 너무 허비하고 있습니다. 우리는 그 힘을 오늘을 위해 아껴야만 하는데, 한 날의 괴로움은 그날로 족하기 때문입니다. 우리가 미래에 대해 염려하는 것은 오늘의 짐을 더 무겁게 하는 것일 뿐입니다. 내일에 대한 온갖 걱정이 그 결과를 바꾸지 못할 것이며, 내일은 그날에 족한 걱정이 있습니다. 오늘은 오늘의 짐으로 충분합니다.

우리의 필요를 돌아보신다는 하나님의 확실한 약속들은 삶에 필수적인 공급은 약속하지만, 괴로움으로부터 자유로워지는 것은 약속하지 않음을 환기시킵니다. 괴로움은 닥칩니다. 우리는 내일에 대해 염려하지 않으면서 오늘에 대해서는 하나님을 신뢰해야 합니다.

사랑하는 성도 여러분!

오늘은 일과 신뢰를 요구합니다. 내일은 삶의 계획을 요구하지 염려를 요구하지는 않을 것입니다. 염려는 오늘 우리를 얽어매어 움직이지 못하게 하며, 내일을 주장하시고 우리를 보존하시는 하나님의 능력에 대한 신뢰의 결핍을 드러냅니다. 예수님께서는 이런저런 종류의 괴로움이 매일의 일과 중에 있을 것임을 전혀 의심하지 않으셨습니다. 그러나 예수님께서는 또한 그런 괴로움들은 각각의 날에 '족하다'고 설명하셨습니다. 성도님들께서는 내일에 대한 염려는 '오늘을 위해 하나님께서 공급하신 힘을 오용하게 된다'는 점을 깨달으시고, 내일에 대한 염려가 오늘 하나님과의 관계에 영향을 미치지 못하게 해야 합니다. 그날에 우리가 필요한 것이 무엇이든지, 하나님께서 공급하신다는 것을 신뢰하시기를 바랍니다.

이제 말씀을 마치고자 합니다.

마태의 신앙 공동체는 당시 그들이 존재했던 사회 속에서 극복해야 할 중대한 대립적 상황 속에 놓여 있었습니다. 외부적 대립으로는 율법 중심의 신앙을 가진 유대교 공동체와의 대립이었고, 내부적으로는 경제적인 능력에 따른 공동체 구성원 간의 대립이었습니다. 이 두 가지 문제를 해결하는 것이 신앙 공동체의 정체성을 새롭게 하는 과정이 될 것이고, 동시에 공동체 내부의 분열을 넘어서 일체감을 추구하는 길이었습니다. 동일한 공동체 내에 경제적인 능력의 문제로 인해 구성원들의 분열이 일어나는 상황은 공동체의 일치에 치명적인 문제였습니다. 이 문제를 해결하기 위해 공동체 구성원들 사이에 직접적이고 자발적인 '나눔'이 없이는 그 어떠한 방책도 공동체 내부의 분열을 극복할 수 없었을 것입니다.

예수님께서는 천국의 사람들이 물질, 재물, 돈에 대해 가져야 할 바른 태도를 알려 주셨습니다. 재물에 관한 말씀은 단순히 용도의 문제가 아니라 우상숭배, 두 주인을 섬김이라는 신앙적 차원의 일이라는 사실이 이 부분을 이해하는 열쇠입니다.

우선 예수님은 재물을 이 땅에 쌓지 말고 하늘에 쌓으라고 하셨습니다. 땅에 재물을 쌓는 것은 자기를 사랑하고, 하나님의 주권을 신뢰하지 못한 증거입니다. 그 당시 하늘에 재물을 쌓는다는 것은 선한 행위, 구체적으로 구제와 자선을 의미하는 것이었습니다. 구제와 자선은 공동체의 정황 속에서 직면하고 있었던 대립과 분열을 해결하는 출발점이 되는 동시에 온전한 신앙 공동체로 나가는 데 필요한 사랑과 공존, 긍휼히 여김, 자족함 그리고 섬김으로 나가는 발판이 되었기 때문입니다.

"아버지의 나라가 임하시오며 뜻이 땅에서도 이루어지이다"를 기도하는 사람들은 모든 물질을 이 천국에 맞추어 이해하고 사용해야 합니다. 천국에 재물이 없어서가 아니라 인간의 마음이 있어야 하기 때문입니다. 하지만 인간의 마음은 어리석어서 돈과 하나님, 재물과 재물을 주신 분, 물질과 창조주 하나님을 저울 양편에 올려놓고 측량하고 있습니다. 때로는 하나님을 선택하고 재물을 포기합니다. 인간의 마음은 더 자주 재물을 선택하며 하나님을 포기 내지 보류합니다. 우상숭배는 밖에 있는 것이 아니라 인간의 마음에서 만들어집니다. 재물에 눈이 멀면 온몸이 어둡게 되고 온 삶이 어둡게 됩니다.

이런 점 때문에 염려는 바로 우상숭배입니다. 가장 귀중한 하나님, 하나님께서 주신 목숨의 가치를 망각하고, 먹고 마시고 입는 문제에 마음이 온통 사로잡히기 때문입니다. 이 모든 것과 목숨을 주시고 세상을 다스리시는 하나님이 더 귀하신 분이십니다. 염려란 하나님의 살아 계심과 세상을 다스리심을 믿지 못하고 의심할 때 내부에서 만들어지는 것입니다. 염려는 인간의 마음에서 하나님을 밀어내므로 우상숭배가 됩니다.

예수님의 적극적 충고는 하나님을 믿으라는 것입니다. 하나님의 섭리와 도움을 바라보라는 것입니다. 물론 인간적인 활동과 노력을 중지하라고 주신 말씀은 아닙니다. 염려는 아무것도 만들어 내지 못합니다. 다만 인간의 마음을 헤집어 놓고 하나님을 향하지 못하도록 붙들어 맬 뿐입니다.

염려는 믿음의 반대말입니다. 염려는 아버지를 향한 강한 확신을 나약한 작은 믿음으로 만드는 역할을 합니다. 염려보다는 사람들을 구원하시기 위해서 땅으로 오신 예수님을 믿고 의지하며, 하나님의 나라와 그의 의를 구해야 합니다.

사랑하는 성도 여러분!

예수님께서는 공중의 새와 들의 백합화를 보면서 행복을 찾으라고 하셨습니다. 우리도 작은 것들을 눈여겨보는 가운데 행복을 찾으면 좋겠습니다. 새소리, 풀벌레 소리에도 귀를 기울이고, 숲 냄새나 꽃향기뿐 아니라 서로의 삶의 향기도 맡으면서 살아갈 때, 행복은 가랑비처럼 우리를 적시게 될 것입니다. 한 날의 괴로움은 그날로 족하고, 내일의 염려는 내일이 맡아서 합니다. 내일 일을 위하여 염려하지 않을 때, 우리는 자신도 모르게 어느새 행복한 사람이 되어 있을 것입니다.

성도님들께서는 하나님을 신뢰하고, 교회 신앙 공동체를 사랑과 공존, 긍휼히 여김, 자족함 그리고 섬김으로 온전하게 만들어 가면서, 우리 현재의 삶이 거룩하고 자유와 행복으로 충만하게 채워지시기를 주님의 이름으로 축원합니다. 아멘!

복음의 요약, 예수님의 산상수훈

비판하지 말라

마태복음 7:1-6

"1 비판을 받지 아니하려거든 비판하지 말라

2 너희가 비판하는 그 비판으로 너희가 비판을 받을 것이요 너희가 헤아리는 그 헤아림으로 너희가 헤아림을 받을 것이니라

3 어찌하여 형제의 눈 속에 있는 티는 보고 네 눈 속에 있는 들보는 깨닫지 못하느냐

4 보라 네 눈 속에 들보가 있는데 어찌하여 형제에게 말하기를 나로 네 눈 속에 있는 티를 빼게 하라 하겠느냐

5 외식하는 자여 먼저 네 눈 속에서 들보를 빼어라 그 후에야 밝히 보고 형제의 눈 속에서 티를 빼리라

6 거룩한 것을 개에게 주지 말며 너희 진주를 돼지 앞에 던지지 말라 그들이 그것을 발로 밟고 돌이켜 너희를 찢어 상하게 할까 염려하라" 아멘!

마태복음 7장에는 논리적으로 그 연관성을 구분하기 어려운 말씀이 수록되어 있습니다. 먼저, 타인과의 관계 속에서 지켜야 하는 대인관계의 규례로 "비판을 받지 아니하려거든 비판하지 말라"라는 1절의 말씀을 우리는 어떻게 이해해야 합니까?

비그리스도인들이 이 명령을 인용할 경우, 대체로 그들은 그 말씀을 들어 다른 사람을 비판하는 것이 옳지 않다는 자신들의 관점을 옹호하려 합니다. 예를 들어, 그리스도인들이 "동성애를 죄로 여긴다"라고 비판하면, 동성애자들은 "비판을 받지 않으려거든 남을 비판하지 말라"라고 응수합니다. 또 "낙태는 아직 태어나지 않은 아기를 살해하는 일이므로 죄이다"라고 주장하면, 낙태 찬성론자들은 "비판을 받지 않으려거든 남을 비판하지 말라"라고 말합니다.

그리고 어떤 그리스도인들이 다른 그리스도인들의 그릇된 교리나 성경적 가치관을 지적하는 경우에도, 가끔은 동료 그리스도인들이 성경에 "비판을 받지 않으려거든 남을 비판하지 말라"라고 나오는데, "왜 비판하느냐?"라고 합니다. 하지만 과연 예수님께서 "비판을 받지 않으려거든 남을 비판하지 말라"라고 경계하신 말씀이 '너희는 어떤 경우에도 남을 비판해서는 안 된다'는 의미로 해석될 수 있을까요?

오늘 예배에서는 '비판'의 사전적 의미와 성경적 의미를 찾아보고, "비판을 받지 않으려거든 남을 비판하지 말라"라는 구절이 "너희는 어떤 경우에도 다른 이들을 비판하지 말라"라는 의미로 해석될 수 있는지에 대해 '문학적 맥락(context)'을 살펴보고자 합니다. 성도님들께서는 성경을 올바르게 이해하고 인용하는 데 문맥을 살펴보는 분별적 지혜가 있어야 하며, 남을 헐뜯거나 정죄하는 자세를 보이지 않겠다고 결심하는 충만한 은혜의 시간이 되시기를 소망합니다.

1. 비판과 비난

표준국어대사전에 따르면 '비판'은 '현상이나 사물의 옳고 그름을 판단하여 밝히거나 잘못된 점을 지적함'입니다. 사물을 분석하여 각각의 의미와 가치를 인정하고, 전체 의미와의 관계를 분명히 하며, 그 존재의 논리적 기초를 밝히는 일입니다. '비난(비방)'은 '남의 잘못이나 결점을 책잡아서 나쁘게 말함', '남을 비웃고 헐뜯어서 말함'입니다.

'비난(비방)'은 특정 대상의 결점을 근거로 나쁘게 말하는 것이고, 이 과정에서 인신공격, 조롱, 비속어로 헐뜯기 등의 방법을 동반할 수 있습니다. '비판(비평)'은 이성적으로 논리적으로 분석하여 사실 관계나 옳고 그름을 밝히는 것입니다. 비판과 비난의 의미가 다른데도 이를 동일시하는 것은 비판적인 의견을 극단적으로 거부하거나, 모든 비난을 건전한 비판으로 포장하려는 악의적인 왜곡일 수 있습니다.

요즈음 인터넷상에서는 두 개념을 헷갈려 비난을 비판이라고 표현하며 비판자들을 매도하고 부정적인 평가를 못 하게 막거나, 비판을 한다면서 비난, 비방을 하는 모습이 많습니다. 안쓰럽게도 익명화되어 감정 쓰레기통으로의 쓰임새가 강한 인터넷상에서 대부분의 비판이 비난에 속하는 게 현실입니다.

한편, 성경에서 '비판'과 비난은 어떤 의미일까요?

'비판하다(judge)'는 남의 잘못을 헐뜯거나 정죄하고 가리는 심판 행위를 말합니다(마 7:2). 때로는 상대방의 견해를 판단하고 평가하는 비평 행위에도 사용됩니다(롬 14:1). 그것은 또한 판결하고 언도하는 사법적 의미로도 사용되는 단어입니다(눅 12:57; 19:22; 행 13:27).

한편, '비난하다(denounce)'는 '고소(고발)하다, 불평(조롱, 원망)하다, 반대(대적)하여 말하다, 책망하다' 등의 다양한 의미를 함축하고 있습니다. 성경에서는 '지적(指摘)하여 해를 받게 하다(욥 17:5), 말하다(시 69:12), 힐난(詰難)하다(행 4:14; 11:2), 비방하다(딛 1:6)'로 묘사했습니다.

당시 유대 사회에는 율법이나 자신들이 만든 계율로 이웃을 정죄하는 풍조가 만연하였기 때문에 예수님의 "비판을 받지 아니하려거든 비판하지 말라"(마 7:1)라는 명령은 매우 충격적이었을 것입니다. 예수님께서 말씀하시는 비판은 옳고 그름을 구별하는 정당한 판단을 가리키는 것이 아닙니다. 분별력 있는 판단은 오히려 장려되어야 합니다. 예수님께서는 거짓 선생들을 폭로하라고 말씀하셨고(마 7:15-23), 돕기 위한 목적으로 다른 사람들을 권면하라고 말씀하셨습니다(마 18:15). 바울도 우리가 교회 권징을 시행해야 한다고 가르쳤습니다(고전 5:1-5). 그러나 그리스도를 따르는 자들은 다른 사람에 대해 비방하거나 정죄하는 태도를 지녀서는 안 됩니다.

야고보서 4장 11절과 12절을 함께 읽겠습니다.
> "11 형제들아 서로 비방하지 말라 형제를 비방하는 자나 형제를 판단하는 자는 곧 율법을 비방하고 율법을 판단하는 것이라 네가 만일 율법을 판단하면 율법의 준행자가 아니요 재판관이로다

> 12 입법자와 재판관은 오직 한 분이시니 능히 구원하기도 하시며 멸하기도 하시느니라 너는 누구이기에 이웃을 판단하느냐"(약 4:11-12) 아멘!

1절에서 금지하는 비판은 유익하고 지혜로운 선과 악의 구별이 아닙니다. 이해심이나 동정심이 전혀 없이 상대방을 근거 없이 헐뜯을 뿐 아니라 절대 공의로 재판권을 행사하시는 하나님과 같은 위치에서 다른 사람을 정죄하는 교만한 태도를 가리킵니다(롬 2:1-3; 약 4:11-12). 이러한 행동은 필연적으로 비판하는 자에 대한 하나님의 심판을 불러일으킵니다.

비난과 비방은 사랑과는 현격히 다릅니다. 그리스도와 함께하는 신자들의 지위가 특별하여도 재판장이신 하나님의 자리를 취할 수 있는 것은 아닙니다. 재판장처럼 판단하는 사람들은 그와 마찬가지로 하나님께 비판을 받는 자신을 발견하게 될 것입니다. 하나님께서 긍휼히 여기는 자를 긍휼히 여기실 것이며(5:7), 용서하는 자를 용서하실 것이듯이(6:14-15) 정죄하는 자를 정죄하실 것입니다.

마태복음 7장 2절을 함께 읽겠습니다.
> "너희가 비판하는 그 비판으로 너희가 비판을 받을 것이요 너희가 헤아리는 그 헤아림으로 너희가 헤아림을 받을 것이니라"(마 7:2) 아멘!

'헤아림을 받다'는 양(量)이나(막 4:14) 길이를 재는(계 21:15, 17) 것으로 물건 거래와 관련하여 널리 사용되는 용어입니다. 2절에서는 사법적 용어와 경제적 용어를 거듭 사용하여 이웃에게 가혹하게 대하는 자는 동일한 처우를 받게 될 것을 강조하고 있습니다. 상대방을 향한 비판과 헤아림이 하나님에 의하여 자신에게 되돌려질 것입니다.

예수님을 따르는 자들이 남을 대하는 방식이 하나님께서 그들을 대하는 방식이 될 것입니다. 종교 지도자들은 하나님께서 두 가지 기준들, 즉 '긍휼과 공의'로 세상을 심판하실 것이라고 가르쳤습니다. 각 사람은 긍휼이나 엄격함 둘 중에 자신이 비판하는 데 사용하는 그것에 따라 자기도 비판을 받을 것입니다.

사랑하는 성도 여러분!

"비판을 받지 아니하려거든 비판하지 말라"(마 7:1)라는 말은 성경에서 가장 흔히 잘못 인용되는 구절입니다. 사람들은 그들이 보기에 비판적이라고 여겨지는 다른 사람의 태도를 판단하는 데 이 구절을 사용합니다. 그러나 우리는 우리가 그렇게 대우받고 싶지 않은 그대로 남을 대하지 말아야 합니다. 우리는 동일한 기준으로 우리 자신과 다른 사람들을 판단해야 합니다. 다른 사람에게서 잘못을 발견했을 때, 그 사람의 죄를 지적하거나 거부하고 싶은 충동을 받을 수 있습니다. 그러나 먼저 그 실수에 대한 자신의 자각이 자기의 삶을 반영하고 있지는 않은지 자신에게 물어보아야 합니다.

성도님들께서는 만일 누군가를 비난하려고 한다면, 먼저 자신이 동일한 비난을 받을 만하지 않은지를 점검하신 후에, 우리 이웃을 사랑으로 용서하고 도와주시기를 바랍니다.

2. 다른 이들을 비판하는 일은 꼭 필요하다

우리는 다른 이들을 비판해야만 합니다. 때로는 다른 이들을 비판하지 않는 것이 바로 죄입니다. 마태복음 7장에서는 다른 이들을 비판하는 것이 반드시 죄는 아니라는 점에 관해 적어도 세 가지 이유를 제시합니다.

> 마태복음 7장 3절에서 5절까지 함께 읽겠습니다.
> "3 어찌하여 형제의 눈 속에 있는 티는 보고 네 눈 속에 있는 들보는 깨닫지 못하느냐
> 4 보라 네 눈 속에 들보가 있는데 어찌하여 형제에게 말하기를 나로 네 눈 속에 있는 티를 빼게 하라 하겠느냐
> 5 외식하는 자여 먼저 네 눈 속에서 들보를 빼어라 그 후에야 밝히 보고 형제의 눈 속에서 티를 빼리라"(마 7:3-5) 아멘!

형제의 '눈 속과 네 눈 속', '티와 들보', '보고와 깨닫지 못하느냐'가 서로 대구를 이루는 매우 기교적인 문장입니다. 여기서 '티(speck)'는 사람의 눈 손에 들어갈 수도 있는 어떤 작은 물체로 지푸라기나 왕겨, 톱밥 등을 의미하며, 또한 '가시'로 번역되기도 합니다. '들보'는 건물을 받치는 기둥이나 서까래를 의미합니다. 많은 이들이 이 은유를 '그리스도인들은 결코 누구도 타이르지 말아야 한다'는 의미라고 생각합니다. 그 이유는 남의 죄를 다루는 것은 고려할 수도 없을 만큼 하나님 앞에서 우리 개인의 죄가 크다는 것입니다.

그러나 예수님의 요점은 우리 모두가 삶 속에 죄를 가지고 있지만, 우리는 먼저 자신의 죄를 다루고 그다음에 남의 잘못을 고치도록 도와야

한다는 것입니다. 타인의 작은 도덕적 잘못이나 교리적 오류에 대해서는 눈에 불을 켜고 찾아 예리하게 지적하지만 오히려 자기가 갖고 있는 더 큰 잘못, 마치 들보와 같은 결함에 대해서는 깨닫지 못하는 자가 많음을 신랄하게 지적하신 것입니다. 여기서 들보와 같은 결함은 바로 자신이 가진 죄악을 보지 못하는 영적 무지와 형제에 대하여 사랑이 없는 가혹한 마음이라 할 수 있습니다.

한편, 이러한 타인에 대한 일방적인 비판은 남을 비판하기를 좋아하는 외식하는 자들에 대해 책망하신 내용입니다. 이러한 실수는 남을 판단하기를 좋아하는 자들이 범하기 쉬운 것으로 예수님 당시에 바리새인과 서기관들과 같은 유대 종교 지도자들이 주로 범한 죄였습니다. 그들은 가장 중요한 하나님의 사랑을 버리고 율법으로 사람들에게 무거운 짐과 올가미를 씌워 정죄하기를 좋아했습니다. 심지어 그들의 행위는, 그들이 섬긴다는 하나님의 아들이시며 그들이 진실되게 지킨다는 율법의 완성자이신, 그리스도를 정죄하여 십자가에 처형하는 데까지 이르게 되었던 것입니다.

4절은 큰 죄를 범하고 있는 자가 사소하고 작은 문제를 갖고 있는 자를 정죄하고 비판하는 것이 모순되는 일임을 밝힌 것입니다. 그러나 실제로 이러한 일이 일어나기 쉬운 것은 마음이 깨끗한 자는 자신에게 있는 조그마한 죄에 대해서도 양심의 가책을 느끼는 반면, 죄가 많아 양심이 더러워진 자는 죄책감이 없어 자신이 의인이라는 교만한 생각을 가지고 남의 조그마한 죄까지도 들춰내어 정죄하며 판단하기를 좋아하게 되는 것입니다.

여기서 '빼게'는 "제거하다", "밖으로 보내다"라는 뜻이며, '하라'는 "허락하다", "용납하다"라는 뜻을 갖는 매우 위압적인 명령어로서 자신의 판단에 대한 강한 확신이 있음을 보여 줍니다(마 3:15). 본 절에서 이 말을 하는 자들은 자신이 더 큰 결점을 가지고 있는 것을 미처 깨닫지 못하고 작은 결점을 지닌 자들을 향해 조롱하고 경멸하는 투로 말하고 있습니다.

5절에서 예수님께서는 인간의 본성에 대해 놀라운 이해를 나타내셨습니다. 남의 죄는 쉽게 발견해 내면서도 자신의 죄들을 간과해 버립니다. 우리가 남에게서 가장 분명하게 발견하는 죄가 또한 우리 안에 존재하는 것이 진실입니다. 신자들은 자기 자신의 죄를 먼저 다루어야 합니다. 또한 형제자매들의 잘못도 바로잡고 깨우쳐야 합니다.

갈라디아서 6장 1절을 함께 읽겠습니다.
"형제들아 사람이 만일 무슨 범죄한 일이 드러나거든 신령한 너희는 온유한 심령으로 그러한 자를 바로잡고 너 자신을 살펴보아 너도 시험을 받을까 두려워하라"(갈 6:1) 아멘!

신자가 '들보'를 지니고 다니면서 형제자매의 '티'를 빼려고 시도하는 것은 우스꽝스럽고 위선적인 일일 것입니다. 그 신자는 동일한 판단 기준을 본인에게 적용하지 않은 채 남을 판단하는 죄를 범하는 것입니다. 티를 가지고 있는 사람은 분명 도움이 필요하지만, 그 티를 빼내기 위해 밝히 볼 수 있는 사람이 도와주어야 합니다. 오직 영적으로 성숙한 사람만이 다른 사람의 죄를 언제 그리고 어떻게 지적해야 하는지를 분별할 수 있습니다.

'외식(外飾, hypocrisy)'은 "…인 체하다"라는 말에서 파생된 단어로서,

원래 가면을 쓰고 자기가 아닌 다른 사람의 모습으로 생각하고 말하고 행동하는 사람, 즉 연극배우를 가리키는 말이었으나, 성경에서는 남에게 보이기 위해 거짓으로 행동하는 것, 곧 종교적, 도덕적 가식(假飾)이나 위선(僞善)을 뜻합니다(마 6:5; 23:27; 눅 6:42; 갈 2:13).

예수님께서 특별히 이 외식하는 자에 대해 책망하셨는데, 구제(마 6:2), 기도(마 6:5; 막 12:40), 금식(마 6:16), 판단이나 비판(마 7:5), 부모 공경(마 15:5-7), 그리고 하나님을 섬기거나(마 15:8), 율법을 준수하는 일(마 23:23)에서 표리부동(表裏不同)함을 지적하셨습니다. 이처럼 외식하게 되는 이유는, 하나님보다 사람들의 눈을 먼저 의식하기 때문이며(마 6:4-6, 18; 23:28), 타인으로부터 영광과 칭찬을 받고자 하기 때문이고(마 6:2; 23:5, 7), 마음이 하나님으로부터 멀리 떠났기 때문이며(마 15:7-8), 간사함과 악함과 불의가 충만하기 때문이고(마 22:18; 23:25, 28), 믿음을 배반했기 때문입니다(딤전 4:1-2). 이와 같이 외식하는 자들은 그 하는 일에 이미 상을 받았기 때문에 천국에서 상을 기대할 수 없습니다(마 6:2, 5). 외식을 피하기 위해서는 무엇을 하든지 먼저 하나님을 의식하며, 은밀히 살피시는 하나님 앞에서 행한다는 마음가짐으로 일해야 합니다(마 6:6, 18).

예수님께서는 외식하는 자들에게 먼저 자신의 죄를 깨닫고 회개할 것을 촉구하고 계십니다. 남을 판단하기 전에 먼저 자신의 죄를 깨닫고 회개하는 것이 바른 순서이며 필수적인 일입니다. 왜냐하면 자신의 눈에 들보가 있어 눈이 정상이 아니면 모든 것을 바로 보고 판단할 능력이 없기 때문입니다.

'밝히 보고'는 사물에 대한 통찰력을 의미합니다. 진정으로 형제의 눈에 있는 티를 뺄 수 있는 사람은 자신의 눈에 있는 들보를 빼낸 사람이라야 합니다. 즉 자기 죄를 회개하고 깨끗한 양심을 가진 자만이 남의 죄를 바로 지적하고 회개하도록 촉구할 수 있는 것입니다. 만일 들보로 가려진 눈으로 남의 눈의 티를 빼내려 하면 티를 빼기는커녕 오히려 남의 눈에 큰 상처를 줄 것입니다. 그러므로 성도는 먼저 자기 죄를 회개한 후에 하나님의 말씀으로 권면하여 형제의 죄를 회개하게 해야 합니다.

사랑하는 성도 여러분!

"위선자야. 먼저 네 눈 속의 들보를 빼내어라. 그러면 네가 밝히 보고 형제의 눈 속에 있는 티도 빼낼 수 있을 것이다"라는 말씀의 의미는 곧 판단하는 일이며, 이 일에는 비판적인 분별력이 요구됩니다. 여기서 예수님께서는 "형제의 눈 속에서 티를 빼지 말라"라고 하지 않으시고, 오히려 "먼저 네 눈 속의 들보를 빼내어라" 하고 말씀하십니다. 곧 예수님께서는 티를 빼는 일 자체가 아니라 위선적인 태도로 티를 빼려 드는 일을 금하시는 것입니다.

성도님들께서는 눈에 들보, 즉 더 큰 허물을 가진 채, 사랑 없이 무책임하게 형제를 비난하는 태도가 그릇됨을 판단하셔서, 먼저 자신의 죄를 회개하고 형제를 사랑하는 마음으로 형제의 결점이 고쳐지도록 요청하시기를 바랍니다.

마태복음 7장 6절을 함께 읽겠습니다.
"거룩한 것을 개에게 주지 말며 너희 진주를 돼지 앞에 던지지 말라 그들이 그

것을 발로 밟고 돌이켜 너희를 찢어 상하게 할까 염려하라"(마 7:6) 아멘!

예수님께서는 제자들이 형제를 비판하지 말라는 교훈을 잘못 이해하여 자칫 본질적인 죄악에 대해서조차 묵인하라는 뜻으로 받아들일 수 있는 가능성에 대비해 영적 분별력을 갖고 죄악과는 구별된 삶을 살도록 제자들에게 교훈하고 계십니다.

유대인들의 욕설에 사용되곤 하던 이 단어들, '개'와 '돼지'는 과연 누구를 가리키고 있으며, '거룩한 것'과 '진주'는 어떤 의미로 사용되었습니까? 여기서 거룩한 것과 진주는 천국 복음을 상징하고(마 13:44-45, Wesley), 개와 돼지는 복음에 대해 적대적이며, 의도적으로 성령을 훼방하는 자들을 상징하는 것으로 볼 수 있습니다(Calvin).

개는 이스라엘에서 야생 상태로 생활하는 사납고 더러운 짐승입니다. 성경에서는 구원의 진리를 모르는 이방인이나(마 15:26) 성도들에게 위해를 가하는 유대인(빌 3:2), 혹은 거짓 선지자를(계 22:15) 개에 비유하기도 했습니다. 돼지는 유대인에게 있어서 불결한 동물로 취급되어 식용이나 사육이 금지되었으므로 여기서는 야생 상태의 멧돼지로 볼 수 있습니다. 이스라엘의 야생 멧돼지들은 매우 사나워서 사람들을 어금니로 받고 발로 짓밟아 해치는 일들이 종종 있었습니다.

개가 거룩한 것의 가치를 모르는 것같이 이들 역시 복음의 가치를 몰라 진리를 받아들이기보다는 오히려 훼손하려 들 것이므로 이들에게는 복음조차 전하지 말 것을 명령하고 있는 것입니다. 아마 예수님께서는 완고하며 위선적인 당시의 종교 지도자들을 염두에 두고 이 말씀을 하셨을 것입니다. 진주와도 같이 고귀한 천국 복음을 그 가치를 모르는 영적으로 무지하고 사나운 자들에게 전하면 돼지와 같은 이들은 복음을 팽개칠 뿐 아니라 이를 전하는 자들까지 해칠 위험성이 있습니다. 이와 같이 예수님께서는 진리의 가치를 모르는 타락한 자들에게는 아예 복음을 전하지도 말라는 명령을 거듭 내리고 있는 것입니다.

예수님 당시에 바리새인들과 서기관들이 바로 예수님을 적대시하고 의도적으로 복음을 훼방하는 개와 돼지 같은 자들이었습니다. "던지지 말라"라는 말씀은 그러한 자들과 구별되어 하나님의 자녀들은 성결한 삶을 살 것을 교훈하는 것입니다(롬 12:2). 예수님께서는 이들에게 "뱀들아 독사의 새끼들아"라고 부르시며 지옥의 심판을 선포하셨습니다(마 23:33). 세리와 창기도 사랑으로 대하신 예수님께서 유독 이들에게만은 긍휼 없는 저주를 선포하신 사실은 본 절이 바리새인과 서기관들을 염두에 둔 말씀이라는 주장을 뒷받침합니다.

"너희를 찢어 상할게 할까 염려하라"라는 말씀은 개와 돼지가 거룩한 것과 귀한 진주를 알아보지 못하고 오히려 좋은 것을 준 자를 공격한다는 내용입니다. "염려하라"라는 말씀은 진리의 가치를 모르는 악한 자에게 복음을 전하여 복음의 가치가 훼손되는 것을 원천적으로 금하라는 의미입니다. 결국 복음의 가치를 알지 못하는 바리새인과 서기관들에게 복음을 전해도 소용없고 오히려 복음 전파자들을 핍박할 것이라는 예수님의 예언과 같은 말씀입니다. 실제로 그들은 예수님과 그의 제자들을 잡아 죽이기까지 복음을 핍박하였던 것입니다.

사랑하는 성도 여러분!

"거룩한 것을 개에게 주지 말며 너희 진주를 돼지 앞에 던지지 말라"(마 7:6)라는 말씀에서 이 '개'와 '돼지'가 누구인지 알지 못하면, 어떻게 예수님의 명령에 순종할 수 있겠습니까? 따라서 우리는 영적인 개와 돼지가 누구인지 분별해야 하며, 이는 곧 비판하는 일입니다.

전도서 3장 7절을 함께 읽겠습니다.
"찢을 때가 있고 꿰맬 때가 있으며 잠잠할 때가 있고 말할 때가 있으며"(전 3:7)
아멘!

거룩하고 소중한 것은 그것을 음미하고 감사할 줄 아는 사람에게만 주어져야 합니다. 성도님들께서는 아무런 구체적인 적용이 제시되지는 않지만, 말해야 할 때와 침묵해야 할 때를 분별하시고, 하나님의 진리가 불필요한 남용과 조롱을 받지 않도록 판단하시기를 바랍니다.

마태복음 7장 15절과 16절을 함께 읽겠습니다.
"15 거짓 선지자들을 삼가라 양의 옷을 입고 너희에게 나아오나 속에는 노략질하는 이리라
16 그들의 열매로 그들을 알지니 가시나무에서 포도를, 또는 엉겅퀴에서 무화과를 따겠느냐"(마 7:15-16) 아멘!

'거짓 선지자(false prophet)'는 자기 이익과 대중의 인기에 영합하여 거짓을 예언하면서도 자칭 하나님의 계시를 전파한다고 주장하는 사람(마 7:15; 24:11, 24; 행 13:6; 계 16:13)입니다. 거짓 선지자들은 거짓 교사, 거짓 사도, 거짓 그리스도와 함께 사탄의 하수인으로 규정되는데

(계 13:12-14; 19:20), 이들은 말세에 사탄과 함께 영원한 형벌, 곧 지옥 심판을 피할 수 없게 됩니다. "삼가라"라는 말씀은 거짓 선지자들에게 마음을 두지 말고 그들을 경계하며 그들로부터 과감히 돌이키라는 의미를 지니고 있습니다.

"양의 옷을 입고"라는 말씀은 그들이 하나님의 백성인 것처럼 가장한다는 의미입니다. 구약에서는 흔히 하나님의 백성들을 가리키는 데 이 '양'이라는 은유가 사용되곤 하지만(시 78:52; 100:3), 마태복음에서는 교회, 또는 진리의 수호자들을 가리키는 데 이 말이 사용됩니다. '노략질하는'은 강도, 사기꾼, 탈취자(눅 18:11; 고전 5:10; 6:10; 딛 1:9)를 의미합니다. 이로 볼 때 거짓 선지자는 남을 해하고 자신의 이득을 얻기 위하여 마치 선지자인 양 자신을 위장하고 사람들 앞으로 나아오나 후에는 결국 자기 본색을 드러내는 존재입니다. 거짓 선지자의 본색은 '이리'라는 표현에서 잘 드러납니다. 이스라엘에서 '이리'는 개나 돼지와는 비교할 수 없을 정도로 많은 피해를 주는 동물로서 간혹 사람들까지 해치기도 하는 매우 사나운 육식 동물이었습니다. 이러한 이리는 방목하는 양들을 자주 습격하였으므로 목자들은 이리로부터 양들을 지키는 것을 큰 과제로 여겼습니다(요 10:18; 행 20:29, 30).

거짓 선지자들은 겉으로는 선한 양처럼 위장하고 있으나 속은 이리와 같이 탐욕과 거짓으로 가득 차 있습니다. 즉 그들은 자신의 모습을 감추고 있다가 기회가 닿으면 순식간에 양을 잡아 가는 이리처럼 자신을 위장하고 있습니다. 이 기만자들은 진리와 참된 하나님 백성들의 원수입니다. 이들은 세상 끝 날까지 여전히 계속 존재할 것입니다(렘 6:14; 8:11; 마 24:24; 벧후 2:1; 요일 4:1). 따라서 그리스도인들은 '거짓 선지자들'

을 경계하여야 합니다. 그들의 거짓된 유혹에 넘어가지 않도록 주의해야 합니다. 그들을 따르는 것은 곧 양 떼의 파멸을 뜻하기 때문입니다.

"그들의 열매로"에서 '열매'라는 말은 품성과 삶의 행실에 대하여 자연스럽고도 널리 사용되는 은유적 표현입니다(3:8, 10; 21:43; 갈 5:22; 요 15:2-8). "알지니"는 거짓 선지자에 대한 판단이 금방 내려질 정도로 쉽고 빠르지는 못할 것을 암시합니다. 거짓 선지자는 자신을 철저히 위장하여 그 정체를 쉽게 드러내지 않으므로 분별하기가 쉽지 않습니다. 그러나 그 열매를 면밀히 살펴보면 그 정체를 확실히 알 수 있습니다.

"가시나무에서 포도를, 또는 엉겅퀴에서 무화과를"에서 '가시나무'와 '엉겅퀴'는 악하며 무익한 식물을 상징하며, '포도'와 '무화과'는 사람에게 유익한 식물을 상징하는 것으로 거짓 선지자에게서 선한 행실이 나올 수 없음을 가리키는 말입니다. 마치 좋은 나무가 아니고서는 좋은 열매를 맺을 수 없듯이(사 5:2, 4), 예수의 가르침을 따르지 않는 자들은 올바른 행위를 나타내 보일 수가 없습니다.

사랑하는 성도 여러분!

예수께서는 거짓 선지자들을 경계하라고 명하십니다. 그런데 이 굶주린 이리들이 누구인지 어떻게 알 수 있을까요? 그 열매를 보고 그들을 알아야 합니다. 이는 곧 판단과 비판하는 일을 뜻합니다. 예수님께서는 진정한 영성을 칭찬하는 동시에, 바리새인들의 위선과 얄팍한 영성을 드러내고 계십니다. 사람들 눈에는 바리새인들이 의롭게 보였지만, 하나님이 보시기에는 그렇지 않았습니다. 바리새인들은 다른 이들을 위선적으로 비판하기로 유명했지만, 정작 비판을 받아야 할 이들은 바리새인들 자신이었던 것입니다.

성도님들께서는 양의 옷을 입은 이리와 진짜 양을 판단하는 능력이 필요합니다. 그들의 삶과 행실에 유의하여 공의롭게 판단하셔서 비진리에 빠지거나 파멸에 이르는 일이 없으시기를 바랍니다.

3. 비판하지 말라 = 남을 헐뜯거나 정죄하지 말라는 것

우리가 여기서 살핀 것은 직접적인 문맥일 뿐이며, 신약 성경의 더 큰 맥락을 아직 고려해 보지도 않았습니다.

> 마태복음 18장 15절과 16절을 함께 읽겠습니다.
> "15 네 형제가 죄를 범하거든 가서 너와 그 사람과만 상대하여 권고하라 만일 들으면 네가 네 형제를 얻은 것이요
> 16 만일 듣지 않거든 한두 사람을 데리고 가서 두세 증인의 입으로 말마다 확증하게 하라"(마 18:15-16) 아멘!

예수님께서는 동료 제자들이 죄를 범할 때 권고하라고 제자들에게 명령하셨습니다(마 18:15-20). 외모로 판단하지 말고 공의롭게 판단하라(요 7:24)고도 하셨습니다. 그리고 사도 바울은 성적으로 문란한 사람을 회중 가운데서 내쫓으라고 고린도 교회에 명령합니다(고전 5:1-13). 또 바울은 빌립보 교인들에게 "개들을 삼가고 행악하는 자들을 삼가고 몸을 상해하는 일을 삼가라"(빌 3:2)라고 주의를 줍니다. 요한은 "사랑하는 자

들아 영을 다 믿지 말고 오직 영들이 하나님께 속하였나 분별하라 많은 거짓 선지자가 세상에 나왔음이라"(요일 4:1)라고 명령합니다.

이와 같이 마태복음 7장 1절의 직접적인 문맥과 더 넓은 문학적 맥락들은 다른 이들을 비판하는 일이 반드시 죄악된 것은 아님을 보여 주고 있습니다. 오히려 어떤 경우에는 다른 이들을 비판하지 않으면 죄를 범하는 것이 됩니다.

그렇다면 "비판하지 말라"라고 하신 예수님의 말씀은 무슨 의미일까요?

영국의 감리교 창시자인 존 웨슬리(John Wesley)는 마태복음의 산상수훈에서 말하는 신앙의 첫 번째 장애물은 남을 비판하는 일이라고 말합니다. 웨슬리는 '비판'을 남에 대해 나쁘게 생각하는 것, 사랑에 반대되는 방법으로 비난하고 정죄하는 것이라고 하였습니다.

카슨(D.A. Carson)은 "비판하지 말라"라는 텍스트(text)는 하나님의 자녀인 예수님의 제자들에게 어떤 상황에서도 옳고 그름에 관해 아무 견해를 품지 않는, 형태도 없고 분별력도 없는 점액질 같은 존재가 되라고 명령하는 것이 아니라고 하였습니다.

과연 우리는 히틀러나 스탈린 같은 이들의 잘잘못에 관해 입 다물고 있어야 합니까? 간음이나 경제적 착취, 게으름과 사기 같은 문제는 어떻습니까? "비판하다"라는 말은 어떤 것을 분별하는 일이나 판결을 내리는 일, 비평적인 태도를 취하는 일이나, 사법적으로든 아니든 정죄하는 일을 뜻할 수 있습니다. 이때 그 정확한 의미는 문맥(Context)에 따라 결정되어야 합니다. 곧 남을 헐뜯거나 정죄하는 자세를 보이지 말라는 것입니다.

사랑하는 성도 여러분!

예수님의 "비판하지 말라"라는 말씀은 비난적인 태도를 취하지 말라는 것을 의미합니다. 비난과 비판은 많이 다릅니다. 올바른 비판은 의롭고 건설적입니다. 그러나 비난은 불의하며 파괴적인 것입니다. 올바른 판단은 적절한 비판이 되지만, 잘못된 판단은 혹평과 비난으로 이어집니다. 그러므로 예수님께서는 곧장 문제의 핵심으로 들어가서 우리가 남을 판단할 때 보이는 태도를 지적하신 것입니다. 우리는 지나치게 비난하는 말이나 남을 정죄하는 태도를 취해서는 안 됩니다.

성도님들께서는 성경을 읽을 때 각 구절은 문맥을 고려하여 이해하시고, "비판하지 말라"라는 말씀은 남을 헐뜯거나 정죄하는 자세를 보이지 말라는 의미임을 깨달으셔서 분별적 지혜로 올바른 판단을 하시고, 남을 비난하는 말과 태도를 취하지 않으시기를 바랍니다.

이제 말씀을 마치고자 합니다.

우리가 성경을 읽을 때에는 그 말씀을 바르게 이해하고 깨달을 수 있게 도와주시기를 기도해야 합니다. 하나님의 말씀을 바르게 이해하려면 텍스트(text), 말씀 한 구절 한 구절의 의미를 파악하는 것도 중요하지만, 하나님께서 왜 그런 말씀을 하셨는지, 그 말씀이 어떤 맥락(context)에서 사용되었는지를 파악하는 것이 필요합니다. 동일한 텍스트라도 어떤 문맥에서 사용되었느냐에 따라 그 의미가 달라질 수 있습니다.

"비판을 받지 않으려거든 남을 비판하지 말라"라는 구절의 맥락(context)

을 살펴보니, '비판하지 말라'는 것은 옳고 그름을 판단하거나 분별하는 일을 전적으로 금지하는 것은 아니었습니다. 일체의 판단을 금한다기보다는 부당하거나 잔혹한 비난을 해서는 안 된다는 가르침이었습니다. 우리는 자기 자신을 판단할 때와는 다른 기준에 입각하여 남을 비판해서는 안 된다는 것입니다.

자기 눈에 들보를 가지고 있으면서도 남의 눈에 있는 티끌을 보고 비판하는 사람은 '외식하는 자'입니다. 진실한 사람은 남의 작은 티를 찾아내려고 하기 전에 자신의 큰 들보를 제거하는 데 전념합니다. 그리스도인은 이웃의 허물에 대해 판단하고 비난하는 것이 아니라 자신에게 있는 허물을 제거하는 일을 선행해야 합니다. 그것은 평생 해야 할 과제인 것입니다.

그리스도인들은 지각과 영적 분별력을 길러야 하며, 무모한 방종으로 그들의 진주를 함부로 내던져서는 안 됩니다. 그리스도인들의 삶 속에 나타난 인내와 구별된 모습은 하나님께서 '개'와 '돼지'들로 하여금 반성할 수 있도록 자극하는 데 사용하실 수도 있습니다. 만일 타락했거나 목이 곧은 사람들에게 소망이 있다면, 하나님의 주권과 참된 그리스도인 삶의 두드러진 모습 속에 있을 것입니다.

사랑하는 성도 여러분!

천국의 사람들은 남의 눈에 있는 것은 티로 보고, 자신의 눈에 있는 티는 대들보처럼 크게 느껴야 합니다. 비판 거리도 마찬가지입니다. 남의 장점을 크게 말하고 자신의 장점을 감추는 지혜, 남의 허물을 작게 느끼고 자신의 허물을 크게 느끼는 지혜를 가져야 합니다.

성도님들께서는 다른 사람에 대한 판단은 신속하고 정확하게 하되, 남을 헐뜯거나 정죄하는 자세를 보이지 않기를 바랍니다. 하나님이 살아 계심을, 하나님이 간섭하심을, 하나님이 보상하시고 보복해 주심을 믿으시고, 분별적 지혜로 판단을 잘하면서 말을 신중하게 하는 사람이 되시기를 주님의 이름으로 축원합니다. 아멘!

복음의 요약, 예수님의 산상수훈

기도 응답의 확신과 황금률

마태복음 7:7-12

"7 구하라 그리하면 너희에게 주실 것이요 찾으라 그리하면 찾아낼 것이요 문을 두드리라 그리하면 너희에게 열릴 것이니

8 구하는 이마다 받을 것이요 찾는 이는 찾아낼 것이요 두드리는 이에게는 열릴 것이니라

9 너희 중에 누가 아들이 떡을 달라 하는데 돌을 주며

10 생선을 달라 하는데 뱀을 줄 사람이 있겠느냐

11 너희가 악한 자라도 좋은 것으로 자식에게 줄 줄 알거든 하물며 하늘에 계신 너희 아버지께서 구하는 자에게 좋은 것으로 주시지 않겠느냐

12 그러므로 무엇이든지 남에게 대접을 받고자 하는 대로 너희도 남을 대접하라 이것이 율법이요 선지자니라"(마 7:7-12) 아멘!

방금 읽으신 성경 구절, "구하라 찾으라 문을 두드리라"라는 말씀은 전

후의 문맥과 관련성이 없어 보이지는 않습니까? 6장 19절부터의 '보물을 하늘에 쌓아 두라', '비판하지 말라'는 교훈들을 나열하는 편집의 결과로 관련성이 없다고 볼 수도 있겠지만, 산상수훈의 맥락 속에서 기도라는 주제의 결론적인 부분으로 이해하며, 12절 황금률은 산상수훈에 나타난 제자의 삶에 대한 예수님의 가르침의 결론이자 요약으로 보는 것이 무난할 것 같습니다.

하나님의 능력은 무한하시며, 자기 백성들에 대한 그분의 사랑은 확실합니다. 우리는 하나님을 신뢰하며 일상생활 가운데서 일어나는 여러 가지 상황에 대처해서 하나님과 교제, 즉 기도의 삶을 살고 있습니다. 기도는 자유로운 인간과 능력의 하나님 사이의 언약 관계가 믿음 위에 기초할 때에 진지하게 이루어질 수 있습니다.

줄기차게 기도함은 사용된 기술 때문이 아니라 그 간구를 듣고 계신 하나님 때문에 응답을 기대할 수 있습니다. 비록 인간의 아버지는 본질적인 죄성으로 악할지라도 자식에게 최선을 다하는 점에서 믿을 수 있다면, 우리는 신실하신 하나님을 더욱더 믿을 수 있어야 할 것입니다. 물론 이 말은 우리가 드리는 어떠한 기도도 성공적인 응답을 받을 수 있다는 식의 보장은 아닙니다. 하나님은 우리가 당연히 가져야 한다고 생각하는 것에 일치하지 않을 수도 있는 '좋은 것'을 주시기 때문입니다.

구하고 찾고 두드려서 좋은 것을 받았으면, 어떻게 해야 합니까? 남에게 주고 대접을 해야 하지 않을까요? 12절의 "남에게 대접을 받고자 하는 대로 너희도 남을 대접하라"(마 7:12; 눅 6:31)라는 가르침을 '황금률(黃金律, Golden Rule)'이라고 합니다. 이는 그리스도인이 세상을 살아가면서 대인 관계에서 가장 염두에 두어야 할 대원칙, 곧 보석으로 따지자면 마치 황금과도 같은 만고불변의 소중한 진리이기에 학자들 사이에 이런 별칭을 붙인 것으로 보입니다. 우리가 황금률도 지키지 않는다면, 우리는 하나님의 다른 명령들을 지키지 못할 것입니다.

사랑하는 성도 여러분!

마태복음 5장에서 시작한 산상수훈은 지금까지 예수님을 따르는 자들에게 그분이 기대하시는 생활 방식과 태도를 설명해 왔습니다. 어떤 사람들은 그 요구 사항들을 듣고 불가능하다고 생각했을 수도 있습니다. 예수님께서는 여기서 그런 생각과 질문들에 대해 어떻게 답을 주셨을까요?

오늘 예배에서는 '기도 응답의 확신과 황금률'이라는 제목으로 말씀을 드리고자 합니다. 성도님들께서는 구하고 찾고 두드리는 자가 집중적이며 간절한 마음으로 끈기 있게 기도할 때에 기도 응답이 이루어질 것이라고 확신하면서, 하나님 아버지께 기도 응답으로 받은 '좋은 것'들을 남에게 주고 섬겨서 '하나님의 나라와 그의 의를 이루어 가겠다'고 다짐하는 감사와 은혜의 시간이 되시기를 소망합니다.

1. 구하라, 찾으라, 두드리라

7장 7절에서 11절까지의 요지가 무엇일까요? 부지런히 구할 것에 대한 강조입니까? 아니면 좋은 것을 주시는 하늘에 계신 아버지의 신실하심입니까?

본문은 세 가지 권면 및 하나님의 신실하심에 관한 보충적인 말씀(7-8절)과, 인간적인 차원에서의 두 가지 사례 및 당신에게 구하는 자들에게 응답하시는 하나님의 신실하심에 관한 말씀(9-11절)으로 구분할 수 있는데, 하늘에 계신 아버지의 기도 응답과 아울러 반드시 응답해 주시는 하늘에 계신 아버지를 신뢰하면서 열심히 기도해야 한다는 격려입니다.

기도 응답은 전적으로 하늘에 계신 아버지께서 그분의 자녀들을 사랑하심으로써 주시는 은혜라고 할 수 있으며, 이러한 은혜는 그분의 자녀 된 자가 구할 때 받게 됩니다.

마태복음 7장 7절과 8절을 함께 읽겠습니다.
"7 구하라 그리하면 너희에게 주실 것이요 찾으라 그리하면 찾아낼 것이요 문을 두드리라 그리하면 너희에게 열릴 것이니
8 구하는 이마다 받을 것이요 찾는 이는 찾아낼 것이요 두드리는 이에게는 열릴 것이니라"(마 7:7-8) 아멘!

예수님을 따르는 자들은 계속 구할 수 있으며, 찾을 수 있으며, 두드릴 수 있습니다. 이것은 그들의 삶에 있어 끊임없는 지속적인 기도의 중요성을 나타냅니다. 오직 기도를 통해서, 그리스도인들은 하나님께 가까이 있을 수 있으며, 하나님께 그들이 행하기를 원하시는 바가 무엇인지 알 수 있고, 삶의 모든 영역에서 하나님의 뜻을 행할 힘을 소유할 수 있습니다. 하나님께서는 끊임없이 구하고 찾고 두드리는 신자들의 기도에 응답하실 것입니다.

7절과 8절에는 하나님의 응답을 받는 기도의 방법이 구체적으로 제시되어 있습니다. 그것은 "구하라, 찾으라, 두드리라"라는 것입니다. '구한다'는

말에는 하나님 앞에서의 겸손과 하나님께 대한 믿음을 전제합니다. 결코 하나님께 대한 믿음과 자기 결핍을 인식하지 않고는 구할 수 없는 것입니다. 또한 '찾는다'는 것은 구하는 것에 행동을 더한 것입니다. 진정한 기도는 하나님께 호소하는 것으로 그치지 않고 자기의 필요를 충족시키기 위한 인간 스스로의 노력을 동반하는 것입니다. 마지막으로 '두드린다'는 것은 구하는 것에 행동을 더하고 그 위에 인내를 더한 것을 말합니다. 구하는 자는 그것이 성취되기까지 믿음으로 바라며 기다려야 하는 것입니다.

8절은 7절에 비해 기도에 대한 응답의 사실을 보다 구체화시킵니다. 7절에서는 "너희에게"라는 표현으로 보편적인 기도 응답의 원칙을 밝히고 있으나, 8절에서는 기도의 주체를 "이마다", "이는", "이에게"라고 표현함으로써 기도가 궁극적으로 하나님과 기도하는 자의 개인의 관계성 속에서 이루어지며 그 응답 역시 개별적으로 이루어짐을 암시합니다.

한편, 기도는 우리가 원하는 것을 무엇이든지 얻을 수 있는 마술적인 방법이 아닙니다. 8절에서는 구하는 이에게 하나님이 주신다는 단순한 진리를 언급할 뿐 무엇을 구할 때 반드시 주시겠다는 내용에 대한 언급이 없습니다. 그러므로 이 문제는 성경에서 언급되는 기도 응답의 일반적인 조건을 해답으로 제시할 수 있습니다. 즉 앞에서 예수님께서는 "먼저 그 나라와 그의 의를 구하라"(마 6:33)라고 말씀하셨으므로 기도의 응답은 그 기도의 내용이 '하나님의 뜻에 맞아야만 한다'는 전제가 내재되어 있습니다. 예수님을 따르는 자들은 다른 사람에게 긍휼과 용서를 베풀어야 하고(마 5:7; 6:12), 주목을 끌기 위한 기도는 피해야 하며(마 6:5-6), 기꺼이 인내하며 기도해야 합니다. 우리의 간구는 하나님의 뜻과 조화되어야 하며(마 6:10), 우리의 갈망보다 먼저 그분의 뜻을 받아들여야 합니다. 이러한 전제가 충족되고 진실된 마음으로 끈기 있게 기도하게 되면 반드시 기도가 응답될 것입니다.

사랑하는 성도 여러분!

우리는 일상생활의 삶에서 문제가 발생했을 때, 우리의 인간적인 노력과 행위로는 해결하지 못하는 것들이 많습니다. 아무리 발버둥 쳐도 답이 나오지 않을 때가 있습니다. 이런 어려운 고난과 고생이 있기 전부터 예방하는 차원에서뿐만 아니라, 무엇을 계획하고 실행하기 전에 예수님의 뜻이 무엇인지 구하고 찾고 문을 두드리는 습관이 있다면 더할 나위 없이 좋겠습니다.

예레미야 29장 13절을 함께 읽겠습니다.
"너희가 온 마음으로 나를 구하면 나를 찾을 것이요 나를 만나리라"(렘 29:13)
아멘!

기도는 인간이 하지만, 응답의 주체는 하나님이십니다. 온 마음으로 구하면 하나님께서 만나 주실 것입니다. 우리가 기도를 통해 계속 하나님을 신뢰한다면, 우리는 받을 것이요, 찾아낼 것이요, 열린 문을 갖게 될 것입니다.

성도님들께서는 심지어 문들이 닫혀 있는 것처럼 보일 때에도, 하나님을 찾는 노력을 포기하지 마시고, 하나님께서 더 많은 지식과 인내, 지혜, 사랑 그리고 고난 극복 의지를 주실 것이며, 기도에 응답해 주실 것이라고 믿고, 계속 구하고 찾고 두드리시기를 바랍니다.

마태복음 7장 9절에서 11절까지 함께 읽겠습니다.
"9 너희 중에 누가 아들이 떡을 달라 하는데 돌을 주며
10 생선을 달라 하는데 뱀을 줄 사람이 있겠느냐
11 너희가 악한 자라도 좋은 것으로 자식에게 줄 줄 알거든 하물며 하늘에 계신 너희 아버지께서 구하는 자에게 좋은 것으로 주시지 않겠느냐"(마 7:9-11)
아멘!

만일 우리가 아이에게 떡 조각처럼 보이는 돌을 주거나, 생선 대신에 위험한 전갈을 줄 생각을 하지 않는다면, 하물며 거룩하신 하나님이 우리의 간청을 인정하시고 응답하시지 않으시겠습니까?

'떡'과 '생선'은 아들이 아버지에게 구한 필요한 것을 의미하고, '돌'과 '뱀'은 아들에게 전혀 무가치하고 해로운 것을 가리킵니다. 예수님께서는 아들이 빵과 생선을 달라고 하는데, 전혀 먹을 수 없는 돌과 해악을 끼치는 뱀을 줄 아버지는 없다는 비유를 통하여 그리스도인들의 아버지인 하나님께서는 당신의 자녀가 기도로써 유용한 것을 구하는데 필요 없는 것을 주어 실망시키지 않는다는 사실을 강조하고 있습니다. 하나님께서 당신의 백성이 유익한 것을 구하는 데 해악을 끼치는 것으로 응답하는 일은 있을 수 없음을 보여 주는 것입니다.

본문에서 예수님께서는 청중들에게 질문 형식으로 진리를 스스로 깨달을 수 있게 하심으로써 교육의 효과를 극대화시키십니다. 아들이 필요하고 유익한 것을 구할 때 무가치하고 해로운 것을 줄 부모가 없음을 밝힘으로써 그리스도인들의 영적 아버지이신 자비로우신 하나님께서 기도

하는 자에게 필요한 것으로 응답하실 것을 확신시키고 있습니다.

11절에서의 '악함'은 인간의 본질적인 죄성, 즉 원죄로 인한 악한 영향을 가리킵니다. 인간은 누구나 죄 아래 태어나 죄의 영향 속에서 살아간다는 사실은 성경 전체를 통해 전제되고 있습니다(시 14:1-3; 53:1-3; 전 7:20).

"너희가 악한 자라도"라는 표현은 우리 인간의 상태를 거룩하신 하나님과 비교하여 언급한 것입니다. 이 말씀들에서, 예수님께서는 아버지 하나님의 마음을 드러내 보여 주십니다. 하나님은 이기적이거나 주기 아까워하시거나 인색하신 분이 아니십니다. 그분을 따르는 자들은 간청할 때에 구걸하거나 아첨하지 않아야 합니다. 하나님께서는 아시고, 돌아보시고, 위로하시며, 구하는 자에게 좋은 것을 기꺼이 주시는, 사랑 많으신 아버지이십니다.

인간이 자식에게 주는 '좋은 것'은 좋은 선물들이며, 이는 부모가 자식에게 줄 수 있는 떡과 생선과 같은 상대적으로 유익한 것을 가리킵니다. 그러나 하나님께서 당신의 백성에게 주는 좋은 것은 그 내용이 제한받지 않습니다. 이는 하나님께서 기도의 응답으로 주시는 것이 매우 광범위함을 보여 줍니다. 인간이 인자할 수 있다면, 하나님은 얼마나 더 인자하실 수 있는지 상상해 봅시다.

누가복음 11장 13절을 함께 읽겠습니다.

"너희가 악할지라도 좋은 것을 자식에게 줄 줄 알거든 하물며 너희 하늘 아버지께서 구하는 자에게 성령을 주시지 않겠느냐 하시니라"(눅 11:13) 아멘!

본 절과 병행 구절인 누가복음 11장 13절에 좋은 것은 '성령'으로 기록되어 있습니다. 하나님께서 인간에게 주시는 좋은 것은 매우 다양하지만 그 가운데서도 가장 유익하고 좋은 것은 성령임을 알 수 있습니다.

물론, 좋은 것은 성령을 가리킬 수 있지만, 물질적인 공급을 배제하지 않습니다. 표현상 이러한 차이점이 발생한 것은 마태의 독자는 유대인들이었고 누가의 독자는 이방인이었다는 사실로써 설명이 가능합니다. 즉 유대인들은 누구에게나 가장 좋은 것은 성령이라는 사실을 알고 있었습니다. 구약에서 이미 메시아의 날이 오면 하나님께서 그의 백성들에게 성령을 선물로 주실 것을 약속했고(욜 2:28-29), 유대인들은 그날을 고대하며 성령을 받기를 원했던 것입니다. 그러므로 유대인들은 하나님께 구하면 누구에게든지 좋은 것을 주시겠다는 말을 들으면서 자연스럽게 그 좋은 것이 성령을 의미하는 줄 알아들을 수 있었던 것입니다. 그러나 이방인들은 구약에 대한 이해가 부족했던바 이들을 위해서 누가는 좋은 것을 '성령'이라고 기록했던 것입니다. 그러므로 예수님의 "구하라, 찾으라, 두드리라, 그러면 주시리라"라는 말씀은 단순히 기도에 관한 교훈에만 그치는 것이 아니라 메시아의 시대가 도래했음을 선포하는 말씀이기도 합니다.

사랑하는 성도 여러분!

하늘에 계신 우리 아버지께서는 하나님의 자녀에게 좋은 것을 주십니다. 가장 좋은 것은 '성령님'이십니다. 성령 하나님께서 우리와 함께하여 주시면, 우리는 우리의 필요와 요구 사항을 뛰어넘는 사랑, 믿음, 능력과 평안을 얻습니다. 우리는 우리의 문제와 고난에 얽매이지 않습니다. 우리의 어떠한 염려, 근심, 두려움, 욕망과 정욕에 사로잡히지 않습니다. 성령님의 임재하심으로 말미암아 우리는 하늘의 지혜와 기쁨, 주님의 사랑을 체험하게 됩니다. 성령의 열매는 사랑과 희락과 화평과 오래 참음과 자비와 양선과 충성과 온유함으로 나타납니다(갈 5:22-23). 성령 하나님께서 우리 안에 내주하고 계시면, 예수님을 닮도록 열매를 맺게 하십니다.

성도님들께서는 진정한 기도에는 인내와 실천적 행동이 동반된다는 것을 깨달으시고, 쉬지 말고 기도하셔서 풍성한 기도의 응답을 받으시기를 바랍니다. 우리가 날마다, 언제 어디서나 사모할 것은 성령님의 임재하심과 성령 충만함입니다. 성령 충만함을 받아 우리의 삶의 자리에서, 부르시는 곳에서 예수 그리스도의 복음을 전하고 하나님의 나라와 그의 뜻을 이루어 가시기를 소망합니다.

2. 황금률(黃金律, The Golden Rule)

마태복음 7장 12절을 함께 읽겠습니다.
"그러므로 무엇이든지 남에게 대접을 받고자 하는 대로 너희도 남을 대접하라 이것이 율법이요 선지자니라"(마 7:12) 아멘!

"그러므로"라는 표현은 바로 앞선 가르침과 연결하여 "하나님께서 좋은 것을 주셨으므로"라는 의미일 수도 있습니다. 그러나 포괄적으로는 산상수훈 전체의 가르침에서 말한 바와 같이 황금률을 지켜야 한다는 의미로 연결시킬 수 있습니다.

"무엇이든지 남에게 대접을 받고자 하는 대로 너희도 남을 대접하라"라는 말씀은 기독교 윤리의 핵심이자 천국 시민의 가장 지고한 행동 규범입니다. 이것은 성도들의 대인 관계에 있어서의 행동의 지침이며 원리로 삼아야 하는 기준이므로 이른바 '황금률'이라 불립니다. 예수님의 산상수훈 가운데서 성도가 세상을 살아가면서 대인 관계에서 가장 염두에 두어야 할 대원칙, 곧 보석으로 따지자면 마치 황금과도 같은 만고불변의 소중한 진리이기에 학자들 사이에 이런 별명이 붙여진 것으로 보입니다.

한편, 랍비 문헌에 성서의 황금률의 모형이 가장 근접하게 나타납니다. 한 이방인이 랍비 힐렐(Hillel, B.C.20년경)에게 와서 "내가 한 발로 서 있는 동안 당신이 나에게 전체 율법(Torah)을 가르쳐 주신다는 조건으로 나를 개종자로 받아 주십시오"라고 하면서 율법을 한마디로 요약해 줄 것을 요구했을 때, 힐렐은 "무엇이든지 네가 다른 사람의 손에 의해 당하는 일이 너를 성나게 하거든, 그 일을 남에게 하지 말라. 이것이 전체 율법이다"라고 대답합니다.

중국의 공자(孔子)는 인(仁)을 강조하면서, "내 마음을 미루어 다른 사람의 마음을 헤아리라(推己之謂恕)"라고 하였습니다. 『논어(論語)』에는 "己所不慾 勿施於人(기소불욕 물시어인)"이란 말이 있습니다. 네가 하기 싫은 일을 남에게 강요하지 말라는 말입니다. 자기가 원하지 않는 바를 남에게 하지 말라는 것입니다.

그러나 성경 외의 교훈들이 "하기 싫으면 …하지 말라"라는 부정적 패턴의 교훈을 제시하고 있는 반면에, 성경은 "…하고자 하는 바를 먼저 하라"라는 긍정적인 패턴의 가르침을 주고 있습니다. 예수님께서는 상황에 부딪쳐 마지못해 이웃에게 대접하지 말고 적극적으로 찾아 나서서 이웃을 사랑하라고 말씀하시고 계십니다.

　이것이 예수님께서 원하시는 철저한 제자도의 열쇠입니다. 황금률은 긍휼을 바탕으로 능동적인 공동선을 추구하고 있습니다. 남에게 해를 끼치지 않는 것은 쉬운 일일 수 있습니다. 그러나 남을 위해 선한 일을 적극적으로 행하는 것은 훨씬 어려운 일입니다. 사람이 범죄를 피함으로써 율법의 소극적인 형식을 준수할 수 있지만, 적극적인 형식의 준수는 행동을 요구합니다.

　예수님께서는 인간의 구원을 위해 이 땅에 오셔서 십자가를 지신 적극적이고 희생적인 사랑으로 이 말씀에 대한 완전한 모델이 되어 주셨습니다(빌 2:8; 요일 4:10). "내가 너희를 사랑한 것 같이 너희도 서로 사랑하라"(요 13:34)라고 적극적인 사랑의 실천을 권고하신 것입니다. 따라서 그리스도의 제자 된 우리들 역시 이와 같은 그리스도의 행동을 본받아 이타적인 삶을 살아야 합니다.

　12절의 "이것이 율법이요 선지자니라"에서 '율법과 선지자'란 구약 전체를 가리키는 관용적인 표현입니다(마 5:17; 22:40). 즉 본문은 철저하게 구약 성경에 근거하고 있으며, 구약 율법과 교훈의 가장 중요하고 핵심이 되는 말씀이라는 뜻입니다. 이는 후에 예수께서 "하나님 사랑과 이웃을 네 자신과 같이 사랑하라는 계명이 온 율법과 선지자의 강령이니라"라고 말씀하신 것(마 22:37-40)과 같은 내용입니다. 당시 유대 종교 지도자들은 율법의 최고 정신인 사랑을 버리고 법 조항만 지키려 했기 때문에 '외식하는 자'들이 되었고, 타락하여 예수께 심한 책망을 들었던 것입니다. 예수님께서 하신 "율법이나 선지자를 폐하러 온 것이 아니요 완전하게 하려 함이다"라는 말씀(마 5:17), 또한 율법과 선지자의 완성인 그리스도의 십자가의 구속 사역과 밀접한 관계를 맺고 있습니다.

사랑하는 성도 여러분!

'황금률'은 예수님 가르침의 요약이라 할 수 있습니다. 이는 기독교 윤리의 핵심이며, 또한 그리스도인이 지켜야 할 행동 규범으로, 특히 이웃에 대한 신앙인의 가장 기본적인 태도나 원리를 규정한 것입니다. 이는 하나님 사랑의 대상으로서 이웃을 바라보는 것이며, 남을 존중하는 겸손한 삶을 뜻합니다.

이웃 사랑은 오늘날 우리의 사회 속에서 긍휼을 기초로 공동선, 정의와 평화를 지향하고 있습니다. 세속적인 윤리가 자기중심성을 벗어나지 못하는 이기적 가치들을 정당화시키고 있는 반면에, 기독교 윤리는 자기중심성을 벗어나 '타자를 위한 삶'에서 삶의 의미를 찾고 있습니다.

성도님들께서는 다른 사람의 '행복'을 나의 행동 원리로 삼고, 이웃의 구원과 기쁨을 위해 황금률을 따르며, 네 이웃을 내 자신과 같이 사랑하시기를 소망합니다.

이제 말씀을 마치고자 합니다.

주님께서 기도와 관련하여 강조하시는 것은 하나님께 구하면 하나님은 반드시 좋은 것으로 응답하신다는 것입니다. 특별히 주님은 여기서 응답받는 기도의 방법을 제시하고 계시는데, 그것은 "구하라, 찾으라, 두드리라"입니다.

이사야 58장 9절과 요한복음 15장 7절을 함께 읽겠습니다.
> "네가 부를 때에는 나 여호와가 응답하겠고 네가 부르짖을 때에는 내가 여기 있다 하리라"(사 58:9)
> "너희가 내 안에 거하고 내 말이 너희 안에 거하면 무엇이든지 원하는 대로 구하라 그리하면 이루리라"(요 15:7) 아멘!

기도의 응답은 신실하신 하나님을 지금 다스리시는 분, 모든 것을 주신 분, 또 주시는 분으로 믿는 것을 전제합니다. 하나님께 대한 믿음과 자기 결핍을 인식하지 않고는 구할 수 없습니다. 또한 하나님께 호소하는 것으로 그치지 않고 자기의 필요를 충족시키기 위한 인간 스스로의 노력도 동반합니다. 그리고 구하는 자는 그를 위해 최선을 다하고 그것이 성취되기까지 믿음으로 바라며 기다려야 하는 것입니다.

하나님 아버지께서는 성도의 올바른 기도에 'No' 하시지 않고 언제나 'Yes'로 좋은 것으로 응답하십니다. 이것은 "무엇이든 우리가 구하는 것을 모두 얻게 되리라"하는 의미보다는 우리에 대한 하나님의 무한하신 사랑과 보살피심을 강조하려는 데 목적이 있습니다. 여기서 말하는 '좋은 것'은 우리의 일상적인 삶에 필요한 것들을 가리킬 뿐만 아니라, '성령님'을 말하고 있습니다. 좋은 선물로 성령님을 주셨기에 우리가 그 성령님의 도움과 보호 속에서 하나님과 교제하게 되고 그 뜻을 알게 되며 은사를 받아서 사탄의 권세를 이기고 살게 됩니다. 이렇게 볼 때, 신실하신 하나님은 세상의 것, 물질적인 축복뿐만 아니라 하늘의 것, 영원한 축복을 우리에게 주시기를 원하신다는 사실을 깨닫게 됩니다.

이제 예수님께서는 하나님께 구하고 찾고 두드려서 받은 좋은 것을 사람들에게 주라고 하셨습니다. "무엇이든지 남에게 대접을 받고자 하는 대로 너희도 남을 대접하라"라는 말씀은 산상수훈 가르침의 전체 요약적인 성격을 지닌 것으로, 그리스도인들이 대인 관계에 있어서의 행동 지침이자 원리로 삼아야 하는 기준이 되는 말씀입니다. 이 말씀은 철저한 이타적 윤리 규범으로 언젠가 상대방으로부터 보답받을 것을 기대하기보다 이미 주어진 하나님의 사랑과 축복에 감사하여 자신이 다른 사람들로부터 대접받고 싶어 하는 바로 그 수준으로 남을 돕고 대접하라는 교훈입니다. 결국 '사람들에게 기대하는 그대로'가 우리의 행동 원칙이며, 이웃과 세상에게 무엇인가 주는 사람들로 사는 것, 이것이 천국 백성들의 삶입니다.

사랑하는 성도 여러분!

우리는 삶의 자리에서 결핍과 부족함과 우리의 연약함으로 인해서 많은 것들을 하나님께 구합니다. 그리고 주변의 환경과 상황에 따라서 가족을 위해서, 이웃을 위해서 구해야 할 것들도 많습니다. 그러나 무엇보다 우리가 구해야 할 것은 하나님의 뜻이며, 하나님의 은혜와 사랑입니다.

하나님께서는 살아 계시고 역사하심을 계시로 보여 주시면서 하나님의 자녀들로부터 이루어 가기를 원하십니다. 물론 그리스도인들은 이 땅에 살아가는 동안에 완전한 성화를 이루는 것이 어렵다는 것을 모두 알고 있습니다. 그렇기에 우리가 날마다 그리고 매 순간마다 언제 어디서나, 사모할 것은 성령님의 임재하심과 성령 충만함입니다. 성령 충만함을 받아 우리의 삶의 자리에서, 부르시는 곳에서 예수 그리스도의 복음을 전하고 하나님의 나라와 하나님의 뜻을 이 땅 가운데 이루어 가야 합니다.

고린도후서 6장 10절을 함께 읽겠습니다.

"근심하는 자 같으나 항상 기뻐하고 가난한 자 같으나 많은 사람을 부요하게 하고 아무 것도 없는 자 같으나 모든 것을 가진 자로다"(고후 6:10) 아멘!

성도님들께서는 기쁨이 넘치고 부요하며 모든 것을 가진 자들입니다. 이것들을 우리의 이웃에 베풀면서 겸손하게 사랑하며 살아가야 합니다. 우리 사회의 불의와 거짓, 갈등과 분열을 추방하고, 긍휼을 기초로 공동선, 정의와 평화를 추구해야 합니다. 성령 충만함 속에서 '하나님의 나라와 그의 의'를 이루어 가시기를 주님의 이름으로 축원합니다. 아멘!

복음의 요약, 예수님의 산상수훈

참과 거짓, 두 길 사이의 선택

마태복음 7:13-29

"13 좁은 문으로 들어가라 멸망으로 인도하는 문은 크고 그 길이 넓어 그리로 들어가는 자가 많고

14 생명으로 인도하는 문은 좁고 길이 협착하여 찾는 자가 적음이라

15 거짓 선지자들을 삼가라 양의 옷을 입고 너희에게 나아오나 속에는 노략질하는 이리라

16 그들의 열매로 그들을 알지니 가시나무에서 포도를, 또는 엉겅퀴에서 무화과를 따겠느냐

17 이와 같이 좋은 나무마다 아름다운 열매를 맺고 못된 나무가 나쁜 열매를 맺나니

18 좋은 나무가 나쁜 열매를 맺을 수 없고 못된 나무가 아름다운 열매를 맺을 수 없느니라

19 아름다운 열매를 맺지 아니하는 나무마다 찍혀 불에 던져지느니라

20 이러므로 그들의 열매로 그들을 알리라

21 나더러 주여 주여 하는 자마다 다 천국에 들어갈 것이 아니요 다만 하늘에 계신 내 아버지의 뜻대로 행하는 자라야 들어가리라

22 그 날에 많은 사람이 나더러 이르되 주여 주여 우리가 주의 이름으로 선지자 노릇 하며 주의 이름으로 귀신을 쫓아 내며 주의 이름으로 많은 권능을 행하지 아니하였나이까 하리니

23 그 때에 내가 그들에게 밝히 말하되 내가 너희를 도무지 알지 못하니 불법을 행하는 자들아 내게서 떠나가라 하리라

24 그러므로 누구든지 나의 이 말을 듣고 행하는 자는 그 집을 반석 위에 지은 지혜로운 사람 같으리니

25 비가 내리고 창수가 나고 바람이 불어 그 집에 부딪치되 무너지지 아니하나니 이는 주추를 반석 위에 놓은 까닭이요

26 나의 이 말을 듣고 행하지 아니하는 자는 그 집을 모래 위에 지은 어리석은 사람 같으리니

27 비가 내리고 창수가 나고 바람이 불어 그 집에 부딪치매 무너져 그 무너짐이 심하니라

28 예수께서 이 말씀을 마치시매 무리들이 그의 가르치심에 놀라니

29 이는 그 가르치시는 것이 권위 있는 자와 같고 그들의 서기관들과 같지 아니함일러라" 아멘!

모든 그리스도인들에게 믿음의 최종 목적지는 천국(天國)에 들어가는 것에 있습니다. 천국, 즉 생명으로 인도하는 문은 좁고, 길이 협착하여 찾는 사람이 적습니다. 그렇다면 어떤 사람들이 천국에 들어갈까요?

예수님은 '천국에 들어가는 사람'에 대해 산상수훈 5장 20절과 7장 21절에서 설명하십니다. 바리새인과 서기관보다 더 나은 의를 가진 자와,

하늘에 계신 아버지의 뜻을 행하는 자가 천국에 들어간다고 하셨습니다.

오늘 봉독하신 성경 구절을 보니, 예수님께서는 청중들을 향해 산상수훈을 마무리하면서, 천국 문 앞의 심판대라는 미래적 상황을 묘사하고 계십니다. 그리고 "주여, 주여" 하는 가상적 인물들을 등장시킵니다. 예수님은 이들을 부정하심으로써 실제 말씀을 듣고 있는 청중들을 향해 위 질문의 답을 제시하셨습니다. 하늘에 계신 아버지의 뜻대로 행하지 않고 불법을 행하기 때문에 천국에 들어가지 못한다는 것입니다.

예수님은 산상수훈을 통해서 분명하게 선언(마 7:21-23)하십니다. 예수님을 향한 인격적인 신뢰, 즉 '믿음'이 없이는 천국에 들어갈 자는 하나도 없습니다. 이제 산상수훈의 청중들은 '하나님의 뜻'으로서의 율법을 재해석하시는 예수님을 인격적으로 신뢰할 것을 요청받고 있습니다. 지금 우리는 어떤 상황에 놓여 있습니까? 예수님께서 모든 것을 다 이루시고, 죽으시고, 부활하셨다는 사실을 아는 것에 머무르지 않고, 우리는 지금도 여전히 살아 계신 예수님을 인정하고, 그를 인격적으로 신뢰하고 따르며 살아야 하지 않을까요? 이 세상에서 그리스도의 제자로서 합당한 삶을 드러내며, 참 제자도와 거짓 제자도 사이에서 올바른 선택과 더불어 실천적 신앙을 나타내야 하는 것입니다.

오늘 봉독하신 마태복음 7장 13절에서 27절까지는 그리스도의 가르침에 따라 살라는 네 가지 결론적인 훈계인데, 이 훈계는 각각 한 쌍씩 대조를 이루는 구조로 되어 있습니다. 먼저 13절과 14절은 '좁은 문'과 '넓은 문', 15절에서 20절까지는 '좋은 나무'와 '못된 나무', 21절에서 23절까지는 '진정한 제자'와 '거짓 추종자', 24절에서 27절까지는 '지혜로운 건축가'와 '어리석은 건축가'가 서로 비교되고 있습니다. 그래서 전체가 복합적으로 자기 평가를 내리는 기반이 됩니다.

예수님께서는 여전히 천국에 대해 말씀하시면서, 어떤 사람은 거기에 들어갈 것이지만 어떤 사람은 들어가지 못할 것이라고 분명하게 설명하십니다. 어떤 사람의 최종 목적지는 예수님에 대한 그 사람의 결정과 선택에서 시작될 것입니다.

사랑하는 성도 여러분!

오늘 예배에서는 '참과 거짓, 두 길 사이의 선택'이라는 제목으로 말씀을 드리고자 합니다. 성도님들께서는 참 제자도와 거짓 제자도에서 어느 길을 가고 있는지 자기 평가를 해 보고, 진정 예수님을 향한 인격적인 신뢰를 토대로 예수님의 말씀, 곧 하나님의 뜻에 순종하는 진정한 제자가 되어 천국에 들어가시기를 소망합니다.

1. 좁은 문과 넓은 문(마 7:13-14)

사람들은 두 가지 문, 즉 좁은 문과 넓은 문으로 대표되는 두 가지 길을 제시받습니다.

예레미야 21장 8절을 함께 읽겠습니다.
"여호와께서 말씀하시기를 보라 내가 너희 앞에 생명의 길과 사망의 길을 두었노라 너는 이 백성에게 전하라 하셨느니라"(렘 21:8) 아멘!

예레미야 21장 8절에 나오는 생명의 길과 사망의 길은 마태복음 7장 13절과 14절의 내용과 유사합니다. 예수님께서는 자기를 따르는 자들에게 "좁은 문으로 들어가라"라고 명령하셨습니다. '좁은 문'과 '좁은 길'은 무엇을 가리킬까요?

좁은 문과 좁은 길은 예수님의 가르침인 산상수훈에 나타난 계명들과 명령들을 순종하는 삶입니다. 마태복음 5장 21절에서 48절까지의 "노하지 말라, 간음하지 말라, 맹세하지 말라, 악한 자를 대적하지 말라, 원수를 사랑하라"라는 계명들과, 마태복음 6장 1절에서 7장 12절까지의 "구제함을 은밀하게 하라, 너희는 이렇게 기도하라, 외식으로 금식하지 말라, 보물을 하늘에 쌓아 두라, 하나님 나라와 그의 의를 구하라, 비판하지 말라, 구하라 찾으라 문을 두드리라, 남을 대접하라"라는 예수님의 명령을 지키는 것입니다. 좁은 문과 좁은 길을 산상수훈에서 떼어 내어 삶의 한 특수한 체험 내지 고난의 삶과 결합시키는 설교는 이 전체 문맥을 파괴하게 될 것입니다.

우리는 왜 좁은 문, 좁은 길에 들어가야 합니까? 이 길만이 생명으로 인도하는 길이기 때문입니다. 예수님의 산상수훈에서 말씀하신 완성된 율법, 천국의 복음을 지키는 것이 어렵기 때문에 좁은 문, 좁은 길입니다. 좁은 문에 이어진 좁은 길을 걷는 것은 지속적으로 이루어져야 하는 일이나 좁은 문을 선택하여 들어가는 것은 단회적인 일입니다. 기독교는 그리스도를 영접하는 순간적인 결단과 그 이후에 지속되어야 하는 그리스도의 제자 된 자로서의 삶을 요구합니다.

반면에, 넓은 문과 넓은 길은 예수님의 말씀과 상관없이 자유롭게 원하는 대로 살아가는 것이 쉽고 편함을 지적하신 비유어입니다. 세상적인 삶의 특성은 넓은 문과 넓은 길이라는 말 속에 잘 반영되어 있습니다. 즉 세상적인 삶은 사람들에게 넓고 편안해 보일 뿐만 아니라 자유로워 보이는 것입니다. 자기 뜻을 펼치기에 좋고 앞에 가로막는 것이 없어 보여서 많은 사람들이 이 길을 선택합니다.

하지만 많은 사람들이 이 문을 선택하고 이 길로 걸어가겠지만 끝에는 멸망이 있습니다. '멸망으로'는 종말론적인 심판에 의해 초래되는 최후의 파멸을 가리키며, '생명으로'는 하나님 나라의 종말론적인 실재에 참여하는 것을 가리킵니다. 생명으로 인도하는 문은 좁고 길이 협착합니다. 그 길을 간다는 것이 얼마나 어렵고 괴로운 일인지를 묘사하고 있습니다(마 19:24).

'좁고'는 문의 크기가 작다는 의미보다는 들어가기 어렵고 보잘 것없는 문을 의미하는 상징적 표현으로 보아야 합니다. 그리고 '넓어'에 대응되는 '협착(狹窄)하여'는 타인으로부터 고통받는 삶을 의미합니다. 이는 그리스도를 따르는 길은 비록 생명이 보장되어 있으나 그 과정에 있어서는 끊임없이 고난을 받을 수밖에 없으며, 박해의 가능성까지도 암시합니다(마 5:10-12; 10:16-23; 행 14:22의 "우리가 하나님 나라에 들어가려면 많은 환난을 겪어야 할 것이라"). 바로 이것이 이 길을 가는 사람이 '적은' 까닭입니다.

사랑하는 성도 여러분!

좁은 문, 좁은 길은 산상수훈에서 전개된 윤리적인 가르침의 연속선상에서, 그리스도인으로서 가야 할 길이 얼마나 험난한지를 염두에 두고 있습니다. 그리스도인들은 세상의 풍조와 유행을 맹목적으로 따르지 않으며, 특히 악인의 꾀를 좇거나 죄인의 길에 서지 않도록 조심해야 합니다(시 1:1; 롬 12:2). 하나님의 말씀에 근거한 가치 판단을 하지 못하고, 그저 주위 사람들의 생활 방식을 답습하다가는 필연적으로 멸망에 이르는 넓은 문과 넓은 길로 들어가게 되는 것입니다.

그리스도인들은 마땅히 '넓은 문과 넓은 길'이 아니라 '좁은 문과 좁은 길'을 택하여야 합니다. 예수님께서 제자들에게 권면하시는 길은 비록 험난하기는 해도 은혜의 길이자 영원한 생명으로 인도하는 길입니다. 우리는 그리스도인으로서 걸어야 할 길이 험난하다고(온갖 고난과 박해가 수반되는) 해서 낙심할 필요가 없습니다. 하나님의 은혜로 생명으로 인도하는 길을 찾은 하나님 나라의 백성이 되었기 때문입니다.

성도님들께서는 좁은 문과 좁은 길로 들어가기 위해서 유혹의 욕심을 따라 썩어 가는 구습(舊習)을 따르는 옛 사람을 벗어 버리고, 오직 심령이 새롭게 되어 하나님을 따라 의와 진리의 거룩함으로 지으심받은 새사람을 입어야 합니다(엡 4:22-24). 예수님의 산상수훈의 말씀을 잘 기억하시고, 끊임없이 기도하면서 모든 일에 힘써 하나님의 뜻과 정결한 생활, 경건과 자비의 길을 걸어가시기를 바랍니다.

2. 좋은 나무와 못된 나무(마 7:15-20)

생명을 얻을 사람과 그렇지 못한 사람들을 판별하는 기준은 없을까요? '믿음'이라는 기준은 이론적으로는 쉽게 제시되지만 느끼고 확인하기에는 상당히 어려운 부분이 있습니다. 때로는 자신이 믿는 사람인지조차도 불분명하게 느껴질 때도 있습니다. 성령의 사람이라는 것도 당사자의 믿음과 표명만으로는 누구도 확인하기 어려운 표시입니다. 외부적 은사로 나타나지 않는다면 공동체를 구성하는 근거로서의 표식으로 사용되기는 어렵습니다.

예수님께서는 좁은 길을 지나 좁은 문으로 들어가라는 말씀에 이어 나무와 열매의 상관관계에 관한 비유로서 예수님의 말씀을 지키는 것이 생명을 얻을 사람이라는 뚜렷한 흔적을 제시하셨습니다. 좋은 나무가 좋은 열매를 맺고 못된 나무가 나쁜 열매를 맺는다면, 열매로 그들을 알 수 있다는 원리는 자연적으로 흘러나오는 귀결이 됩니다. 이보다 더 확실한 표식이 어디 있겠습니까?

이것은 천국의 사람들을 판별하는 기준으로도, 지도자들을 판별하는 기준으로도 사용될 수 있는 예수님의 말씀입니다. 예수님께서는 "거짓 선지자들을 삼가라"라고 하셨습니다. 거짓 선지자들에게 마음을 두지 말고 그들을 경계하며 그들로부터 과감히 돌이키라는 것입니다.

그렇다면, '거짓 선지자들'은 과연 어떤 사람들일까요? 선지자는 하나님으로부터 특별한 소명을 받아 하나님의 말씀을 선포하는 자들입니다. 그런데 거짓 선지자는 하나님으로부터 소명을 받지 않았음에도 소명을 받은 것처럼 위장하고, 거짓된 내용을 하나님의 지시인 것처럼 전하는 자들입니다. 이 거짓 선지자들은 성경을 왜곡하여 넓은 길을 가르치는 자입니다. 이들은 온갖 좋은 말과 문구를 사용하여 가르치지만, 결국 넓은 길을 천국 가는 길이라고 가르칩니다.

거짓 선지자들은 진리와는 동떨어진 삶을 살아가면서도 진리를 수호하고 선포하는 척하는 자들입니다. 마태복음 24장 11절과 24절에 의하면, 이 거짓 선지자들은 마지막 때가 이르기 전에 수많은 사람들을 미혹시킬 것입니다. '양의 옷을 입고'는 그들이 하나님의 백성인 것처럼 가장한다는 것을 가리킵니다. 구약에서는 흔히 하나님의 백성들을 가리키는 데 이 '양'이라는 은유가 사용되기도 하지만(시 78:52; 100:3), 마태복음에서는 '교회' 또는 '진리의 수호자들'을 가리키는 데 이 말이 사용됩니다.

이 거짓 선지자들이 어떤 모습을 하고 무슨 주장을 하건, 실제로는 양 무리에게 속한 사람들을 해치는 것이 그들의 목적입니다. 거짓 선지자는 남을 해하고 자신의 이득을 얻기 위하여 마치 선지자인 양 자신을 위장하고 사람들 앞으로 나아오나, 후에는 결국 자기 본색을 드러내는 존재입니다. 거짓 선지자의 본색은 '이리'라는 표현에서도 잘 드러납니다. 마치 이리가 양의 원수이듯이(사 11:6; 65:25; 요 10:12), 이 기만자들은 진리와 참된 하나님 백성들의 원수입니다. 오늘날에도 그리스도인들은 영적 분별력을 가지고 이들을 분별하여 물리치는 철저한 경계가 필요합니다. 그들을 따르는 것은 곧 양 떼의 파멸을 뜻하기 때문입니다.

'열매'라는 말은 올바른 행동에 대하여 자연스럽고도 널리 사용되는 은유적 표현입니다. 그 은유는 순수하게 하나님을 기쁘시게 하는 행위를 나타내기 위해서 마태복음에 여러 차례 등장합니다(마 3:8-10; 12:33-37; 21:43; 갈 5:22; 요 15:2-8). 좋은 열매를 맺는 나무는 좋은 나무이며 반대로 나쁜 열매를 맺는 나무는 못된 나무입니다. 이 표식에는 중간도 없고 혼합도 없습니다. 열매는 나무의 정체를 보여 주는 천국 사람들의 표식이 됩니다. 예수님은 분명하게 '예'와 '아니오'를 사용하셔서 천국의 사람들이 객관적으로 확인할 수 있는 표시를 이곳에 정립하셨습니다.

좋은 나무가 아니고서는 좋은 열매를 맺을 수 없듯이(사 5:2, 4), 예수님의 가르침을 따르지 않는 자들은 올바른 행위를 나타내 보일 수가 없습니다. 거짓 선지자들은 '나쁜 열매'를 맺는 자들이며, 선한 행실이 나올 수 없습니다. 베드로후서 2장을 보면, "거짓 선생들은 멸망하게 할 이단을 가만히 끌어들여 자기들을 사신 주를 부인하고 임박한 멸망을 스스로 취하는 자들이라 여럿이 그들의 호색하는 것을 따르리니 … 그들이 탐심으로써 지어낸 말을 가지고 너희로 이득을 삼으니 … 특별히 육체를 따라 더러운 정욕 가운데서 행하며 … 이들은 당돌하고 자긍하며 떨지 않고 영광 있는 자들을 비방하고 … 낮에 즐기고 노는 것을 기쁘게 여기는 자들이니 … 음심이 가득한 눈을 가지고 범죄하기를 그치지 아니하고 굳세지 못한 영혼들을 유혹하며 탐욕에 연단된 마음을 가진 자들이니 저주의 자식이라"라고 나와 있습니다.

'가시나무'와 '엉겅퀴'는 악하며 무익한 식물을 상징하며, '포도'와 '무화과'는 사람에게 유익한 식물을 상징하는 것으로 거짓 선지자에게서 선한 행실이 나올 수 없음을 가리키는 말입니다. 이처럼 좋은 나무는 아름다운 열매를 맺고 못된 나무는 나쁜 열매를 맺는다는 보편적인 진리를 통하여 행위로써 참 선지자와 거짓 선지자를 분명히 판단할 수 있음을 보여 주고 있습니다.

예수님께서는 인간 세상에서 가시나무와 엉겅퀴같이 무익하고 해로운 나무를 불에 태워 버리는 사실을 비유로 사용하셔서 거짓 선지자들이 최후에 당하게 될 진노의 심판을 말씀하십니다(마 3:10). 거짓 선지자들은 이 세상에서 그들의 열매로 인해 비진리임이 드러날 뿐 아니라 마지막 날에 영원히 꺼지지 않는 지옥 불에 던져지는 심판을 받게 됩니다.

20절 "이러므로 그들의 열매로 그들을 알리라"라는 말씀은 15절에서 19절까지 내용의 결론입니다. 참 선지자와 거짓 선지자의 판단 기준인 '열매'는 하나님의 말씀에 대한 '언행 일치적 행위'를 가리키는 말로, 이는 모든 시대에 걸쳐 거짓 선지자를 판단하는 데 기준이 됩니다. 사실 인간들은 초자연적이고 신비적인 능력에 대해 경외감을 가지며 그것을 행하는 자를 하나님의 선지자로 알고 좇아 갈 수 있는 여지가 많습니다. 인간의 이러한 속성을 아시는 예수님께서는 거짓 선지자의 판단 기준을 제시하시고 오직 말씀에 대한 순종만이 좋은 열매임을 확실하게 교훈하신 것입니다.

사랑하는 성도 여러분!

우리는 하나님의 말씀을 행하는 자가 되어야 하며, 듣기만 하여 자신을 속이는 자가 되지 않아야 합니다(약 1:22-25). 만약 누구든지 믿음이 있노라 말하면서 행함이 없다면, 그 사람은 영혼이 없는 몸을 소유한 자와 같습니다. 우리는 행함을 통해 구원을 받는 것이 아니라 오직 믿음으로써 구원을 받는 것이 사실이지만, 행함이야말로 우리의 믿음을 입증할 수 있는 수단이자 이미 우리가 구원받은 성도라는 사실을 다른 사람들에게 증거할 수 있는 계기가 됩니다.

디모데후서 3장 5절과 요한일서 4장 1절을 함께 읽겠습니다.
"경건의 모양은 있으나 경건의 능력은 부인하니 이같은 자들에게서 네가 돌아서라"(딤후 3:5)

"사랑하는 자들아 영을 다 믿지 말고 오직 영들이 하나님께 속하였나 분별하라 많은 거짓 선지자가 세상에 나왔음이라"(요일 4:1) 아멘!

성도님들께서는 경건의 모양을 갖추고 있으나 경건의 능력은 없는 거짓 선지자들에게 미혹당하지 않도록 영적 분별력을 지녀야 합니다. 말끝마다 하나님의 뜻과 예수님의 이름을 들먹이며 때때로 사람들을 깜짝 놀라게 할 만큼 기적을 행하고 귀신을 쫓아낸다고 할지라도, 삶이 주님 안에서 겸비(謙卑, humbleness)되지 못하고 거짓된 길로 가면서 참된 경건의 모습과 실천적인 신앙 자세를 발견할 수 없다면, 단호히 그들을 배척하시기를 바랍니다(약 1:27).

3. 진정한 제자와 거짓 추종자(마 7:21-23)

앞선 15절에서 20절까지가 열매를 통한 거짓 선지자의 분별과 경계의 교훈이라면, 21절부터 23절까지는 그리스도를 거짓으로 추종하는 자들에 대한 교훈이라 할 수 있습니다.

마태복음 7장 21절을 함께 읽겠습니다.
"나더러 주여 주여 하는 자마다 다 천국에 들어갈 것이 아니요 다만 하늘에 계신 내 아버지의 뜻대로 행하는 자라야 들어가리라"(마 7:21) 아멘!

'나더러'는 바로 '나 자신에게'라는 의미입니다. 그리고 '주'에 해당하는 '퀴리오스'는 단순히 높은 지위에 있는 사람이나 합법적인 소유자를 가리키는 호칭으로도 이해할 수 있으나(마 21:29; 27:63; 벧전 3:6), 하나님을 가리키는 명칭으로 자주 사용되었다는(마 5:33; 막 5:19; 눅 1:6; 히 7:21) 점에서 볼 때 예수님을 창조주(요 1:13; 계 4:11), 만물의 주인(행 10:36), 구세주이시고(요 3:6, 18; 딤전 1:1), 종말론적 심판관이라고 고백하는 것으로 볼 수 있습니다.

누가 예수님을 주님이라고 부릅니까? 교회 안에 있는 사람들이 아닌가요? 최적의 후보자들은 예수님의 제자들입니다. 다시 말해 예수님에게 긍정적이고 우호적인 자세로 예수님의 말씀을 듣는 사람들입니다. '주여 주여'라는 호칭이 두 번 거듭 사용된 것은 매우 큰 종교적 열정을 표현하는 것으로 볼 수 있습니다.

그러나 주님께 대하여 신앙고백을 하고 열정적으로 기도한다고 하더라도 그것이 진정한 열정이 아닌 가식이거나 이기적인 기도라면, 진정으로 주를 바로 알고 고백하는 것이 아닌 입술로만 고백하는 거짓된 신앙을 가진 자로 천국에 들어갈 수 없습니다. 그렇다면 어떤 사람들이 하나님 나라에 확실히 들어갈 수 있을까요? '다만 하늘에 계신 내 아버지의 뜻대로 행하는 자'가 천국에 들어갑니다. 즉 입술만의 고백이 아니라 행위를 통해 하나님 말씀을 순종하는 자만이 진실로 하나님의 자녀이며 천국의 시민인 것입니다.

한편, 예수님께서는 하나님을 '내 아버지'로 호칭함으로써 자신과 하나님의 본질적 관계 및 자신만이 완전한 하나님 말씀의 계시자임을 암시하셨습니다. 여기에서 예수님은 '주여'라는 칭호를 자신에게 사용하는 행위, 자신에게 사용하는 사람들을 거부하신 것이 아닙니다. 예수님을 이렇게 부르면서도 하나님의 뜻을 행하지 않는 사람들을 거절하시겠다고 하심으로써 산상수훈을 통해서 선포된 자신의 말씀이 모두 하나님의 뜻을 선포하는 것이요, 천국의 복음임을 확인해 주신 것입니다.

이어 나오는 두 가지 비유는 이 점을 반복적으로 설명하고 있습니다. 첫 번째 비유에서 예수님의 이름으로 귀신을 쫓아내고, 예언을 하며 많은 권능을 행하는 자들이 나오는데, 예수님의 말씀을 지키지 않아 불법을 행했다는 조건하에 예수님의 거부권에 부딪칩니다. 또한 두 번째 비유는 집을 짓는 유명한 비유로서 여기서 말하고 있는 폭우와 파괴, 혹은 존립은 최후 심판의 장면을 묘사하고 있습니다.

'그 날에'라는 것은 미래에 주어질 심판의 날을 가리키는 묵시 문학적인 표현입니다(사 2:11; 2:17; 슥 14:1). 하나님의 공의가 완전히 실현되는 종말의 날에 함께 섞여 있던 알곡과 가라지가 완전히 구분될 것입니다. 예수님의 이름으로 그 무엇을 했다면 그것은 곧 예수님의 힘을 빌려 행한 것이므로 모든 영광은 예수님께 돌려야 마땅합니다. 그러나 거짓 추종자들은 사랑을 비롯한 말씀에 대한 실천 없이 예수님의 이름만을 빌려 기이한 일을 행하고, 그 영광은 자신이 가로챈 삯꾼 목자와 같은 자들입니다. 예수님의 심판대 앞에서조차 예수님을 주로 고백하며 자신의 행위가 주를 위한 것이었음을 역설하고 있지만, 천국 시민의 자격은 입술의 고백과 외형적인 행위에 있지 않습니다. 오직 천국의 주인이신 하나님과의 바른 관계를 통한 사랑의 실천만이 천국 시민의 유일한 자격일 뿐입니다.

예수님은 화자가 직접 이야기 속에 등장하는 1인칭 시점을 사용하셔서 산상수훈 결론부에 자신이 심판 행위의 주체로 등장합니다. "내가 너희를 도무지 알지 못한다", "불법을 행하는 자들아, 내게서 떠나가라"라는 표현들을 통해 예수님 자신이 불법(不法)과 적법(的法)을 결정하는 기준, 즉 판단자로서의 합법적인 권세를 갖고 있는 사람, 종말론적 심판관으로 묘사됩니다.

시편 6편 8절을 함께 읽겠습니다.
"악을 행하는 너희는 다 나를 떠나라 여호와께서 내 울음 소리를 들으셨도다"(시 6:8) 아멘!

예수님께서는 악을 행하는 자들이 '주의 이름'을 많이 사용하고 사람들이 놀랄 만한 큰 권능을 행하였다고 할지라도 이전에 단 한 번도 그들을 알았던 적이 없다고 하며 불법자들에 대한 단호한 심판을 선언하십니다. 이것은 시편 6편 8절에 나오는 "악을 행하는 너희는 다 나를 떠나라"라는 질책과 유사합니다. 그러나 시편이 이방 사람들에게 주어진 질책인 반면에, 23절은 교회에 소속되어 있으며 하나님의 일꾼으로 여겨지던 자에게 주어지는 질책이라는 데 훨씬 더 큰 심각성이 있습니다. 구약에서 '불법'은 율법을 어기는 것이지만, 여기서는 율법과 선지자의 완성을 이루신 예수 그리스도의 십자가의 사랑에 동참하지 않은 죄를 가리킵니다. 그들은 많은 일을 주의 이름으로 행했지만 가장 중요한 사랑을 실천하지 않았습니다. 그리스도의 말씀 속에서 실천 없는 신앙이 얼마나 헛된 것인지를 잘 알 수 있습니다. 그리고 그들이 예수님의 사랑의 십자가 은혜를 입지 못함으로 인해 영원히 멸망받을 수밖에 없음을 증명하는 것입니다.

사랑하는 성도 여러분!

예수님께서는 생각 없고 열의 없는 경건에 감명을 받지 않으십니다. 그리스도께 진정으로 순종함이 없이 '주여, 주여'라고 말하는 것은 십계명 중에 세 번째 계명을 어기는 것입니다.

출애굽기 20장 7절을 함께 읽겠습니다.
"너는 네 하나님 여호와의 이름을 망령되게 부르지 말라 여호와는 그의 이름을 망령되게 부르는 자를 죄 없다 하지 아니하리라"(출 20:7) 아멘!

많은 사람들이 겉치레와 부정직의 유혹을 받고 있습니다. 하나님께서 우리의 가장된 거룩함에 속아 넘어가실 것이라고 생각한다면, 큰 착각을 하고 있는 것입니다. 하나님께서는 인격적인 신뢰와 중심이 진실함(시 51:6)을 간절히 원하십니다.

'그 날에(심판의 날)' 예수님을 구주로 영접함과 믿음과 순종이 중시될 것입니다. 겉으로는 스스로 진정한 제자라고 믿고 그 믿음을 입증하기 위해 자신의 은사에 맞는 활동에 호소할 수 있지만, 그럼에도 그들이 간청하는 '주'와는 실제로 아무런 관계가 없으며, 자신을 속이고 있는 것입니다. '받아들임'은 고백에 달린 것도 아니고, 심지어 눈에 보이는 기독교적인 활동에 의존하는 것도 아니며 과연 예수님이 그들을 아시는지의 여부에 달려 있습니다.

성도님들께서는 천국에 들어가는 것은 예수님이 인정해 주심에 달려 있으며, 그분과 함께하는 것으로 이루어진다는 것을 깨달으셔서 진정한 믿음과 순종으로 나아가시기를 바랍니다.

4. 지혜로운 건축가와 어리석은 건축가(마 7:24-27)

'주'로서의 예수님은 모두가 인정하는 합법적인 힘을 갖고 계십니다. 이를 인정한다면, 그의 말에 순종할 것이요, 이를 인정하지 않는다면, 그의 말에 순종하지 않을 것입니다. 예수님께서 '불법을 행하는 자들'이라고 하신 말씀 속에는 '법이 없는 것처럼 행하는 자들'이라는 의미가 함께 내포되어 있으며, 예수님의 말씀대로 행하지 않은 자들을 지칭합니다. 이러한 의미에서, 예수님의 말씀대로 따르지 않은 자들은 예수님을 '주'라 부를 수 없습니다.

7장 24절에서 27절까지는 두 대상, 나의 말을 듣고 행하는 사람과 나의 말을 듣고 행하지 않는 사람이 등장합니다. '나의 이 말'은 일차적으로는 5장 17절 이후 계속되는 그리스도의 산상수훈의 본론적 말씀들이며, 더 나아가 예수님의 모든 말씀을 가리킵니다. 예수님의 참 제자들은 그분의 말씀을 들을 뿐만 아니라, 그분의 메시지가 자기들의 삶을 변화시키도록 허락하면서 그 말씀을 행합니다. "말을 듣는다"라는 표현은 인격적인 관계, 즉 믿음을 전제합니다. 여기서 잠시 주목할 것은 인격적인 관계를, 한 사람의 '듣고 행함'이라는 연속적인 행동으로 묘사한다는 사실입니다.

예수님께서는 자신의 참 제자들은 자신의 말씀을 행함으로써 "그 집을 반석 위에 지은 지혜로운 사람 같다"라고 설명하십니다. 본 절과 병행을 이루는 누가복음 6장 48절에서는 "집을 짓되 깊이 파고 주추를 반석 위에 놓은 사람과 같으니"라고 묘사하고 있습니다. 즉 마태는 자연적인 기초를 말하고 있는 반면, 누가는 인공적인 기초를 말하고 있습니다. 이는 아마도 마태가 독자로 생각한 유대인의 집 짓는 풍습과 누가가 독자로 생각한 이방인의 집 짓는 풍습의 차이에 그 원인이 있는 듯합니다. 그러나 신앙의 실천을 집의 기초에 비유한 것은 양자가 공통적입니다. 결국 본문은 말씀을 듣고 행하여 든든한 기초 위에 집을 지음같이 신앙의 터를 굳건하게 세운 자의 경건한 신앙을 묘사한 것입니다.

'집'은 사람의 인생 전체를 상징하며, '반석'은 하나님의 말씀을 잘 듣고 잘 행하는 그리스도인의 실천적인 순종을 가리킵니다. 여기서 미래 시제가 사용된 것은 장차 일어날 일을 보여 주기 위함입니다. 지혜로운 사람인지의 여부는 그가 집을 반석 위에 지었는지 혹은 모래 위에 지었는지를 보아 알 수 있으며, 그 결과는 심판 날을 상징하는 폭풍우가 닥치는 미래에 나타나는 것입니다. 즉 본문은 그리스도의 말씀을 잘 듣고 행하는 실천적 신앙 위에 세워진 인생은 지혜로운 사람의 인생임을 선언하고 있습니다.

야고보서 1장 22절에서 25절까지 함께 읽겠습니다.
"22 너희는 말씀을 행하는 자가 되고 듣기만 하여 자신을 속이는 자가 되지 말라
23 누구든지 말씀을 듣고 행하지 아니하면 그는 거울로 자기의 생긴 얼굴을 보는 사람과 같아서
24 제 자신을 보고 가서 그 모습이 어떠했는지를 곧 잊어버리거니와
25 자유롭게 하는 온전한 율법을 들여다보고 있는 자는 듣고 잊어버리는 자가 아니요 실천하는 자니 이 사람은 그 행하는 일에 복을 받으리라"(약 1:22-25) 아멘!

야고보는 '반석 위에 짓는 사람'은 거짓되고 피상적인 자가 아니라 들

으며 응답하는 제자라고 적고 있습니다. 순종의 실천은 삶의 폭풍을 견뎌 내도록 예수님의 말씀의 견고한 기초 위에 집을 짓습니다.

25절의 "비가 내리고 창수가 나고 바람이 불어 그 집에 부딪치되 무너지지 아니하나니 이는 주추를 반석 위에 놓은 까닭이요"에서 '비'는 '폭우'를 가리킵니다. 그리고 '창수(漲水)'는 '탁류'(눅 6:48-49)로 갑자기 불어나 넘쳐흐르는 강물을 가리킵니다. 이는 우기에 집중적으로 비가 내려 평소에는 말라 있던 개울(wadi)에 갑자기 탁류가 흐르는 이스라엘의 기후 현상을 반영하는 것으로서 본문에서는 특히 복수형으로 쓰여 노도와 같이 밀려오는 거센 물살의 위용을 느끼게 합니다. 또한 '바람'에 해당하는 '광풍'(막 4:37; 눅 8:23; 약 3:4), '대풍'(계 6:13)은 이스라엘의 뜨거운 햇살에 의해 갑자기 달아오른 기류의 급작스러운 움직임으로 생겨나는 돌풍을 가리킵니다. 이 역시 복수형으로 기록되어 강한 돌풍이 여러 번 집에 부딪히고 있음을 보여 줍니다.

'주추(柱礎)'는 건물의 기둥 밑에 괴는 물건을 가리킵니다. 여기에서 주추를 반석 위에 놓는 행동은 어려움이 닥친 후에 이루어지는 것이 아니라 어려움이 전혀 없는 과거에 이미 완료되었습니다. 이는 마치 슬기 있는 다섯 처녀가 신랑이 오기 전에 기름을 준비한 것과 같은 미래를 대비하는 지혜로운 행동입니다(마 25:1-13). '삶의 폭풍'이 닥치면, 자기의 삶을 예수 그리스도라는 반석 위에 세우는 사람만이 무너지지 않을 것입니다. 평상시 말씀을 듣고 행하는 일의 중요성을 강조하고 있습니다.

"모래 위에 집을 짓는다"라는 말은 우기와 건기가 확연히 구분되는 이스라엘의 와디(wadi) 지역에 집을 짓는 것을 의미합니다. 비가 오지 않을 때는 반석 위에 지은 집이나 별다른 차이가 없으나, 폭우가 몰아치면 그만 그 집을 잃고 마는 것입니다. 반드시 다가올 우기를 내다보지 못하고 집을 지은 어리석은 자는 스스로 집을 잘 지었다고 생각하고 있었으나 폭우가 내리자 그 집을 잃어버립니다.

'어리석은'은 학식이 없는(고전 1:27; 3:10; 4:10), '신중하지 못한'(마 23:17, 19; 25:8)이란 뜻이지만, '불경건한(impious)', '불신앙적인(godless)'이란 의미(신 32:6; 사 32:5)도 있습니다. 본문에서는 하나님의 말씀은 들었으나 영적인 문제에는 관심이 없고 오히려 세속적인 가치관에 사로잡혀 말씀을 무시해 버리고 순종하지 않는 영적으로 불경건한 이들을 의미합니다. '무너짐'은 말씀에 불순종하는 이들이 심판 때에 산산이 부서져 멸망하게 될 것을 나타내고 있습니다. 하나님 말씀을 들었으나 순종하기를 거부한 이들은 하나님의 심판 때에 이르러 결코 견디지 못하며, 완전히 멸망당하고 마는 운명에 처해지게 될 것입니다.

사랑하는 성도 여러분!

하나님의 말씀에 기초한 신앙은 그 어떤 환난과 역경을 만나도 전혀 흔들리지 않는 삶의 자세를 견지할 수 있도록 만들어 줍니다. 만약 우리가 하나님의 말씀에 입각하지 않고 기복 신앙만을 지닌다면, 언제가 우리에게 시련과 고난이 닥쳐올 때 마치 바람과 홍수에 무너지는 모래 위의 집처럼, 우리의 신앙 역시 뿌리째 흔들리고 말 것입니다(고전 3:10-15; 고후 13:5).

마지막 심판의 날이 되면 예수님께서는 오직 우리가 이 세상에 얼마나 하나님의 말씀에 순종하는 삶을 영위했는지의 여부에 따라 심판하십니다(마 25:31-46). 그날이 되면 입에 발린 신앙고백도 아무 소용이 없으며, 오로지 예수 그리스도께서 모범을 보이신 삶과 가르침대로 우리가 얼마나 순종하고 실천했는지를 주님께서는 살피실 것입니다(약 2:23-25).

성도님들께서는 '믿음'이란 예수님을 "주 그리스도요, 하나님의 아들"로 인정하는 것뿐만 아니라, 살아 계신 주님을 신뢰하며, 그 모든 것을 받아들이고 그에게 자신을 내맡기는 것으로 이해하시고, 전적으로 말씀을 듣고 순종하는 자, 반석 위에 집을 지은 지혜로운 사람이 되시기를 바랍니다.

5. 예수님의 권위(마 7:28-29)

"예수께서 이 말씀을 마치시매"라는 표현은 제자도에 관한 예수님의 가르침이 끝을 맺고 마태복음의 이야기로 돌아간다는 것을 알려 주고 있습니다(마 11:1; 13:53; 19:1; 26:1). 마태복음에서 강화(講話, 강의하듯이 쉽게 풀어서 이야기함)를 끝맺을 때 사용하는 일정한 종결 형식이 여기서는 청중의 반응에 주목하기 위해 확대되었습니다.

예수님의 말씀은 그 이전에 그 어떤 자에게도 들을 수 없었던 충격과 놀라움을 주는 권위 있는 말씀이었습니다. 특히 산상수훈에서 "나는 너희에게 이르노니"(마 5:22, 28, 32, 34, 39, 44)라는 표현과 자신이 하나님의 아들이심과 심판주이심을 나타내는 표현 등은 예수님을 단순한 인간으로 생각했던 무리들에게 큰 놀라움을 주었습니다.

'무리들'은 5장 1절에 나오는 무리와 동일한 자들입니다. 그리고 본문의 '가르치심(디다케)'은 가르치신 교훈의 내용을 말하는 것은 물론, 그 방법까지 포함한다고 볼 수 있습니다. 즉 29절에 나와 있는 바와 같이 예수님의 가르침에는 그들이 지금까지 알지 못한 권위가 있었던 것입니다. 이에 대한 청중의 반응은 한마디로 놀라움이었습니다. '놀라니'는 "기이히 여기다"(막 11:18; 행 13:12)라는 뜻으로 이는 그 가르침에 압도되어 계속 놀라고 있는 상태를 보여 줍니다.

'권위'는 선택의 자유(고전 8:9), 권리(고전 7:37), 능력 등의 다양한 의미를 지니고 있습니다. 따라서 본문은 주로 구약 성경과 전통에 의존하여 성경을 해석하였던 당시 서기관들과는 다르게 예수님께서는 스스로의 신적 권위를 가지고 자유롭게 능력 있는 말씀을 선포하셨음을 보여 줍니다. 이러한 권위 있는 말씀 선포는 그 말씀을 듣는 사람들로 하여금 더 큰 놀라움을 느끼게 하였을 것입니다.

이와 같이, 마태복음은 예수님께서 구약에서 약속된 메시아이며 하나님의 아들로서의 권위를 지녔음을 보여 주는 데 주력하고 있습니다. 말씀과 행동에 있어서 예수님께서 신적 권위를 지녔다는 것이 마태복음의 중심 내용이며, 이는 이를 선명하게 보여 주는 '권위'라는 단어가 마태가 즐겨 사용하는 단어 가운데 하나라는 사실에서도 발견됩니다(마 8:9; 9:6, 8; 10:1; 21:23, 24, 27; 28:18).

사랑하는 성도 여러분!

'산상수훈'의 가르침은 그 내용 면에서는 물론이려니와 직설적이고도 확신에 찬 가르침을 뒷받침하는 독특한 권위가 있습니다. 예수의 가르침이 지닌 절대적인 권위는 오로지 한 가지 사실—예수님이야말로 유일한 스승이자 주님이시며 그리스도(마 23:8-10)—에 의해서만 설명될 수 있습니다. 예수님께서는 그 자신이 직접 계시의 주체자가 되어 진리를 선포하였으며 누구나 이해할 수 있는 쉬운 용어로 진리의 핵심을 생명력 있게 전달했으므로 사람들은 큰 감동을 느꼈던 것입니다.

성도님들께서는 그토록 놀라운 가르침을 뒷받침하는 예수님의 권위는 복음에 포함된 새로운 지평은 물론이려니와 그 복음의 주인공이신 예수 그리스도의 임재와 불가분의 관계에 있다는 것을 깨달으시고 예수님의 가르침을 따라 믿음과 행함의 삶으로 나타내시기를 바랍니다.

이제 말씀을 정리하고자 합니다.

마태복음 7장 13절에서 27절까지 '어떤 사람들이 천국에 들어가게 되는지?', '천국 백성으로서 성도들이 지녀야 할 실천적 규범은 무엇인지?'에 대한 해답을 찾아 보았습니다.

예수님께서는 자기를 따르는 자들에게 "좁은 문으로 들어가라"라고 명령하셨습니다. 좁은 문과 좁은 길은 예수님의 가르침인 산상수훈에 나타난 계명들과 명령들을 순종하는 삶입니다. 이 길은 종종 고난과 핍박으로 가득 차 있는 제자도의 길입니다.

누가복음 13장 24절을 함께 읽겠습니다.

"좁은 문으로 들어가기를 힘쓰라 내가 너희에게 이르노니 들어가기를 구하여도 못하는 자가 많으리라"(눅 13:24) 아멘!

예수님을 믿는 것은 영생에 이르는 유일한 길입니다. 왜냐하면 그분만이 우리의 죄를 위해 죽으셨고 하나님 앞에서 우리를 의롭게 하시기 때문입니다. 좁은 길은 희생과 순종을 요구하기 때문에 구하여도 못하는 자가 많은 힘겨운 길입니다. 고난과 희생의 좁은 길을 선택함은 마침내 영생으로 인도하며, 인생의 넓은 문, 넓은 길을 따라 군중을 따라가면 결국 멸망에 이르게 됩니다. 그리스도인들은 세상의 풍조와 유행을 맹목적으로 따르지 않으며, 특히 악인의 꾀를 좇거나 죄인의 길에 서지 않도록 조심해야 합니다.

예수님께서는 거짓 선지자를 분별하는 기준은 아름다운 열매를 맺느냐의 여부로 정하시고 거짓 선지자들을 경계하도록 교훈하셨습니다. 이 거짓 선지자들은 마지막 때가 이르기 전에 수많은 사람들을 미혹시킬 것입니다. 그들이 하나님의 백성인 것처럼 가장하고 양 무리에게 속한 사람들을 해칩니다. 거짓 선지자는 남을 해하고 자신의 이득을 얻기 위하여 마치 선지자인 양 자신을 위장하고 사람들 앞으로 나아오나 후에는 결국 자기 본색을 드러내는 존재입니다. 그리스도인들은 영적 분별력을 가지고 철저히 경계하며 이들을 물리쳐야 합니다.

'열매'는 하나님을 기쁘시게 하는 올바른 행동을 말합니다. 좋은 나무가 아니고서는 좋은 열매를 맺을 수 없듯이, 예수님의 가르침을 따르지 않는 자들은 올바른 행위를 나타내 보일 수가 없습니다. 그리스도인들은 하나님의 말씀에 행하는 자가 되어야 하며, 듣기만 하여 자신을 속이는 자가 되지 않아야 합니다. 말씀을 실천하는 사람이 그 행하는 일에 복을 받습니다. 주님 안에서 겸비(謙卑)하며, 참된 경건의 모습으로 실천적인 신앙의 자세를 보여 주어야 합니다.

예수님께서 산상수훈을 통해 선포하신 말씀은 모두 하나님의 뜻이며, 천국의 복음입니다. 입술만의 고백이 아니라 하나님을 믿으며 말씀에 순종하는 자만이 진실로 하나님의 자녀이며 천국 시민입니다. 진정으로 주를 바로 알고 고백하는 것이 아닌 입술로만 고백하는 거짓된 신앙을 가진 자는 천국에 들어갈 수 없습니다. '다만 하늘에 계신 내 아버지의 뜻대로 행하는 자'가 천국에 들어갑니다. 그리스도인들은 예수님에 대한 인격적인 신뢰 속에서 주님과 동행하며 믿음과 순종으로 나아가야 합니다.

예수님께서는 자신의 참 제자들은 자신의 말씀을 듣고 행함으로써 "그 집을 반석 위에 지은 지혜로운 사람 같다"라고 설명하십니다. 말씀의 실천은 삶의 폭풍을 견뎌 내도록 예수님 말씀의 견고한 기초 위에 집을 짓는 것입니다. 자기의 삶을 예수 그리스도라는 반석 위에 세우는 사람은 삶의 폭풍이 닥쳐도 무너지지 아니할 것입니다. 그리스도인들은 예수님의 말씀을 잘 듣고 행하는 실천적 신앙 위에 아름다운 인생을 세우는 지혜로운 사람이 되어야 합니다.

사랑하는 성도 여러분!

마지막 심판의 날이 되면 예수님께서는 오직 우리가 이 세상에서 얼마나 하나님의 말씀을 믿고 순종하는 삶을 영위했는지의 여부에 따라 심판하십니다.

요한계시록 22장 12절을 함께 읽겠습니다.

"보라 내가 속히 오리니 내가 줄 상이 내게 있어 각 사람에게 그가 행한 대로 갚아 주리라"(계 22:12) 아멘!

그날이 되면 입에 발린 신앙고백도 아무 소용이 없으며, 오로지 예수 그리스도께서 모범을 보이신 삶과 가르침대로 우리가 얼마나 믿음과 순종으로 실천했는지를 주님께서는 살피실 것입니다.

예수님께서 마태복음 5장에서 7장까지의 상황에서 청중들에게 요구하셨던 이 믿음을 지금 우리들에게도 요구하고 계십니다. 이것은 결코 예수님의 십자가 사건, 부활 사실을 아는 인식론적 차원의 믿음이 아니라 하나님을 기쁘시게 하는 올바른 행위를 하라고 하십니다.

참된 제자는 좁은 문, 좁을 길을 걸어갑니다. 좋고 아름다운 열매를 맺습니다. 하늘 아버지의 뜻대로 행합니다. 거짓 선생을 추종하지 않습니다. 반석 위에 집을 짓는 지혜로운 사람입니다.

성도님들께서는 예수님을 향한 인격적인 신뢰를 토대로 하나님의 뜻을 알고 행하는 참된 제자, 믿음과 순종을 신실하게 보여 주는 진정한 제자가 되어 천국에 들어가시기를 주님의 이름으로 축원합니다. 아멘!

참고 문헌

<성경>

대한성서공회(편).『성경전서 개역개정판』. 서울: 대한성서공회, 1998.

<단행본>

가스펠서브.『라이프 성경사전』. 서울: 생명의말씀사, 2006.

도널드 헤그너. 채천석 옮김.『마태복음 상』. 서울: 솔로몬, 2005.

목회와신학(편).『마태복음 어떻게 설교할 것인가』. 서울: 두란노아카데미, 2007.

매튜 헨리. 원광연(역).『매튜헨리주석, 16: 마태복음』. 서울: CH북스, 2006.

아가페성경사전 편찬위원회.『아가페 성경사전』. 서울: 아가페출판사, 2013.

요한 칼빈. 박문재(역).『칼빈 주석, 17: 공관복음』. 서울: CH북스, 2011.

지용근 외 10인.『한국 교회 트렌드 2025』. 서울: 규장, 2024.

제자원(편).『옥스퍼드 원어성경대전(마태복음 제1-11a장)』. 서울: 제자원, 2002.

제자원(편).『그랜드 종합주석(마태-마가복음)』. 서울: 성서아카데미, 2004.

DR. Bruce Demarest 외 1인(편). 김성중 옮김.『Everyday 신학 사전』. 서울: 죠이선교회, 2013.

J.A. 모티어 외 3인 편집 자문 저자(글). 김재영, 황영철 옮김.『IVP 성경주석: 복음서·사도행전』. 서울: IVP, 2019.

Naselli, Andrew David. How to Understand and Apply the New Testament. 송동민 옮김.『신약, 어떻게 해석할 것인가』. 서울: 죠이선교회, 2020.

Osborne, Grant R(편). 전광규 외 1인 옮김.『(LAB 주석시리즈) 마태복음』. 서울: 성서유니온, 2015.

Robertson, O. Palmer. (The) Christ of the covenants. 김의원 옮김.『계약신학과 그리스도』. 서울: P&R, 2015.

Schreiner, Thomas R. New Testament theology: magnifying God in Christ. 임범진 옮김.『신약신학』. 서울: 33부흥과개혁사, 2017.